本研究为河北省高等学校人文社会科学研究青年基金项目
校社协同助力乡村学校体育发展模式研究；项目编号：SQ2024245

校社协同助力乡村学校体育发展模式研究

南子春　刘宁宁　◎著

知识产权出版社
全国百佳图书出版单位
—北京—

图书在版编目（CIP）数据

校社协同助力乡村学校体育发展模式研究 / 南子春，刘宁宁著. -- 北京：知识产权出版社，2024. 11. -- ISBN 978-7-5130-9613-3

Ⅰ. G633. 962

中国国家版本馆CIP数据核字第20245WG082号

内容提要

本书以校社协同助力乡村学校体育发展为研究点，通过对邢台学院体育学院与姚基金协同助力乡村学校体育发展的典型案例进行深入剖析，全面介绍高校社会协同助力乡村学校体育的背景、助力情况、助力过程、模式以及可能遇到的问题和挑战，使读者可以更好地理解校社协同助力乡村学校体育发展的合作模式创新与实践，为乡村学校体育事业的发展带来了新的机遇和挑战。这种校社合作模式不仅有助于解决乡村学校体育发展面临的困境和问题，更为乡村学生的全面发展和健康成长提供了有力的支持，为乡村学校体育事业发展迎来更美好的未来。

责任编辑：卢媛媛　　　　**责任印制**：孙婷婷

校社协同助力乡村学校体育发展模式研究

XIAO-SHE XIETONG ZHULI XIANGCUN XUEXIAO TIYU FAZHAN MOSHI YANJIU

南子春　刘宁宁　著

出版发行：知识产权出版社有限责任公司　**网　址**：http：// www. ipph. cn
电　话：010 - 82004826　http：// www. laichushu. com
社　址：北京市海淀区气象路50号院　**邮　编**：100081
责编电话：010 - 82000860转8597　**责编邮箱**：luyuanyuan@cnipr.com
发行电话：010 - 82000860转8101　**发行传真**：010 - 82000893
印　刷：北京中献拓方科技发展有限公司　**经　销**：新华书店、各大网上书店及相关专业书店
开　本：720mm×1000mm　1/16　**印　张**：22.75
版　次：2024年11月第1版　**印　次**：2024年11月第1次印刷
字　数：380千字　**定　价**：98.00元

ISBN 978 - 7 - 5130 - 9613 - 3

出版权专有　侵权必究

如有印装质量问题，本社负责调换。

目 录
Contents

前言

党的二十大报告强调了乡村全面振兴、教育和体育强国建设的重要性。乡村学校体育作为素质教育的核心，对实现这些战略目标至关重要。2023年6月，国家体育总局等12部门联合发布指导意见，推动体育助力乡村振兴，鼓励社会力量和大学生参与体育支教。面对教育水平提升带来的体育供需矛盾，国家通过《体育强国建设纲要》和“体教融合走基层”项目，促进体育专业学生服务欠发达地区，提升贫困地区学校体育水平。2022年的协同提质计划进一步整合高校资源，支持基础教育发展。国家对社会力量与高校有效整合资源，为乡村学校体育高质量发展提供动力寄予厚望。乡村振兴战略的时代背景、高校社会服务职能的使命、高校体育专业与时俱进的发展诉求，以及乡村学校体育发展的必然需求，凸显高校与社会协同助力乡村学校体育发展的紧迫性。

本研究采用质性研究，对邢台学院体育学院与姚基金协同助力乡村学校体育发展的个案进行研究，从体育学院与姚基金协作情况、高校与姚基金协同助力乡村学校体育的传导模式、体育学院与姚基金协同助力乡村学校体育的效果、校社协同助力乡村学校体育发展模式探寻高校与社会协同助力乡村学校体育发展。

本书由南子春、刘宁宁两位老师共同撰写完成。南子春老师撰写第一章、第二章、第三章、第四章，共21万字；刘宁宁老师撰写第五章、第六章、第七章，共16万字。

由于作者水平有限，本书尚存在不足之处，请读者批评指正。

本研究为河北省高等学校人文社会科学研究青年基金项目（校社协同助力乡村学校体育发展模式研究；项目编号：SQ2024245），研究得到了河北省教育厅资助。

第一章 研究概述

第一节

研究缘起

党的二十大报告提出了乡村振兴的重大任务。乡村振兴是实现中国梦的重要一环，对促进新时代全面建设社会主义现代化国家具有重要意义。党的十九大报告提出乡村振兴战略，首次将乡村振兴提升到国家战略水平。2018 年党中央提出《关于实施乡村振兴战略的意见》和《乡村振兴战略规划（2018—2022 年）》。2019 年，中共中央、国务院印发《中国教育现代化 2035》，要求推进教育现代化促进乡村教育振兴。同年为落实《中共中央国务院关于实施乡村振兴战略的意见》和《乡村振兴战略规划（2018—2022 年）》，推动高校深入服务乡村振兴战略，教育部印发《高等学校乡村振兴科技创新行动计划（2018—2022 年）》，高校应全面落实立德树人根本任务，统筹育人资源和育人力量，发挥科研育人、实践育人在高等教育内涵式发展和高质量人才培养中的重要作用，提升乡村振兴创新人才培养能力，计划要求全面提升高校服务能力，为乡村振兴提供战略支撑。2022 年 4 月，教育部出台协同提质计划。《师范教育协同提质计划实施方案》重点建设内容之一就是加强基础教育服务能力建设，协同开展基础教育师资培训、建设地方教师发展机构、建设附属中小学。该计划首次将对口支援高校和帮扶地方基础教育纳入同一帮扶体系、首次大规模引入社会力量参与帮扶，其目的是间接服务当地基础教育发展；也有对地方基础教育的直接帮扶措施；协同提质计划的实施对高校发展和服务能力的提高提出了较为具体的要求。近年来这些文件的出台为乡村教育振兴提供了重要保障，乡村教育振兴成为推动“教育强国、健康中国”的重要力量。2023 年体育总局等部门联合下发《关于推进体育助力乡村振兴工作的指导意见》指出体育是乡村发展的重要内容，充分发挥体育在中国式现代化和高质量发展中的综合价值与多元功能，为推动乡村振兴提供有力支撑。

早在中华人民共和国成立初期，《中国人民政治协商会议共同纲领》中就明确提出国家教育重心逐步聚焦乡村教育，发展学校体育。1952 年，教育部颁布了《小学暂行规程（草案）》和《中学暂行规程（草案）》，明确了中华人民共和国成立初期学校体育的工作任务，对乡村学校体育工作起到了规范作用。“八五”期间，《学校体育工作条例》《学校卫生工作条例》《中国教育改革和发展纲要》《中华人民共和国教育法》为进一步规范乡村学校体育工作提供了法律依据。1996 年国家教委印发了《“九五”期间农村学校体育卫生工作意见》和《开展农村中小学学校体育卫生评估工作的意见》，进一步明确农村学校体育“九五”发展规划中的发展目标。一系列政策文件的相继出台对乡村学校体育发展发挥了很大作用。党的十八大以来颁布了一系列政策法规，激发乡村学校体育发展，如《关于进一步加强学校体育工作若干意见》提出“优先支持农村学校体育工作”，以及《关于全面改善贫困地区义务教育薄弱学校基本办学条件的意见》《教育脱贫攻坚“十三五”规划》《关于全面深化新时代教师队伍建设改革的意见》《关于加强新时代乡村教师队伍建设的意见》等政策。2020 年中共中央办公厅、国务院办公厅印发了《关于全面加强和改进新时代学校体育工作的意见》，指出促进学校体育均衡发展，加大学校、社会各方资源统筹整合力度，以及《关于全面加强和改进新时代学校美育工作的意见》把学校体育工作摆在更加突出位置，成为新时代乡村学校体育改革发展的机制引领。乡村学校体育以其独特魅力和特有的活力为乡村教育振兴提供主要动力，也担负着重要的时代任务。

本研究立足高校服务基础教育发展，着眼于乡村教育高质量发展，以“高校服务乡村教育振兴”为核心，通过高校社会协同助力乡村学校体育发展，探讨高校社会协同助力乡村学校体育振兴模式，促进高校体育精准服务乡村学校体育，推动高校体育整合资源，拓宽服务空间，从而实现内涵式发展；同时赋能乡村学校体育高质量发展，切实帮助乡村学校体育提质增效；进一步落实乡村振兴战略和国家政策要求。高校社会协同助力乡村学校体育发展模式研究具有重要战略意义。

（一）乡村振兴战略的时代召唤

党的二十大明确提出新时代新征程中国共产党的使命任务，我国实现“两个一百年”奋斗目标后，要全面建成社会主义现代化强国，实现第二个百年奋斗目标，以中国式现代化全面推进中华民族伟大复兴。而实施乡村振兴战略，是解决新时代我国社会主要矛盾、实现“两个一百年”奋斗目标和中华民族伟大复兴的中国梦的必然要求，全面建成社会主义现代化强国，最艰巨最繁重的任务在农村，最广泛最深厚的基础在农村，最大的潜力和后劲也在农村，实施乡村振兴战略是建设现代化经济体系的重要基础，是党中央在新时代做出的重大战略决策，也是迈向社会主义现代化强国、实现中华民族伟大复兴的重要保障，具有重要战略意义。《乡村振兴战略规划（2018—2022年）》《高等学校乡村振兴科技创新行动计划（2018—2022年）》等一系列政策文件部署高校投入帮扶，持续推进乡村振兴，明确了高校在乡村振兴战略中的角色、地位、作用和责任，高校成为乡村振兴的重要力量。

乡村振兴，关键在人。农村人力资本存量不足成为制约我国农村建设的关键。2021年中共中央、国务院发布《关于加快推进乡村人才振兴的意见》要求强化人才振兴保障措施，为全面推进乡村振兴、加快农业农村现代化提供有力的人才支撑。党的二十大报告强调全面推进乡村振兴，应加快推进人才振兴。一个国家的教育尤其是高等教育是人力资本形成的主要途径。高校是人力资本的供给者、专业知识的输送者、社会组织的孵化器、社会资本的创造者，需要提供乡村无法获得的资源，并协助乡村构建地区社会资本。高校培养具有创新思维和实践能力的高水平人才质量的高低直接影响着乡村振兴战略的实施效果，与社会经济的发展息息相关，其早已深刻融入社会发展的血脉，在经济社会发展过程中发挥着不可替代的作用，经济社会的发展也必然对高校提出新的要求。2010年根据党的十七大关于“优先发展教育，建设人力资源强国”的战略部署，提出《国家中长期教育改革和发展规划纲要》

强调高校作为国家创新体系的重要组成部分，在服务乡村振兴过程中发挥着重要的支撑引领作用，这既是新时代新征程上高校积极服务国家战略与建设中国式现代化的选择，也是时代赋予的使命。

高校服务乡村振兴是服务国家战略和地方需求，实现高校自身高质量发展的必然选择。乡村发展为高校知识溢出提供机遇和实践平台，高校知识渗透乡村，经过实践应用进行改进创新，再反馈到高校教学、科研中，完善高校知识体系，从而提高高校教学和科研水平。高校在乡村振兴过程中可以重新审视自身专业设置、学科结构、人才培养等方面存在的问题，从而不断调整专业建设的方向，实现内涵式发展；另外高校发挥自身优势，通过人才培养、产业扶持、实践帮扶等方式持续发力振兴乡村建设中，也有助于解决地方高校在服务意识不到位、服务机制不完善、服务内容和形式单一、服务人才不足等方面的问题。高校服务乡村振兴既是时代的召唤，又是实现自身可持续发展的契机。

（二）高校社会服务职能应为的使命

教育的建设发展是乡村振兴的应有内容与必然要求，乡村教育振兴是推进乡村全面振兴的关键，无论从高校所具有的的社会服务职能看，还是从高校在助推乡村振兴过程中无可替代的优势看，高校服务乡村教育振兴都是应为的使命。

高校所具有的社会服务职能是高校服务乡村振兴的必然使命。8—14世纪，在欧洲经济中兴的背景下，中世纪大学在社会需求的推动下应运而生。它源于教师和学生组成的学术共同体，是为了维护教学和专业的利益而组织起来的行会组织，为社会培养的都是教士、神学家、律师、医生等专门的人才。中世纪大学的基本目的是职业训练，可见大学自诞生起就有人才培养的功能。这一时期，大学提出教育的基本功能就是知识传授和人才的培养，为社会的发展和延续培养人才。随着社会发展对高等教育的需求逐渐增加，以及大学为维系和支撑自身发展而与社会进行互动不断推进大学功能的演进，德国、意大利等国家急于在工业发展上赶上英国和法国，便将大学作为进行技术革新的一种力量，1694 年勃兰登堡（Brandenberg）的弗雷德里克（Frederick）开办了“第一所现代大学”——University of Halle（哈雷大学），成为德国大学的楷模。1809 年成立的柏林大学标志着现代高等教育的开端，它首次提出大学应该为研究高深学问而生，主张教学与科研并重，以研究与教学为主。19 世纪末 20 世纪初，大工业时代来临，民主社会兴起，人们对探索知识的理解拓展到它对国家的深远影响。大学从社会的寄宿者转化为建设者，从社会边缘逐渐走向社会的中心，其社会服务功能几乎应运而生。“康奈尔计划”和“威斯康星思想”就是此背景下的产物，威斯康星大学麦迪逊分校战略框架提出大学集研究、教学和社会服务于一体，为应对现代世界面临的复杂问题，其战略重点提到增强研究能力，扩大其全球影响力，与社区合作，为威斯康星州及其他地区提供积极的社会、文化和经济影响，大学服务社会的功能走上历史舞台，服务、教育与科研并列为现代大学的三个主要职能。21 世纪初，胡安·雷塞尔提出现代大学不仅对其所处国家和地区的政治、经济、环境等社会问题负有责任，而且应当对全球的可持续发展及全人类的共同利益做出贡献。道格拉斯认为，大学应该探索一种新的发展模式，以教学、研究和公共服务为核心，寻求高校内部改革和扩大其与社会接触的机会，并服务社会创新性发展，将其放在社会这个更加广阔的场域之中。如今，高校的目标不仅是在高等教育体系中发挥主导作用，而且要不断扩大其社会和经济影响力。从大学的职能发展历程来看，大学从社会摄取营养，并随着社会的发展调整自己与社会的关系，服务社会或寻求服务于社会的机会，这也是为大学回馈社会并进一步获取社会资源的必然选择。

大学与中小学伙伴协作的关系始于 20 世纪 70 年代，因美国新建的大学为争取资源与学生而展开激烈竞争，催生了大学与中小学合作现象，大学主动加强与中小学合作成为其典型的特征之一。美国霍尔姆斯小组在《明日之教师》报告中呼吁高校与中小学结合起来，此后大学与中小学共生伙伴关系在全球蔓延开来。而社会发展对教育的更高期望与学校改进内部力量不足之间的矛盾凸显，由社会变革引发的教育变革使大学的社会服务职能越来越凸显。教育已成为促进社会发展和提升国家竞争力的重要阵地，教育的变革与发展受到人们普遍的关注，而基础教育作为国民教育的基础，是建设教育强国和人力资源强国的根基，关系着人才培养的方向和质量，对促进社会主义现代化建设具有基础性和先导性作用。服务基础教育在大学社会服务中受到越来越高的重视，大学功能建设不仅为大学与中小学之间的伙伴关系的建立提供了支持，还能促进大学与中小学之间协作的深度发展，它突出体现大学的社会服务功能与价值，也有助于提升大学自身的社会声誉。20 世纪 90 年代以前，我国大学与中小学协作以单方面的大学知识输出为主，通过函授的形式，促进中小学教师的专业发展和能力提升；20 世纪 90 年代末大学与中小学之间开始了真正意义的协作关系，建立平等互利，协同合作，进行不同程度与形式的探索。

1999 年 3 月《关于师范院校布局结构的几点意见》指出，当前科教兴国战略下师范教育发展与现代化建设需要，特别是基础教育改革发展矛盾日益突出，高等师范院校总量不足是重要表现之一，重组师范教育资源，调整高等学校布局，为基础教育的振兴提供有力的人才和知识支持。同年《中共中央国务院关于深化教育改革全面推进素质教育的决定》颁布，鼓励综合性高等学校和非师范类高等学校参与培养、培训中小学教师的工作，探索在有条件的综合性高等学校中试办师范学院。教育部也在 1999 年 9 月《中小学教师继续教育规定》中指明，各级教师进修院校和普通师范院校在主管教育行政部门领导下，具体实施中小学教师继续教育的教育教学工作，综合性高等学校、非师范类高等学校和其他教育机构，经教育行政部门批准，可参与中小学教师继续教育工作。2001 年《国务院关于基础教育改革与发展的决定》确立基础教育在社会主义现代化建设中的战略地位，坚持基础教育优先发展，基础教育是科教兴国的奠基工程，对提高中华民族素质、培养各级各类人才，促进社会主义现代化建设具有全局性、基础性和先导性作用，国家机关、企事业单位、社会团体等形成协同助力基础教育的良好社会氛围。2010 年《国家中长期教育改革和发展规划纲要（2010—2020）》指出，增强社会服务能力，高校要牢固树立主动为社会服务的意识，全方位开展服务。2014 年《河北省中长期教育改革和发展规划纲要（2010—2020 年）》指出，增强高校主动服务意识，全面开展社会服务。2016 年习近平在北京八一学校考察时强调，基础教育是全社会的事业，需要学校、家庭、社会密切配合。2018 年《教育部关于实施卓越教师培养计划 2.0 的意见》指出，完善全方位协同培养机制，支持高等学校与中小学协同开展培养培训，推进培养规模结构、培养目标、课程设置、资源建设、教学团队、实践基地、职后培训、质量评价、管理机制等全流程协同育人。2022 年，教育部基础教育司司长吕玉刚介绍，基础教育要重点推进家校社协同育人。《关于健全学校家庭社会协同育人机制的意见》提出，到“十四五”时期末，政府对学校家庭社会协同育人工作的统筹领导更加有力，制度体系基本建立健全。2022 年 4 月，《新时代基础教育强师计划》中明确提出，支持区域内相关院校和基础教育服务等领域开展合作。2023 年，《教育部国家发展改革委财政部关于实施新时代基础教育扩优提质行动计划的意见》提出，全面推动形成政府、学校、家庭、社会的协同育人格局。《中共河北省委教育工委河北省教育厅 2022 年工作要点》指出，加快构建以师范院校为主体、高水平综合大学参与、优质中小学幼儿园为实践基地的开放、协同、联动的教师教育新体系。社会服务是高等教育的重要使命，是适应社会发展需要的必然结果，是高等教育发展的重要基础。习近平总书记强调的“坚持教育为人民服务、为中国共产党治国理政服务、为巩固和发展中国特色社会主义制度服务、为改革开放和社会主义现代化建设服务”，是新时代中国特色社会主义高等教育的重要使命，是高校积极发挥社会服务职能的责任担当。

（三）高校体育专业与时俱进的发展诉求

2014 年《关于加快发展体育产业促进体育消费的若干意见》将全民健身上升为国家战略，2016 年《“健康中国 2030”规划纲要》中，体育被列入国民幸福产业，全民健康上升到国家战略高度。2020 年《中共中央关于制定国民经济和社会发展第十四个五年规划和二〇三五年远景目标的建议》提出，到 2035 年建成文化强国、教育强国、人才强国、体育强国、健康中国，国民素质和社会文明程度达到新高度，国家文化软实力显著增强；“教育强国、体育强国、健康中国”等国家战略为高校体育专业发展迎来了新机遇期。此外，我国乡村体育事业发展严重滞后，与城市相比，群众体育观念落后、体育人口少、基层体育组织、健身设施和体育产业缺乏，尤其缺少推进乡村体育事业发展的规划人才、社区体育文化建设与体育活动指导人才、体育产业经营管理人才，以及具有良好专业素养的乡村体育教师，这为高校体育专业发展提供了广阔的实践与市场需求空间。但从高校体育专业服务社会现状看仍存在一些问题。何忠等指出，当前高校体育专业服务乡村体育认识不充分，认为服务乡村体育成本高、效益低，不愿过多投入、体育专业学科建设脱离地方经济社会发展实际需求、体育服务面窄且质量不高及缺少服务乡村体育的长效机制，这些因素影响着高校体育专业服务乡村振兴的效果。[1]

据统计，体育学类本科专业点总数从2012年的804个增加到2021年的1159个，增长1.44倍。而“人才强国、体育强国、健康中国”等一系列国家战略的出台，使用人单位对体育类毕业生的多种技能和综合素养的要求逐年提高，对高素质体育人才的需求递增，但从高校体育专业设置、人才培养等层面看仍存在一些问题。体育类各专业就业压力日益增大，培养的体育专业毕业生面临着严峻的就业挑战，这一矛盾的尖锐性凸显了我国当前高等体育专业发展的危机。从宏观上看，随着国家全民健身事业和体育产业的发展，我国急需大量的体育培训、体育旅游、体育康养等方面的专业人才，但目前人才质量、数量、层次都无法满足国家社会的需求；从中观层面看，体育专业人才培养日渐与社会需求脱节；从微观层面来看，高校体育专业的变化不能完全满足日新月异的工作岗位发展，“专业对口”早已无法适应社会需求。我国高等体育专业教育在专业设置、培养目标、课程设置等方面也存在严重的同质化现象，这直接导致了毕业生的就业压力。高校体育要实现可持续发展，就需要研究乡村体育需求，提供精准服务，建立服务乡村体育事

---

[1] 何忠，许志琳．乡村振兴背景下地方高校体育专业服务乡村体育事业研究［J］．湖北文理学院学报，2021，42(12)：80−84.

业发展的长效机制，从而不断调整专业学科设置和人才培养方式，为乡村培养适用人才。

（四）乡村学校体育发展的必然需求

乡村学校体育事业的发展，长期以来一直是教育领域关注的重要议题。然而，受限于地理位置、经济条件、社会文化等多重因素，乡村学校体育发展面临诸多困难，如优质教师资源配置不均衡，众多优秀的教育者更倾向于聚集在城市地区的学校工作，城市地区拥有更多的优质学校和师资力量，而农村地区的教育资源相对匮乏，学校条件和师资水平较低[1]，现阶段乡村体育教师专业发展处于“中等偏下”水平，课程资源开发与利用能力、科研创新能力相对较差。此外，乡村学校体育资源匮乏，直接影响着学校体育的教育质量和学生的全面发展。政府对教育事业的投入也有限，乡村学校很难获得足够的资金来改善体育设施和引进优秀的体育教师，由于资金短缺和重视程度不够，乡村学校的体育设施普遍落后。首先，很多学校缺乏标准的田径场、篮球场、足球场等运动场地，甚至有的学校连基本的体育器材都无法配备齐全。这不仅影响了学生的运动体验，也限制了学校体育课程的开展。其次，体育师资力量薄弱。一方面，由于乡村地区的生活条件相对较差，很难获得足够的资金来改善体育设施和引进优秀的体育教师，更难以留住优秀的体育教师。另一方面，现有的乡村体育教师中，很多人的专业水平和教学能力有限，难以满足学校体育教学的需求，体育教师队伍整体素质不高，缺乏专业的体育教学能力和经验，这直接影响了体育教学的质量和效果，使得乡村学校的体育教育难以达到应有的水平。最后，受传统教育观念的影响，乡村学校的体育教学理念普遍陈旧。很多学校仍然沿用传统的体育教学模式，注重技能的传授和训练，忽视了学生的兴趣和需求，乡村学校的学生对于体育课程的参

[1] 许玉新．“中国式教育现代化”背景下义务教育阶段学校管理：基本内涵、关键问题与应对策略［J］. 当代教育论坛，2024(4).

与意愿普遍不高，很多学生认为体育课程枯燥无味、缺乏趣味性，不愿意花费时间和精力去参与体育活动，这种教学模式不仅难以激发学生的学习兴趣，也不利于培养学生的体育素养和终身锻炼的习惯，也进一步加剧了乡村学校体育发展的困境。此外，乡村地区的媒体资源和信息传播渠道的有限性，很难引起社会的广泛关注和重视，这进一步加剧了乡村学校体育发展的困境。

（五）姚基金支教项目对乡村学校体育的积极影响

乡村学校体育事业的发展一直是社会关注的焦点。受限于地域、经济、文化等多方面因素，乡村学校体育教育普遍面临资源不足、教学质量不高等问题。姚基金是以推动乡村体育教育和青少年健康成长为己任的公益组织，自其成立之初，就致力于改善乡村学校的体育教育状况，为乡村的孩子带去健康与活力。在这样的宗旨下，姚基金通过与社会各界的广泛联系和深度合作，积极引入先进的教育理念、教学方法和体育资源，为乡村学校提供了前所未有的发展机遇。

高校作为教育资源的聚集地，拥有丰富的教学经验和科研实力，帮助乡村学校提升教学质量和科研水平；社会组织可以发挥桥梁纽带作用，并且具有广泛的资源网络和灵活的运作机制，为乡村学校争取更多的资源和支持；乡村学校则是这些资源和服务的主要受益者，将自身的发展需求反馈给高校和社会组织，通过校社协同合作，可以充分发挥三者的优势和特长，促进三者之间的深度合作和共同发展，这与姚基金项目的宗旨一致，校社协同助力乡村学校体育发展已成为姚基金深入发展的一种必然趋势。

第二节

研究目的及意义

（一）研究目的

2020年，中共中央办公厅、国务院办公厅印发《关于全面加强和改进新时代学校美育工作的意见》，指出促进学校体育均衡发展，加大学校、社会各方资源统筹整合力度。2022年协同提质计划，首次将对口支援高校和帮扶地方基础教育纳入同一帮扶体系，目的是间接服务当地基础教育发展。本研究立足高校服务基础教育发展，着眼于乡村教育高质量发展，以“高校服务乡村教育振兴”为核心，通过高校社会协同助力乡村学校体育发展，探讨高校社会协同助力乡村学校体育振兴模式，促进高校体育精准服务乡村学校体育。研究涉及高校体育、社会机构及乡村学校体育三个主体，在乡村振兴背景下，高校体育与社会机构如何助力乡村学校体育发展成为关注点，围绕此关注点将研究目的划分为四点。

1. 实现邢台学院体育学院与姚基金协作情况梳理及资源整合优化

乡村学校体育教育是我国教育事业发展的重要组成部分，对于提升学生的身心素质、推动乡村社会的文化繁荣及促进乡村经济的发展具有重要意义。在这一背景下，邢台学院体育学院与姚基金社会组织的协同合作显得尤为重要。高校作为体育教育的重要基地，拥有丰富的教育资源和专业人才；而姚基金等社会组织则具有灵活的运行机制和广泛的社会影响力。因此，实现邢台学院体育学院与姚基金的协作情况梳理，是资源整合优化的前提和基础。

高校体育与社会机构协作的本质是双方为培养获得高素质人才而进行的资源交换过程。对高校体育与社会机构协作的情况进行梳理，了解高校体育与社会机构协作内容、形式及保障机制，可以深入分析问题产生的原因，加强高校体育与社会机构之间的联系与交流，实现资源的合理配置和高效利用，以提升乡村学校体育教育的整体效果，达到进一步整合优化邢台学院体育学院与姚基金的资源，优化两机构间的协作。随着乡村振兴战略的深入实施和体育教育事业的不断发展，双方的合作将更加紧密和深入。因而，深入梳理协作情况、加强资源整合优化及完善合作机制等措施的实施，我们可以进一步推动邢台学院体育学院与姚基金的深度合作取得更加显著的成效和影响，为乡村学校体育教育的发展注入新的活力和动力。

2. 高校与社会组织协同助力乡村学校体育发展的互动关系分析

对高校体育与社会机构协同助力乡村学校体育发展的传导模式进行梳理。对邢台学院体育学院与姚基金协同助力乡村学校体育发展的传导者、传导对象、接受者三部分间的互动关系及影响因素进行分析，以期优化高校和社会协同助力乡村学校体育的传导模式，提服务和增效能。

高校与社会组织在协同助力乡村学校体育发展的过程中，形成了相互促进、共同发展的互动关系。高校拥有优秀的师资、丰富的体育人才储备、先进的教育理念、科学的教学方法及优质的教育资源，但又有其弊端，如社会应变性差、机制不灵活等问题，而社会组织——姚基金则具有广泛的社会资源和项目执行经验，以及灵活的运行机制，弥补了这一部分问题。姚基金与高校的合作，不仅有助于推动社会组织更健康成长，使组织获得更多的专业人才和技术支持，推动其在乡村体育教育领域的项目开展和实施，这种优质的人力资源成为姚基金发展的保障，这种相互促进的互动关系，有助于形成良性循环，推动乡村学校体育教育的持续发展。而高校和姚基金之间形成了资源的传导，在传导模式中高校与社会组织在协同助力乡村学校体育发展的过程中，实现了资源的互补和优化配置；通过合作，双方可以共享资源、互通有无，实现资源的优化配置和高效利用。实现高校与社会组织协同助力乡村学校体育发展的互动关系，对于提升乡村学校体育教育的质量和水平，促进乡村学生的全面发展具有重要意义。此外，高校与社会组织在协同助力乡村学校体育发展的过程中，还形成了有效的沟通机制和合作模式。双方通过定期的交流与合作，建立了稳定的合作关系和良好的沟通机制。这种机制使得双方能够及时沟通合作进展、共享经验成果，并在合作过程中不断调整和完善合作策略。同时，双方还通过共同开展项目、组织活动等方式，深化了合作的内容和形式。这种有效的沟通机制和合作模式，为高校与社会组织在乡村学校体育教育领域的深度合作提供了有力保障。

3. 探究体育学院与姚基金的协作效果

对邢台学院体育学院与姚基金协同助力乡村学校体育实施效果的研究，利于各部分之间完善助力机制，促进彼此间更好的协作，从而促进乡村学校体育发展。邢台学院体育学院与姚基金协同助力乡村学校体育发展，围绕体育教学、体育训练、体育竞赛、体育教研、体育师资五个维度展开效果分析，从而总结经验、发现问题，并提出进一步的优化建议。从资源整合与配置的角度来看，邢台学院体育学院与姚基金的协同合作实现了教育资源的有效整合与高效利用，邢台学院体育学院依托其丰富的教育资源，为乡村学校提供了专业的体育教育师资、先进的教学方法和多样化的体育课程；而姚基金则通过其广泛的社会影响力，积极筹措资金、物资，为乡村学校体育设施的改善和体育活动的开展提供了有力支持。双方的合作使资源得到了优化配置，提高了资源利用效率，为乡村学校体育的发展奠定了坚实基础。从传导模式来看，邢台学院体育学院与姚基金作为资源传导者，对传导端的乡村学校体育而言，传输不仅包括体育设施建设、体育课程开发、体育师资培训等，传导者和传导端还会搭建形成完善的传导运行机制，也会依据效果的评估和反馈，及时调整项目实施方案，确保项目目标的达成。本研究通过梳理邢台学院体育学院与姚基金协同助力乡村学校体育的实施效果，为乡村学校体育事业的发展做出更大的贡献。同时，这种协同合作模式也将为其他领域的社会组织和高校提供有益的参考和借鉴，推动更多社会资源的有效整合和高效利用。

4. 构建高校与社会协同助力乡村学校体育传导模式优化策略

在推动乡村学校体育事业发展的进程中，高校与社会组织的协同合作显得尤为重要。构建高校与社会协同助力乡村学校体育传导模式优化策略，旨在更有效地整合双方资源，提升合作效率，促进乡村学校体育教育的普及与提高。以下是对该策略构建的详细阐述。

首先，要明确邢台学院体育学院与社会组织姚基金在协同助力乡村学校体育中的角色定位。高校作为教育资源的集聚地，拥有专业的体育教育人才、丰富的教育经验及先进的体育教育理念。社会组织则具有灵活多样的运作方式，能够迅速响应乡村学校体育教育的实际需求，有效链接社会资源与乡村教育。因此，在构建协同传导模式时，应充分发挥高校的专业引领作用和社会组织的桥梁纽带作用，形成优势互补、合作共赢的局面。

其次，要构建高效的信息沟通与共享机制。信息沟通是协同合作的基础，只有确保双方信息的及时、准确传递，才能有效避免合作中的误解和冲突。因此，应建立定期的信息交流机制，如定期召开联席会议、设立信息共享平台等，以便双方及时了解彼此的工作进展、需求变化及存在的问题。同时，还要加强信息筛选与整合，确保传递给乡村学校的体育教育资源信息具有针对性和实用性。

再次，要优化资源配置与整合策略。高校与社会组织在资源方面各有优势，如何将这些优势资源有效整合并转化为推动乡村学校体育发展的动力，是构建协同传导模式的关键。一方面，高校可以将其优质的体育教育师资、教材、设备等资源通过社会组织输送到乡村学校，提升乡村学校体育教育的专业水平。另一方面，社会组织可以发挥其资源整合能力，将社会上的体育教育资源、资金等汇聚起来，为乡村学校体育发展提供有力支持。此外，还要注重资源的可持续利用，避免资源的浪费和重复投入。

最后，要强化人才培养与师资队伍建设。通过人才培养和队伍建设，为协同传导模式的构建提供有力的人才保障。另外，随着时代的发展和乡村学校体育教育需求的变化，高校体育与社会组织的合作模式也应不断创新。可以尝试建立更加紧密的合作伙伴关系，为乡村学校体育事业的蓬勃发展注入新的动力。

（二）研究意义

1. 理论意义

（1）深化高校体育专业服务乡村学校体育振兴的理论内涵。

校社协同助力乡村学校体育发展模式研究，不仅丰富了乡村教育发展的理论体系，更为高校如何有效服务乡村教育振兴提供了深刻的理论思考和实践指导。首先，深化高校服务乡村教育振兴的理论内涵有助于明确高校在乡村教育振兴中的定位与角色。高校作为人才培养、科学研究和社会服务的重要基地，其在乡村教育振兴中的作用不容忽视，通过校社协同的方式，高校可以充分发挥其在教育资源、师资力量和科研能力等方面的优势，为乡村学校体育教育的发展提供有力支持，这种定位与角色的明确，有助于高校更好地履行其社会服务职能，推动乡村教育的全面发展。其次，有助于探索高校服务乡村教育的有效模式。乡村学校体育教育的发展面临着诸多挑战，如教育资源匮乏、师资力量薄弱等。高校通过校社协同的方式，可以与乡村学校、社会组织等建立紧密的合作关系，共同开展体育教学、师资培训、科研合作等活动，这种合作模式不仅可以解决乡村学校体育教育中存在的问题，还可以提升高校的社会服务能力和水平，实现双方的共赢。此外，其有助于推动乡村教育的创新与发展。高校作为创新的重要源泉，可以通过引入新的教育理念、教学方法和技术手段等，推动乡村学校体育教育的创新与发展，为乡村教育的未来发展提供理论支持和实践指导。最后，高校作为社会的重要组成部分，其社会责任感和使命感是其发展的内在动力，通过服务乡村教育振兴，高校可以更好地履行其社会责任，为社会的和谐与发展做出贡献，进一步提升高校的声誉和影响力，为其未来的发展奠定坚实的基础。因而，校社协同助力乡村学校体育发展模式研究，在深化高校服务乡村教育振兴的理论内涵方面具有重要意义。通过明确高校在乡村教育振兴中的定位与角色、探索有效服务模式、推动教育创新与发展及提升高校的社会责任感和使命感等方面的努力，我们可以为乡村学校体育教育的发展提供有力的理论支持和实践指导，推动乡村教育的全面振兴。

（2）拓展乡村学校体育发展模式的理论框架。

校社协同助力乡村学校体育发展模式研究，不仅有助于深化对乡村学校体育教育发展的认识，更为构建更为科学、系统的乡村学校体育发展模式提供了理论支撑。首先，乡村学校体育教育作为一种特殊的教育形态，其发展受到多种因素的影响和制约。通过深入研究乡村学校体育教育的实际情况，我们可以发现其存在的问题和挑战，如教育资源不足、师资力量薄弱、教育观念落后等。这些问题的存在要求我们必须对乡村学校体育教育进行深入的剖析和研究，探索适合其发展的模式和路径。拓展理论框架，可以帮助我们更加全面地理解乡村学校体育教育的内在规律，为其发展提供科学的理论指导。其次，乡村学校体育教育作为乡村教育的重要组成部分，其发展模式的研究对于完善乡村教育的理论体系具有重要意义。校社协同助力乡村学校体育发展模式研究将乡村学校体育教育的研究纳入更广阔的视野中，与其他教育领域进行交叉融合，形成更为丰富和完善的乡村教育理论体系，有助于指导实践工作，推动乡村学校体育教育的创新发展。通过深入研究助力乡村学校体育发展的新模式、新路径，为乡村学校体育教育的实践工作提供新的思路和方向。最后，本研究有助于提升乡村学校体育教育的社会认知度和影响力。深入、系统的研究校社协同助力乡村学校体育发展模式的理论框架，更清晰地展示乡村学校体育教育的价值和意义，有助于吸引更多的社会资源和力量关注和支持乡村学校体育教育的发展，为其提供更多的机遇和平台。综上所述，本研究不仅有助于深化我们对乡村学校体育教育的认识和理解，更为我们构建更为科学、系统的乡村学校体育发展模式提供了理论支撑和指导，通过不断拓展和完善理论框架，可以推动乡村学校体育教育朝着更加健康、可持续的方向发展，为乡村振兴和教育公平贡献力量。

（3）提供乡村体育振兴研究的多元理论视角。

校社协同助力乡村学校体育发展模式研究，不仅体现在深化对乡村教育振兴内在机制的理解上，更在于推动研究范式的创新，拓展研究的广度和深度。首先，提供多元理论视角有助于更全面地揭示乡村教育振兴的复杂性。乡村教育振兴是一个系统工程，涉及政策制定、资源配置、教学模式等多个方面。传统的单一理论视角往往难以全面把握其内在机制和影响因素，而校社协同的研究模式，通过整合高校、社会组织和乡村学校等多方力量，形成多元化的研究团队和理论资源，可以从多个维度、多个层面对乡村学校体育振兴进行深入研究。这不仅可以揭示乡村教育振兴的多元影响因素，还可以发现其内在的规律和特点，为制定更有效的政策措施提供理论依据。其次，多元理论视角有助于推动乡村学校体育振兴研究范式的创新。传统的乡村体育教育研究往往侧重于某一方面的分析，如教育资源配置、师资培训等，缺乏对乡村体育教育整体性和系统性的研究。而校社协同的研究模式为乡村学校体育振兴研究提供新的思路和方法，推动研究的深入发展。此外，多元理论视角还有助于提升乡村学校体育振兴研究的实践价值。通过引入多元化的理论视角，我们可以更加深入地了解乡村教育的实际需求和发展瓶颈，为制定更加符合实际的教育政策提供理论支持。同时，多元理论视角还可以帮助我们发现乡村教育中的创新点和亮点，为推广先进的教育理念和教学模式提供理论支撑。这些实践价值的提升，将有力地推动乡村教育的持续发展，为乡村振兴贡献力量。校社协同助力乡村学校体育发展模式研究为乡村教育振兴研究提供了多元理论视角。这一视角的引入不仅有助于深化对乡村教育振兴内在机制的理解，推动研究范式的创新，还可以提升研究的实践价值，推动乡村教育的持续发展。

（4）强化校社协同在乡村体育教育中的理论支撑。

校社协同助力乡村学校体育发展模式研究有助于深化对校社协同机制的理解，更有助于为乡村教育的全面发展提供坚实的理论基础和实践指导。首先，校社协同作为一种合作模式，强调高校与社会组织、乡村学校之间的深度合作与资源共享。在乡村教育中，校社协同可以发挥高校的资源优势，为乡村学校提供教育支持，也可以借助社会组织的力量，推动乡村教育的创新与发展。通过深入研究校社协同的内涵与价值，我们可以更好地认识其在乡村教育中的重要作用，为乡村教育的全面发展提供理论支持。其次，校社协同的实现需要各方共同参与、协同合作，形成有效的协同机制。这一机制的构建需要考虑到各方的利益诉求、资源配置、合作模式等多个方面。通过理论研究，我们可以探讨如何建立科学有效的协同机制，明确各方的职责与权利，优化资源配置，提升协同效果。这不仅可以为乡村教育的实践工作提供指导，还可以为其他领域的校社协同提供借鉴和参考。此外，校社协同作为一种创新的合作模式，可以为乡村学校体育带来新的发展机遇。通过研究进一步探索如何利用校社协同的优势，推动乡村教育的创新发展。例如，可以研究如何通过高校与乡村学校的合作，引入新的教育理念和教学方法；可以探讨如何借助社会组织的力量，推动乡村学校的特色发展和品牌建设。这些研究不仅有助于提升乡村教育的质量和水平，还可以为乡村教育的未来发展提供新的思路和方向。最后，通过校社协同的助力，乡村教育可以获得更多的关注和支持，提升其在社会中的认可度和影响力。

（5）丰富乡村学校体育创新发展的理论路径。

校社协同助力乡村学校体育发展模式研究有助于为其实践发展开辟新的道路，推动乡村体育教育的全面进步。首先，校社协同研究模式为乡村体育教育创新提供了多元化的理论视角。传统的乡村体育教育往往局限于学校内部，缺乏与社会资源的有效整合，而校社协同模式打破了这一局限，通过引入高校、社会组织和乡村学校等多方力量，形成了多元化的研究主体和理论资源，有助于我们更加全面地认识乡村学校体育，也为乡村体育教育创新提供丰富的理论支持和指导，推动其向更加科学、系统的方向发展。其次，研究围绕高校的教育资源、社会组织的实践经验及乡村学校体育的实际情况，探索出符合乡村学校体育特点的创新发展路径，旨在提高乡村体育教育的质量和水平，激发乡村学生的体育兴趣和潜能。最后，通过理论研究和实践探索，可以展示乡村学校体育创新发展的成果和效益，让更多的人了解和关注乡村学校体育，提升乡村体育教育的社会地位和影响力，为其创新发展提供有力的支持和保障。

2. 实践意义

（1）提升高校社会服务能力的实践路径探索。

校社协同助力乡村学校体育发展模式研究，不仅具有深远的理论意义，更有着丰富的实践意义。通过这一研究，探索提升高校社会服务能力的实践路径，更好地理解和把握高校在乡村学校体育发展中的角色定位，探索出有效的服务模式，从而真正将高校的教育资源和社会服务功能转化为推动乡村学校体育发展的强大动力。首先，校社协同研究为高校提供了直接参与乡村学校体育发展的平台。通过校社协同的模式，高校可以与社会组织、乡村学校建立紧密的合作关系，共同参与到乡村学校体育发展的实践中来。这种合作模式使高校能够直接了解乡村学校体育的需求和问题，根据实际情况制定针对性的服务方案。同时，通过与乡村学校的深入交流，高校还可以获得丰富的实践经验，为其未来的教学和研究提供宝贵的素材。其次，通过校社协同研究，高校可以探索出符合自身特点和社会需求的社会服务模式。例如，高校可以组建专门的社会服务团队，定期前往乡村学校开展体育教学、师资培训等活动；或者与乡村学校建立长期的合作关系，共同开展体育课程改革、教学资源共享等项目。这些服务模式不仅可以提升高校的社会服务能力，还可以增强高校与社会的联系和互动，促进高校的全面发展。此外，高校拥有丰富的体育教育资源，包括优秀的体育师资、先进的教学设施及丰富的教学经验等，高校可以将这些资源引入乡村学校体育发展中，为乡村学校提供有力的支持。例如，高校派遣优秀的体育教师或优秀实习生前往乡村学校进行支教，传授先进的体育教学理念和方法；或者与乡村学校共享教学设施和资源，提升乡村学校的体育教学质量。这种资源的优化配置不仅可以提升乡村学校体育的发展水平，还可以促进高校教育资源的合理利用和共享。高校作为社会的重要组成部分，其社会服务能力的强弱直接关系到社会的整体发展。通过校社协同助力乡村学校体育发展模式研究，高校可以更加深入地了解乡村教育的现状和需求，进而明确自身在推动乡村教育振兴中的责任和使命。这种责任感和使命感的增强将激励高校更加积极地参与到乡村教育发展中来，为乡村学生的健康成长和全面发展贡献智慧和力量。最后，探索提升高校社会服务能力的实践路径对于促进高校与社会的深度融合具有重要意义。通过本研究，高校可以更加深入地了解社会的需求和变化，进而调整自身的教育内容和方式，使其更加符合社会的实际需求；还可以通过与社会组织、企业等机构的合作，共同开展科研项目、人才培养等活动，实现资源共享和优势互补，这种深度融合不仅可以提升高校的社会服务能力和水平，还可以增强高校的社会影响力和竞争力。因而，本研究可以更好地发挥高校的体育教育资源和社会服务功能，推动乡村学校体育的创新发展；同时促进高校与社会的深度融合，提升高校的社会责任感和使命感，为乡村学校体育的发展和高校社会服务能力的提升做出更大的贡献。

（2）构建乡村学校体育振兴长效机制的实践参考。

校社协同助力乡村学校体育发展模式研究，不仅深化了我们对乡村学校体育发展路径的理解，而且为构建乡村学校体育振兴长效机制提供了宝贵的实践参考。这一实践意义体现在多个方面，有助于推动乡村学校体育的可持续发展，促进乡村学生的身心健康，以及提升乡村教育的整体质量。首先，校社协同模式为乡村学校体育振兴提供了持续的动力和资源支持。校社协同，高校可以派遣优秀的体育教师前往乡村学校进行支教，提供先进的教学理念和教学方法；社会组织则可以提供资金支持和物资援助，帮助乡村学校改善体育设施，丰富体育课程内容。这种协同模式不仅为乡村学校体育提供了短期的帮助，更重要的是为其长期发展奠定了坚实的基础。其次，校社协同有助于构建乡村学校体育发展的多元化支持体系。乡村学校体育振兴需要政府、学校、社会等多方面的共同努力。通过校社协同，高校可以发挥专业优势，提供智力支持和人才保障；社会组织则可以发挥桥梁纽带作用，促进各方资源的有效对接和整合。这种多元化支持体系能够汇聚各方力量，形成合力，共同推动乡村学校体育的发展。此外，校社协同，可以引入新的教学理念、教学方法和教学资源，推动乡村学校体育教学的改革和创新。例如，高校可以研发适合乡村学校体育教学的课程体系和教材，提供个性化的教学方案；社会组织则可以推广先进的体育教学技术和方法，提高乡村学校体育教学的效果和质量。同时，通过校社协同研究，可以探索出符合乡村学校体育发展实际的制度框架和运行机制。例如，可以建立乡村学校体育发展基金，用于支持体育设施的改善、师资队伍的建设和体育活动的开展；可以建立乡村学校体育教师培训和交流机制，提升教师的专业素养和教学能力；可以建立乡村学校体育赛事和活动机制，丰富校园文化生活，提高学生的体育素养。这些制度建设和机制创新能够为乡村学校体育的长期发展提供有力的保障和支持。最后，构建乡村学校体育振兴长效机制还需要注重评估与反馈机制的建立。通过校社协同研究，可以建立科学的评估体系，对乡村学校体育的发展情况进行定期评估和反馈。这不仅可以及时发现问题和不足，还可以总结经验教训，为乡村学校体育的进一步优化提供参考。同时，评估与反馈机制还可以激励乡村学校和社会组织更加积极地参与到学校体育发展中来，形成良性循环。

（3）校社协同在乡村教育中的实践应用与成效。

校社协同助力乡村学校体育发展模式研究，其实践意义不仅在于丰富理论路径和提升高校社会服务能力，更在于校社协同模式在乡村教育中的实践应用与成效。校社协同作为一种创新性的合作模式，通过整合高校、社会组织及乡村学校等多方资源，为乡村教育注入了新的活力，有效推动了乡村学校体育及整体教育水平的提升。首先，高校拥有丰富的教育资源，包括优秀的师资力量、先进的教学设施及丰富的教育经验，通过校社协同，高校可以将自身的教育资源优势转化为推动乡村教育发展的动力。其次，校社协同模式为乡村教育带来了新的理念和方法。高校可以引入先进的教学理念和教学方法，结合乡村学校的实际情况，开展有针对性的教学改革。此外，校社协同在乡村教育中的实践应用还体现在师资力量的提升方面。高校可以组织专业的教师培训活动，为乡村学校提供有针对性的培训和支持。例如，高校可以组织体育专业教师前往乡村学校开展教学示范和技能培训，提升乡村体育教师的教学水平和能力。同时，社会组织也可以提供资金支持和物资援助，帮助乡村学校改善教师的工作环境和待遇，激发教师的工作热情和积极性。这种师资力量的提升和实践应用，为乡村学校培养了一支高素质、专业化的教师队伍，为乡村教育的长远发展奠定了坚实的基础。

在成效方面，校社协同使乡村学校体育教育水平得到了明显提升，通过引入高校的教学资源和社会组织的支持，乡村学校的体育教学设施得到了改善，体育课程内容更加丰富多样，学生的学习兴趣和积极性也得到了有效提升。同时，乡村学校的教育资源得到了优化和整合，教学模式得到了创新和改进，师资力量得到了提升和加强，从而推动了乡村教育的整体发展。校社协同通过资源优化与共享、教学模式创新及师资力量提升等方面的实践应用，校社协同有效推动了乡村学校体育及整体教育水平的提升。这种合作模式为乡村教育带来了新的发展机遇和挑战。

（4）促进乡村学校体育教育创新发展的实践举措。

首先，校社协同作为促进乡村学校体育教育创新发展的实践举措，校社协同模式通过整合高校、社会组织等多方资源，为乡村学校体育教育提供了创新发展的可能。高校作为知识和人才的聚集地，拥有先进的教育理念、丰富的教育资源和强大的科研实力；而社会组织则具有灵活性和创新性，能够快速响应社会变化和教育需求。二者的结合，能够为乡村学校体育教育带来全新的思路和方法，推动其向更高水平迈进。其次，校社协同通过引入新的教学理念和方法，促进了乡村学校体育教育的创新发展。高校可以将其先进的教育理念和教学方法引入到乡村学校体育教育中来，推动其从传统的应试教育向素质教育转变。此外，校社协同还为乡村学校体育教育提供了师资培训和课程建设的支持。高校可以组织专业的体育教师前往乡村学校进行支教或开展培训活动，提升乡村体育教师的专业素养和教学能力。同时，高校还可以与乡村学校合作开展体育课程建设，共同研发适合乡村学校体育教学的课程体系和教材，丰富体育教学内容和形式。这种师资培训和课程建设的支持，为乡村学校体育教育的创新发展奠定了坚实的基础。在促进乡村学校体育教育创新发展的过程中，校社协同还注重资源的优化和共享。资源的优化和共享，不仅缓解了乡村学校体育教育资源匮乏的问题，也为其创新发展提供了有力的保障。最后，校社协同还通过评估和反馈机制，推动乡村学校体育教育的持续改进和创新发展。

第三节

研究突破重难点

（一）本研究的重点

（1）横向分析邢台学院体育学院与姚基金协作情况和协同助力乡村学校体育的效果。

（2）纵向追踪邢台学院体育学院与姚基金协同助力乡村学校体育的传导模式。

（3）通过横向和纵向的分析、归纳高校与社会协同助力乡村学校体育的发展模式。

（二）本研究的难点

在全面收集邢台学院体育学院与姚基金协同助力乡村学校体育资料的过程中涉及大量的访谈与文本资料，而 2021 年特殊公共卫生事件给高校与社会协同助力乡村学校体育的资料储存带来影响，横向和纵向分析、归纳高校与社会协同助力乡村学校体育发展模式，这些都是课题研究的难点。

第四节

研究内容

本研究采用质性研究，对邢台学院体育学院与姚基金协同助力乡村学校体育发展的个案进行研究，目的是探寻高校与社会协同助力乡村学校体育发展模式，更好促进高校体育服务乡村学校体育，进一步推进乡村体育振兴。研究内容如下。

（一）概念界定

1. 学校体育发展模式

“模式”是指从生产经验和生活经验中经过抽象和升华提炼出来的核心知识体系，是群体与群体之间为达到共同目的，彼此相互配合的一种联合行动、方式的标准样。发展模式（Developing Mode）是在特有的背景下所形成的发展方向。发展模式主要聚焦于三个问题：为什么要发展、发展什么及如何发展。本研究将学校体育发展模式的概念界定为：“协同提质”与“乡村振兴”的国家政策导向下，高校体育如何与社会机构协作，协同助力乡村学校体育的发展，达到乡村学校体育发展的有效途径。

2. 校社协同模式

“协同”在《现代汉语词典中》被解释为各方相互配合或甲方协助乙方

做某件事。[1]在本研究中，校社协同模式是指高校与社会力量紧密合作，共同推动学校体育的发展。本研究中涉及两个层面的“协同”：一个层面是高校体育专业与社会力量姚基金间围绕教学、训练、竞赛、教研和师资五个维度之间进行的协作与资源互通；另一个层面是高校体育专业与社会力量协作下，协同助力乡村学校体育教学、训练、竞赛、教研和师资五个方面的发展。高校、社会力量与学校体育的协同合作。首先，它有助于优化教育资源配置，提高教育效率。通过学校与社会的协同合作，可以实现教育资源的共享和互补，使教育资源得到更加合理的利用。其次，它有助于推动教育创新，提升教育质量。社会力量的参与可以为学校带来新的教育理念和方法，推动学校教育的创新发展。最后，它有助于培养学生的综合素质，促进学生的全面发展。通过参与社会实践活动，学生可以锻炼自己的实践能力、团队协作能力和创新精神，为未来的成长打下坚实的基础。

3. 传导模式

本研究的传导模式，从纵向上看，高校与社会力量姚基金协同助力乡村学校体育的传导形式。社会力量姚基金与高校体育专业处于传导的起始端，是提供体育资源的主体，乡村学校体育是接受体育资源的客体，处于传导的终端，高校与社会作为主体是因，助力乡村学校体育效果在后是果。传导模式围绕高校与社会机构间如何为体育资源输出协作、如何达到有效的乡村学校体育助力进行分析，其中涉及机构间关系及影响因素。其属于交互式传导模式，资源信息从高校与社会力量姚基金向乡村学校体育传导是双向的。

传导主体具体包括传导者、传导对象和接受者三部分。姚基金与高校体育处于传导的起始端，是提供体育资源的传导者；传导对象包括内容、形式、

[1] 陈唯一，常娟，廖万金．协同还是共同：生命观念导向下 coevolution 的概念辨析 [J]. 生物学通报，2022，57(5)：1–3.

机制和人员等；乡村学校体育为接受者即传导的终端，也是传导的反馈源，是传导过程中最重要的环节之一。传导者和接受者形成了传导链条的两级。接受者是落实传导对象的的解码者，也是提供最终反馈者。

（二）高校体育学院与社会力量姚基金协作情况分析

1. 分析高校体育专业与社会力量间的合作

体育学院与姚基金的合作内容广泛而深入，涵盖了教学、训练、竞赛、教研和师资等多个维度，共同推动了乡村学校体育教育的发展。在教学方面，体育学院充分利用自身的教育资源优势，为乡村学校提供了丰富的教学内容和教学方法。姚基金则通过其广泛的社会影响力，为乡村学校争取到了更多的教学资源和资金支持。双方协作完成资源对乡村学校体育的助力。在训练方面，邢台学院体育学院根据乡村学校的实际情况，制订了针对性的训练方案。通过定期组织训练活动，提高了乡村学校学生的篮球运动技能和身体素质；而姚基金则为这些训练活动提供了必要的场地和器材支持，确保了训练活动的顺利进行。在竞赛方面，举办了乡村体育篮球赛事，为乡村学校的学生提供了展示自己才能的平台。这些赛事不仅锻炼了学生的竞技能力，也增强了他们的团队精神和自信心。同时，通过参与赛事，乡村学校的学生也有机会与城市的学生进行交流和学习，拓宽了他们的视野。在教研方面，体育学院与姚基金加强了科研合作，共同开展了多项与乡村学校体育教育相关的课题研究，不仅为乡村学校体育教育提供了理论支持，也为教学实践提供了有益的指导。在师资方面，邢台学院体育学院积极为乡村学校培养输送优秀的体育教师，姚基金依据项目的需求对高校提供的师资进行培训。

2. 分析高校体育专业与社会力量间的合作形式

姚基金于 2012 年启动希望小学篮球季，选派高等院校体育教育专业大学生志愿者前往乡村小学支教，并通过体育课教授、篮球训练、集训和联赛等形式，推动乡村体育教育发展。高校与姚基金合作通过招募、培训、选拔、出征、支教、评选等流程完成双方协作，最终将资源输向乡村学校。邢台学院体育学院与姚基金的合作形式灵活多样，既注重实效又注重可持续性，确保了合作的顺利进行。

3. 高校体育专业与社会力量间的保障机制

保障机制涉及政策保障、组织保障、资金保障、人才保障等方面。在政策保障方面，国家和地方政府出台了一系列支持乡村学校体育教育发展的政策措施，为邢台学院体育学院与姚基金的合作提供了良好的社会环境。比如2020年中共中央办公厅、国务院办公厅印发了《关于全面加强和改进新时代学校美育工作的意见》指出促进学校体育均衡发展，加大学校、社会各方资源统筹整合力度。2022年协同提质计划，首次将对口支援高校和帮扶地方基础教育纳入同一帮扶体系，目的是间接服务当地基础教育发展，这些都为乡村学校提供了政策保障。在组织保障方面，邢台学院体育学院和姚基金都设立了专门的负责人，为合作提供有力的组织保障。在资金保障方面，姚基金通过社会募捐、企业赞助等多种渠道筹集资金，为乡村学校体育支教提供了稳定的资金来源。在人才保障方面，邢台学院体育学院积极培养优秀的体育教师和科研人员，为合作项目提供人才支持，也为乡村学校体育教育事业提供了有力的人才保障。邢台学院体育学院与姚基金的合作内容广泛而深入，合作形式灵活多样，保障机制完善有效，推动了乡村学校体育教育的发展，为乡村学生的健康成长做出了积极贡献。

（三）分析高校体育学院与社会力量姚基金协协作下助力乡村学校体育的传导模式

随着国家对农村教育的日益重视，乡村学校体育教育的发展逐渐受到社会各界的广泛关注。在这一背景下，邢台学院体育学院与姚基金之间的协同合作显得尤为重要。两者通过资源共享、优势互补，形成了紧密的互动关系，共同推动乡村学校体育教育的蓬勃发展。

邢台学院体育学院拥有丰富的教育资源和专业的师资力量，而姚基金则具备强大的社会影响力和资金支持。双方通过资源共享，实现了优势互补，为乡村学校体育教育的发展注入了新的活力。姚基金通过捐赠体育器材、建设体育设施等方式，改善了乡村学校的体育硬件条件，为体育教学和训练提供了更好的保障。这种资源共享的互动、优势互补，互动合作，持续沟通的循环机制等，推动体育教育创新。由此可见，邢台学院体育学院与姚基金协同助力乡村学校体育的互动关系是一种典型的资源共享、优势互补、互动合作的模式，共同推动了乡村学校体育教育的发展和创新，这种合作模式不仅具有重要的现实意义，也为未来乡村学校体育教育的发展提供了有益的借鉴和启示。

（四）从教学、训练、竞赛、教研和师资五个维度观测助力乡村学校体育的效果

1. 体育教学，依据实际需求进行双向教学改革

邢台学院体育学院与姚基金协同助力乡村学校体育发展，依据乡村学校的实际需求进行体育教学改革。改革不仅是邢台学院体育学院篮球课程的教学改革，也是乡村学校体育的教学改革，是双向的。这一改革不仅涉及教学内容的更新，还包括教学方法的创新和教学评价体系的完善。在教学内容方面，邢台学院体育学院针对篮球专项学生进行教学课程改革，对篮球支教师资进行培训，大学篮球更多是针对教学和竞赛的内容，而姚基金这针对的是乡村 6~13 岁的青少年，对于高校来说邢台学院需要与姚基金协同制订高校课程改革计划，确保师资队伍的质量。对于乡村学校体育来说，邢台学院体育学院支教学生结合当地的文化传统和特色，开发了一系列具有地方特色的篮球体育课程，让学生能感受到体育的魅力。除了课程内容的改革，还涉及教学方法、教学手段、教学评价等内容。

2. 体育训练，教学实践训练开展情况

体育训练是乡村学校体育教育的重要组成部分，也是提升学生体育技能和身体素质的关键环节。邢台学院体育学院与姚基金协同助力乡村学校体育，在教学实践训练方面取得了显著成效。体育学院为乡村学校提供了专业的训练指导和教练支持。通过派遣专业教练赴乡村学校进行实地指导，不仅能提升教学质量，也将先进的训练方法带到乡村学校，提升乡村体育教师能力。

3. 体育竞赛，在姚基金的框架下组建竞赛平台

“姚基金希望小学篮球季”公益项目于2012年启动，“姚基金希望小学篮球季”全国集训及联赛成为支教效果的检验平台，成为检验学生体育技能和提升学校体育教学水平的重要途径。在姚基金的框架下，通过组织并参与了体育竞赛活动，为乡村学生搭建了展示自我、锻炼能力的平台。通过参与竞赛，乡村学生能够与其他学校的优秀选手进行交流和切磋，提升自己的竞技水平和团队协作能力。另外，双方通过资源互补，为乡村学校争取了更多的参赛机会和资金支持。这使更多乡村学校能够参与更高水平的竞赛，进一步拓宽了学生的视野和竞技舞台。

4. 体育教研，在高校、姚基金和乡村小学之间进行教研

体育教研是推动乡村学校体育教育发展的重要力量。体育学院与姚基金通过搭建教研平台、开展教研活动等方式，促进了高校、姚基金和乡村小学之间的教研交流与合作。一方面，体育学院与姚基金共同建立了教研合作机制，引进姚基金先进的小篮球教学内容等，进行课程改革，此外通过支教反馈不断调整高校体育篮球专业人才培养内容，更好地迎合市场需求，促进高校体育人才的流动。另一方面，邢台学院体育学院还积极组织教师开展乡村学校体育教育的课题研究。通过深入调研和实践探索，总结出了一系列符合乡村学校实际的体育教学经验和做法。这些成果不仅为乡村学校体育教育的改革和发展提供了理论支持和实践指导，还为其他地区的乡村学校体育教育

提供了有益的借鉴和参考。

5. 体育师资，支援乡村学校体育的师资建设

体育师资是乡村学校体育教育发展的关键。体育学院与姚基金协同助力乡村学校体育发展，在师资建设方面取得了显著成效。首先，邢台学院体育学院通过派遣优秀教师与学生赴乡村学校支教、师资培训等方式，为乡村学校提供了优质的师资支持。这些教师不仅具有丰富的教学经验和专业知识，还能够根据乡村学校的实际情况进行有针对性的教学指导。他们的到来不仅提升了乡村学校的体育教学水平，还激发了学生对体育运动的热情和兴趣。其次，借助姚基金选派高等院校体育教育专业大学生志愿者前往乡村小学支教，服务乡村学校体育发展，促进了乡村学校体育教育的可持续发展。

（五）探析校社协同助力乡村学校体育发展模式

校社协同助力乡村学校体育发展的模式，其核心在于打破传统教育模式的局限性，将学校与社会的优势资源进行有效对接。学校作为教育的主阵地，拥有丰富的教育资源和教学经验，而社会则拥有广阔的资源网络和多元化的活动平台。通过校社协同，可以实现资源共享、优势互补，为乡村学校体育教育提供有力的支持。在实施校社协同助力乡村学校体育发展的过程中，“姚基金希望小学篮球季”正是这样的一个平台，将高校体育与社会组织连接起来。校社协同助力乡村学校体育发展的模式可以从教学、训练、竞赛、教研和师资等维度进行资源助力，校社协同助力乡村学校体育丰富乡村学校体育教育的内容和形式，乡村学校体育教育的质量和水平将得到显著提升，为乡村学生的健康成长和全面发展奠定坚实的基础。这种发展模式也将促进学校与社会之间的紧密联系和互动，形成更加开放、包容、和谐的教育生态。

第五节 研究思路

本研究以“校社协同助力乡村学校体育发展模式”为核心议题，以质性研究为主，采用文献资料法、个案研究法、实地调研和访谈法，通过对邢台学院体育学院与姚基金协作的内容、形式和保障机制，邢台学院体育学院与姚基金协同助力乡村学校体育发展的传导模式及助力乡村学校体育的实践效果进行研究，探寻校社协同助力乡村学校体育发展模式。研究遵循“提出问题—分析问题—解决问题”的逻辑线索，通过文献综述、案例分析、质性研究等方法，系统构建校社协同助力乡村学校体育发展的理论框架和实践路径。

首先，在绪论部分，明确问题的缘起和选题的意义，阐述研究的目的、内容、创新点及研究框架。通过界定相关概念，为后续研究奠定理论基础。接着，在文献综述部分，回顾高校、社会与中小学合作的历史脉络，梳理合作的分类和国内外研究现状，为后续研究提供理论支撑和参考依据。其次，以体育学院与姚基金的合作情况为切入点，深入分析合作的内容、形式及保障机制。通过实地考察、访谈等方式，收集第一手资料，了解合作的具体情况，为后续研究提供实证材料。在此基础上，进一步分析体育学院与姚基金协同助力乡村学校体育的传导模式。探究双方之间的互动关系及影响，揭示校社协同在推动乡村学校体育发展中的重要作用。并从教学、训练、竞赛、教研和师资五个维度，评价体育学院与姚基金协同助力乡村学校体育的效果。通过质性分析校社协同助力乡村学校体育发展效果。最后，构建校社协同助力乡村学校体育发展的模式。整个研究过程注重理论与实践相结合，既要有深入的理论分析，也要有扎实的实证研究。通过系统、全面地探讨校社协同助力乡村学校体育发展的模式与机制，为推动我国乡村学校体育事业的可持续发展提供有力支持。研究思路见图 1-1。

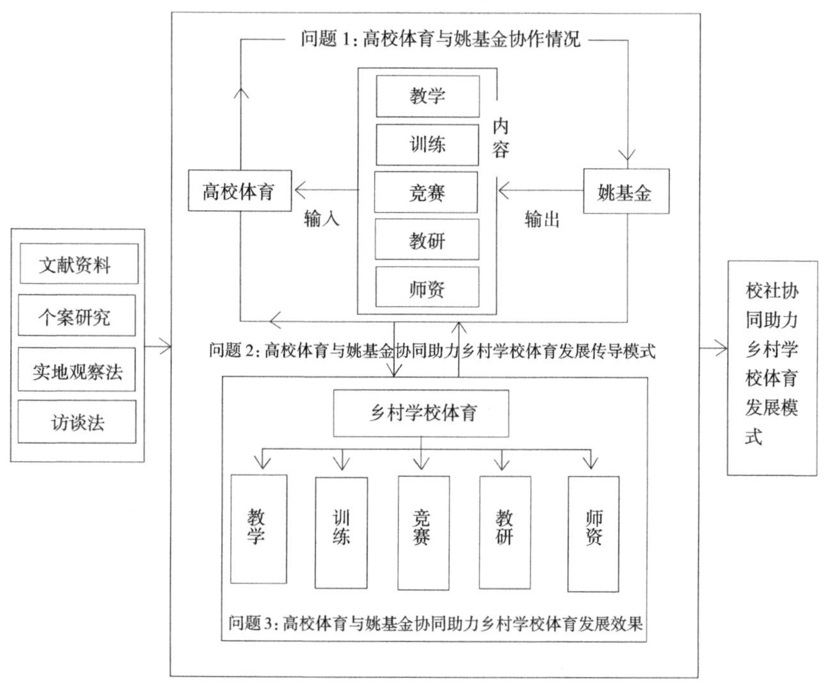

图 1-1　校社协同助力乡村学校体育发展研究思路

第六节

研究方法

本书的研究主要采用的是质性研究，通过文献资料法、个案研究法、实地观察法和访谈法获取邢台学院体育学院与姚基金协同助力乡村学校体育发展资料信息。

（一）文献资料法

通过 CNKI 中国知网数据库收集与查阅国内学者有关校社机构助力乡村学校体育的研究成果，围绕关键词“高校与小学体育”“社会力量与学校体育”“高校社会与学校体育”等，在中国知网、万方数据库、博硕论文库等进行检索。系统查阅并收集了大量与本研究有关的、公开发表的相关文献、期刊，查阅了有关的体育类、教育类、管理类及经济类等方面的书籍，还从高校体育专业、社会力量姚基金等方面了解学校体育相关政策文件等，并对查阅的书籍与文献等进行整理归纳与分析，了解了高校社会力量助力乡村学校体育发展研究的前沿动态，从而为本研究提供了可参考的资料及理论依据。

（二）个案研究法

个案研究是指集中研究一个或几个个案，其中个案的范围可以从一个人到一个组织，或从某一件事到某一特定程序实施的一系列过程。[1]个案调查

[1] 史晓宇，阮琳燕，何丽. 他们为什么不上学？中学生拒绝上学影响因素的质性研究 [J]. 社区心理学研究，2023, 16 (2): 193–210.

是对一个具体单位或事件进行全面深入了解的调查方式，个案一词源于医学和心理学，指个别病例和案例。[1]个案研究就是将所要调查的对象放在具有研究价值的社会背景下，分析其在生存过程中社会结构及文化环境之间的关系，了解个体在社会环境中的生存演变过程，社会学经常利用个体或组织进行有针对性的案例分析。本研究以邢台学院体育学院与姚基金协同助力乡村学校体育发展为研究个案。通过案例研究深入了解高校社会协同助力乡村学校体育发展模式，围绕协作方式、传导模式、协同模式进行个案研究，使其更具体化，利于总结归纳高校社会协同助力乡村学校体育模式。

（三）实地观察法

本研究针对高校与姚基金协同助力乡村学校体育的五个维度（教学、训练、竞赛、教研、师资培训）进行实地勘察，收集掌握第一手的研究资料。本研究主要进行了两次实地调查，首次是针对高校体育专业与社会力量姚基金协作关系，针对双方协作的内容：教学、科研、训练、教研与竞赛五方面展开深入分析。第二次调研主要针对高校体育专业与社会力量姚基金协作下共同助力乡村学校体育发展效果围绕教学、科研、训练、教研与竞赛五方面进行调研，获取更为详尽的研究资料。

（四）访谈法

对体育学院与姚基金项目承担者、乡村学校体育实习基地的小学校长和体育教师，以及参与乡村学校体育的体育师范生进行访谈。访谈内容主要围绕邢台学院体育学院与姚基金之间合作模式（合作内容、形式、保障机制），协同助力乡村学校体育实践效果（教学、训练、竞赛、教研、师资）；邢台学院体育学院与姚基金协同助力乡村学校体育的传导模式（互动关系及影响），以及目前遇到的困难、采取的解决办法和改进措施。

---

[1] 侯亚非社会调查研究原理与方法 [M]. 北京：华文出版社，1998:81.

第二章

高校、社会助力乡村学校体育相关研究

第一节

高校、社会与中小学合作历史脉络回顾

一、高校与中小学校合作的历史脉络梳理

宋敏认为，“大学与中小学合作研究有广义与狭义之分。广义是指由大学与中小学共同参与的教育科学研究，包括以大学教师为主、中小学教师为辅的理论研究和以中小学教师为主、大学教师为辅的应用研究。狭义是指后一种以中小学为主、以大学教师为辅的教育行动研究，是一线教师基于解决课堂教学和班级管理中存在的具体问题的需要，与校外专业研究人员合作，共同分析和诊断问题产生原因，运用多种研究方法收集资料，制定出解决问题的具体计划和方案，并对实施结果进行评估”[1]。大学与中小学之间的关系经历了萌芽、稳步发展、合作深化三个阶段。

（一）萌芽期（1896—1977 年）

19 世纪上半叶，德国教育家赫尔巴特倡导大学与中小学合作，他创办教育研究班及其附属实验学校，将大学教育理论与中小学教育实践相结合，是最早的大学与中小学合作的雏形。20 世纪七八十年代以后，美国教育界为改变教育质量下滑现象，开启大学与中小学共同发展的模式。1896 年杜威在芝

[1] 宋敏．大学与中小学合作研究的背景、必要性及内涵［J］．首都师范大学学报（社会科学版），2004,(S2):202-204.

加哥大学创建了实验学校，通过应用新的教程和技巧改进学校的方式方法，提出学校是教学研究的实验室。亚伯拉罕·弗莱克斯纳吸纳杜威的思想，认为大学是研究教育问题的实验室，而实验室的首要任务是测试和评估其基本观点及其结果，其并非第一个建立实验学校的，早在 1877 年就创建了涵盖学前、小学与初高中部的实验学校，成为哥伦比亚大学教育者的大型实验室。❶

我国的合作办学可以追溯到 20 世纪，师范学校和各大学设立的附属中小学校；许多大学都设立了“实验中小学”或“附属中小学”❷，这成为大学与中小学产生联系的起点。大学与中小学合作可以追溯到 1896 年，盛宣怀在上海创建南洋公学。这是我国最早兼有大学、中学、小学完整的学校，当时主要是教学意义上的合作。❸《国家处在危险之中：教育改革势在必行》报告中美国学者提议大学与中小学建立互补互益的合作关系，保障大学与中小学共同成长，大中小学建立合作并介入中小学变革实践。❹为适应世界教育改革与自身发展需求，1922 年我国借鉴美国经验设立“实验中小学”或“附属中小学”，以这种形式开启大学与中小学的合作关系。1927 年陶行知创办晓庄师范学校，设有附属小学、民众学校、民众教育研究会开展乡村教育实验，提出附属小学是教育学的实验室。晏阳初以河北定县为实验室，学校式教育涵盖所有年龄段人群，这使大学与中小学合作关系得以产生。1949 年中华人民共和国成立至 1953 年国民经济恢复期，中小学在党的领导下吸收解放区与苏联的教育经验，建设新民主主义教育。❺1953 年 11 月 26 日，政务院发出《关于改进和发展高等师范教育的指示》提出高等师范教育在保证一定质量

---

❶ 拉格曼．一门捉摸不定的科学：困扰不断的教育研究的历史 [M]. 花海燕，译．北京：教育科学出版社．2006.

❷ 李鸣华．教师专业发展新思路：大学与中小学信息化合作模式研究 [M]. 杭州：浙江工商大学出版社．2017.

❸ 杨小微．大学与中小学的文化互动及共生 [J]. 教育发展研究，2011, 33(20)：15–22.

❹ 宋敏．大学与中小学合作研究的背景、必要性及内涵 [J]. 首都师范大学学报（社会科学版），2004(S2)：202–204.

❺ 卓晴君，李仲汉．中小学教育史 [M]. 海口：海南出版社．2000.

的原则下选调初中教师、小学教师予以短期训练培养，此外综合大学也应承担培养一部分中等学校师资的任务，体育学院也有培养一定数量的中等学校体育教师的任务。[1]1960年召开师范教育改革座谈会提出《关于迅速提高在职教师政治、文化、业务水平的初步意见》，规定各级师范院校应当把在职教师进修工作作为一项重要的任务担当起来。1966年到1976年我国进入“文化大革命”时期，中小学教育事业遭到严重破坏。1977年教育部在召开中小学教师培训工作座谈会的基础上提出《关于加强中小学在职教师培训工作的意见》，指出除高等师范院校和中等师范学校有责任承担培训任务外，其他高等院校也应承担一定的培训任务。[2]这时期大学与中小学合作侧重于培养中小学师资问题，以师范生教育实习为主要合作形式。

（二）稳步发展期（1978—2015年）

20世纪80年代伴随着社会快速转型发展，中央政府简政放权，将基础教育管理权交给地方，我国开始实行教育体制改革；提倡中小学从事教育科研，大多数中小学在进行学校本位的教育科研时选择了与大学（主要是师范大学）的合作，自此拉开了大学与中小学合作的序幕。20世纪90年代大学教师纷纷走出象牙塔，与中小学开展合作，共同促进教育理论和实践发展。当时我国教育行政部门为提升学校教育质量，开始提倡中小学从事教育科研，大学与中小学合作以“课题”为纽带，以中小学作为实验基地或大学教师进行指导两种形式展开合作[3]，合作领域涉及课程开发、科研、教师教育、课堂教学等各方面。[4]1991年4月国家教委办公厅印发《全国教育科学研究十

---

❶ 卓晴君，李仲汉．中小学教育史[M].海口：海南出版社．2000：112.

❷ 卓晴君，李仲汉．中小学教育史[M].海口：海南出版社．2000：302.

❸ 赵娟．大学与中小学合作研究促进教师专业化发展的理论与实践探索[D].淮北：淮北师范大学，2010.

❹ 宋敏．大学与中小学合作研究的背景、必要性及内涵[J].首都师范大学学报（社会科学版），2004(S2)：202–204.

年规划和“八五”计划》，确定20世纪90年代教育科学研究基本指导方针。江苏省教委明确苏南地区教育发展的战略思想、目标和对策，提出依靠行业和企事业单位办学，积极推动地方高等教育为当地社会主义建设服务。1993年2月中共中央、国务院颁布《中国教育改革和发展纲要》，提出深化教育改革，加强社会参与的战略，初步建立起与社会主义市场经济体制和政治体制、科技体制改革相适应的教育新体制。1995年国家教委召开全国普通高中教育工作会议，提出有条件的地方可以进行与高等院校、科研部门等联合办学的实验。1996年国家教委《关于师范教育改革和发展的若干意见》指出，“各级各类师范院校要坚定不移为中小学教育服务，特别面向中小学开展教育改革的理论和实践研究，为教育决策服务”。1998年12月教育部制定的《面向21世纪教育振兴行动计划》指出，“体育和美育是素质教育的重要组成部分，要加强体育和美育工作”。1999年《中共中央国务院关于深化教育改革全面推进素质教育的决定》指出，“鼓励综合性高等学校和非师范类高等学校参与培养、培训中小学教师的工作”。2000年《中共中央办公厅、国务院办公厅关于推动东西部地区学校对口支援工作的通知（摘要）》等政策出台，大学与中小学合作由教育实习拓展到学校改进、课堂变革、教师发展、教学实验等协同一体的层面。[1]2001年教育部关于印发教育部部长陈至立在2001年度教育工作会议上的讲话和《教育部2001年工作要点》《基础教育课程改革实施纲要（试行）》《国务院关于基础教育改革与发展的决定》提出，“支持大专院校、科研院所等单位的有关专业人员到中小学兼职”，“积极鼓励高等院校、科研院所的专家、学者和中小学教师投身中小学课程教材改革”，“高等师范院校、教育科研院所要积极参与基础教育课程教材改革和教学实验”。“2001年初步建立大中小学衔接的、较为科学合理的体育、艺术教育体系，保证学校艺术教育和体育教师的数量和质量，提高教学水平。”2010年《国

[1] 吕晓娟，王海霞，李越．大学与中小学伙伴合作的百年历程与时代审视[J]. 当代教育与文化，2022，14(1)：87–93.

家中长期教育改革和发展规划纲要（2010—2020）》指出，“推进小学、中学、大学有机衔接，教学、科研、实践紧密结合，学校、家庭、社会密切配合，加强学校之间、校企之间、学校与科研机构之间合作及中外合作等多种联合培养方式，形成体系开放、机制灵活、渠道互通、选择多样的人才培养体制”。这使政府主导下的大学与中小学合作形式更加丰富多样。2011 年《关于大力推进教师教育课程改革的意见》指出，“支持高校教师积极开展中小学教育教学改革试验”。2013 年北京市建立了中小学和高校、科研机构支撑合作的工作推进机制，截至 2021 年形成了基础教育与高等教育纵向衔接的创新人才培养体系。[1]2015 年国务院办公厅发布《关于全面加强和改进学校美育工作的意见》指出，“高校美育课程要依托本校相关学科优势和当地教育资源优势拓展教育教学，开设艺术实践类、艺术史论类、艺术批评类等方面的任意选修课程；专业艺术院校要创新艺术人才培养模式；普通高校要根据美育课程开设需要加快公共艺术教师队伍建设，建立高校与地方政府、行业企业、中小学协同培养美育教师的新机制，促进美育教师培养、培训、研究和服务一体化”，重点解决基础教育阶段美育存在的突出问题，缩小城乡差距和校际差距。这一时期大学与中小学合作形式由师资培养、教育实习拓展到学校改进、课堂变革、教师发展、教学实验等多维度，搭建了大学与中小学合作的框架。

（三）合作深化期（2016 年至今）

近年来，中国教育体制不断完善，一系列政策与举措相继出台推进高质量教育体系建设。2016 年《教育部关于加强师范生教育实践的意见》使高校与中小学间走向“共创”成为必然，这些政策也更加突出大学与中小学合作，形成共同体的取向。2018 年《中共中央国务院关于全面深化新时代教师队伍建设改革的意见》首次提出地方政府、大学、中小学协同育人。同年

[1] 杨小微，何静．基础教育为创新人才成长奠基的理据与路向[J]．上海教育科研，2023(11)：22–28.

《教师教育振兴行动计划（2018—2022 年）》指出，“高校与中小学协同开展教师培养培训、职前与职后相互衔接的教师教育改革实验区，带动区域教师教育综合改革，全面提升教师培养培训质量；推进高校与中小学教师、企业人员双向交流。高校与中小学、高校与企业采取双向挂职、兼职等方式，建立教师教育师资共同体”，对合作进行了进一步细化，为合作提供了政策依据和行动指南。2019 年 6 月 13 日教育部发布《关于开展体育美育浸润行动计划的通知》，指出探索建立高校支持中小学体育美育协同发展机制，其主要任务是每所试点高校对口支持服务 1~2 所尚未开齐开足体育美育课程的农村中小学校，在体育美育课程教学、实践活动、校园文化建设、教师队伍建设等四个方面提供服务，通过对口帮扶平台解决乡村学校体育发展滞后问题。同年 6 月 23 日，中共中央、国务院印发《关于深化教育教学改革全面提升义务教育的意见》，指出“通过购买服务等方式，鼓励体育社会组织为学生提供高质量体育服务，支持艺术院校在中小学建立对口支援基地”，对高校服务乡村学校体育教育提出了要求。11 月教育部《关于加强和改进新时代基础教育教研工作的意见》指出，“教研机构要加强与中小学校、高等学校、科研院所、教师培训、考试评价、电化教育、教育装备等单位的协作，形成以教育行政部门为主导、教研机构为主体、中小学校为基地、相关单位通力协作的教研工作新格局”，从国家政治层面明确大学与中小学合作路径。2020 年 10 月《关于全面加强和改进新时代学校体育工作的意见》指出，“推进高校体育教育专业人才培养模式改革，推进地方政府、高校、中小学协同育人，建设一批试点学校和教育基地”，进一步明确政府、高校、中小学协同育人路径。2022 年 4 月《新时代基础教育强师计划》具体措施指出，“鼓励支持地方政府统筹，相关部门密切配合，高校、教师发展机构、中小学等协同开展区域教师队伍建设改革试点，提升教育教学水平”。同年，教育部决定实施师范教育协同提质计划，“加强基础教育服务能力建设，协同开展基础教育教师培训、协同建设地方教师发展机构、协同建设附属中小学校，增强服务当地基础教育发展的能力”，首次将对口支援高校和帮扶地方基础教育纳入同一帮扶体系、首次大规模引入社会力量参与帮扶。[1]2022 年教育部发布《义务教育体育与健康课程标准》，指出体育是第三主科，让新兴体育项目走进校园，对中小学生体质健康提出了新的要求，凸显体育在深化教育改革和政策愿景进程中的重要作用。2023 年《教育部等十八部门关于加强新时代中小学科学教育工作的意见》指出，“重在融合、重在协同。鼓励高校和科研院所主动对接引领中小学科学教育，推动‘请进来’‘走出去’有效联动，不断完善大中小学及家校社协同育人机制”，大学与中小学合作进入深化期。

二、社会与中小学合作历史梳理

随着社会的发展变化，教育作为社会领域的重要单元，也经受着社会的洗礼。改革开放后社会力量参与到中小学建设中，按参与时间与内容主要划分为摸索期、发展期和深化发展期三个阶段。

（一）摸索期（1949—1998 年）

1977 年 12 月教育部颁布了《关于大力加强中小学在职教师培训工作的意见》，提出除高等师范院校和中等师范学校有责任承担培训任务外，其他高校也应承担一定的培训任务。改革开放后民办教育作为新出现的新事物，社会力量参与我国教育得到关注与重视，社会力量参与义务教育办学是国家实施义务教育的补充。1982 年《中华人民共和国宪法》规定国家鼓励集体经济组织、国家企事业组织和其他社会力量依照法律规定举办各种教育事业，确立了社会力量办学的合法性。1982 年、1983 年连续发出《全国农村工作会议纪要》《关于加强农村思想政治工作的通知》《当前农村经济政策的若干问题》《古关于加强和改革农村学校教育若干问题的通知》，提出农村教育

[1] 夏冰，沈翁安生 . 师范教育协同提质计划政策评析 [J]. 云南师范大学学报（哲学社会科学版），2023, 55(2): 84–93.

改革问题。1985 年《中共中央关于教育体制改革的决定》提出“地方要鼓励和指导国营企业、社会团体、个人办学，并在自愿基础上，鼓励单位、集体和个人捐资助学”，拉开了教育改革的序幕。1986 年国务院出台《中华人民共和国义务教育法》确立义务教育实行地方负责、分级管理的体制，以地方政府办学为主，同时鼓励企事业单位和其他社会力量参与，开启了社会力量助力义务教育发展篇章。

1986 年，成立了中小学幼儿教师奖励基金会，在国家教委指导下的全国性社会团体，其目的是支持教育事业，促进基础教育的发展，当时已向社会各界和国内外团体和个人募集奖励基金。1986 年国家教委组织农村教育改革实验工作，1987 年国家教委与河北省政府共同决定在河北省阳原县和完县（顺平县）进行教育改革实验，在涿州召开第一次农村教育综合改革实验区工作会议，高校与专家学者就农村教育改革实验问题进行研究，标志着新时期我国农村教育综合改革实验的开始。1987 年国家教育委员会颁布《关于社会力量办学的若干暂行规定》，指出社会力量办学是我国教育事业的补充。1988 年中共中央《关于改革和加强中小学德育工作的通知》指出，家校合作不仅仅是家庭和学校双方的合作，还需要争取政府、社区等社会力量的支持，才能为教育提供有力的后勤保障和环境支持。家庭、学校、社会三者在教育过程中各自承担不同的责任，三者相互协调，才能使教育处于一个良性循环的育人系统中。1989 年 10 月在国家教委和社会各界支持下，中国青少年发展基金会等单位发起启动“希望工程”❶。《中华人民共和国义务教育法》颁布后，遵循依靠人民办教育的方针，1981—1991 年多渠道改善中小学办学条件，通过社会集资、捐款等各种渠道筹措教育经费 708.46 亿元，使全国中小学危房占校舍面积的比例由 1981 年的 15.91% 下降到 1991 年的 1.60%。❷此阶段，城市社会力量办学更多采用市场化的手段，农村延续了被摊派和被

❶ 卓晴君，李仲汉．中小学教育史 [M]. 海口：海南出版社．2000：369.

❷ 卓晴君，李仲汉．中小学教育史 [M]. 海口：海南出版社．2000：371.

集资的计划经济手段。

20 世纪八九十年代，城市教育总体发展已经达到温饱水平，主要问题呈现在城市内部学校间发展差距，政府将一部分责任转交到市场，社会力量开始介入教育市场。1991 年国务院下发《关于创造良好的社会教育环境保护中小学生健康成长的若干意见》，规定政府各有关部门和社会各方面保证中小学生健康成长的职责和义务，提出一系列优化社会环境的政策、措施和制度，建立学校、家庭、社会相结合的德育网络，是改革德育工作的特殊要求。自此各地纷纷成立家长学校、家委会、社区教育委员会，建立地区、社区德育基地。

1993 年《中国教育改革和发展纲要》提出，基础教育以地方政府办学为主，国家对社会团体和公民个人依法办学，采取积极鼓励、大力支持、正确引导、加强管理的规定，改变政府包揽办学的格局，形成政府为主、社会各界共同办学的体制，进一步明确社会参与。1994 年《关于中国教育改革和发展纲要的实施意见》指出，基础教育主要由政府办学，同时鼓励企事业单位和其他社会力量按照国家的法律和政策多渠道、多形式办学。1994 年 8 月《中共中央关于进一步加强和改进学校德育工作的若干意见》指出，学校教育、家庭教育、社会教育紧密结合，三方教育互为补充，形成合力。1995 年《中华人民共和国教育法》指出："企业事业组织、社会团体及其他社会组织和个人，可以通过适当形式，支持学校的建设，参与学校管理。"1997 年《社会力量办学条例》指出，国家对社会力量办学实行积极鼓励、大力支持、正确引导、加强管理的方针，社会力量举办义务教育是国家实施义务教育的补充。此阶段，社会参与处于摸索阶段，初步提出社会参与的政策主张，并上升到立法的高度，为社会参与教育改革提供政策保障。社会参与主要以资金筹集形式参与中小学建设，改善中小学办学条件。

（二）发展期（1999—2012 年）

进入 21 世纪，全球化趋势加速，我国进入全面转型新时期。在宏观管理的前提下，政府更多地向社会、市场放权，进行关系调整，各地中小学建立起"政府统筹、社会参与、学校自主管理"的小本管理体制，打破了长期以来中小学闭门办学状态。1999 年国务院转发《面向 21 世纪教育振兴行动计划》，指出“认真贯彻国务院对于社会力量办学实行‘积极鼓励，大力支持，正确引导，加强管理’的方针，今后 3～5 年，基本形成以政府办学为主体、社会各界共同参与、公办学校和民办学校共同发展的办学体制”。

2004 年国务院批转教育部《2003—2007 年教育振兴行动计划的通知》，指出深化学校内部管理体制改革，探索建立现代学校制度，积极推动社区、学生及家长对学校管理的参与和监督。2010 年《国家中长期教育改革和发展规划纲要（2010—2020 年）》指出，教育改革过程中引入社会力量。2012 年《国家教育事业发展的第十二个五年规划》在要求政府转变职能、简政放权的同时，提出建立现代学校制度，发挥各类社会组织在教育治理中的作用，包括行业协会、专业学会、教育基金会等。2012 年《全面推进依法治校实施纲要》指出，“建立中小学家长委员会制度，承担支持教育教学工作、参与和监督学校管理、促进家校沟通、合作等职责；依法健全社会参与机制，中小学加强与所在社区合作……健全制度，扩大社会参与的广度与深度”。此阶段，社会参与的内容涉及管理、投资办学、监督、建立中小学家长委员会、教育基金会等方面。社会参与被提升到与政府、学校同等地位，社会参与框架基本确立。

（三）深化发展期（2013 年至今）

2013 年国务院办公厅《关于政府向社会力量购买服务的指导意见》出台，标志着青少年公共服务走向制度化轨道。2013 年北京实施社会力量参与小学体育发展计划，鼓励政府购买服务为全市中小学生供给体育等课外活动，许多项目从社会进入校园。自此，社会力量参与学校体育教学实践全面开启。2015 年国办发布《国务院办公厅关于印发乡村教师支持计划（2015—2020 年）的通知》，提出“对口支援、鼓励和引导社会力量参与支持乡村教师队伍建设、建立专项基金对长期在乡村学校任教的优秀教师给予物质奖励”，缩小城乡教育差异。

2015 年《北京市人民政府关于加快发展体育产业促进体育消费的实施意

见》指出，通过政府购买服务方式为大中小学提供体质健康测试服务。2016年国务院《关于强化学校体育促进学生身心健康全面发展的意见》提出，完善政策，采取政府购买体育服务等方式，逐步建立社会力量支持学校体育发展的长效机制，通过政府购买服务的方式推进学校体育治理机制。2017年教育部《关于做好中小学课后服务工作的指导意见》指出，“统筹规划各类资源和需求，调动各方面积极性，努力形成课后服务工作合力，不断完善经费保障机制，通过‘政府购买服务’‘财政补贴’等方式对参与课后服务的学校、单位给予补助”，进一步完善社会参与中小学教育的政策保障。2020年《关于全面加强和改进新时代学校体育工作的意见》鼓励学校与社会体育组织机构合力推进学校体育的学、练和赛等方面的体系融合，提倡通过购买社会体育组织服务力量向中小学提供体育教育教学服务。2021年中共中央办公厅、国务院办公厅印发《关于进一步减轻义务教育阶段学生作业负担和校外培训负担的意见》，指出“拓展课后服务渠道，充分利用社会资源，发挥好少年宫、青少年活动中心等校外活动场所在课后服务中的作用。可适当引进非学科类校外培训机构参与课后服务”。2022年6月教育部颁布《关于提升学校体育课后服务水平促进中小学生健康成长的通知》，提出“有条件的地方，可以通过政府向社会体育组织购买服务的方式，为缺少体育师资的中小学校提供体育教学和教练服务”。2022年国家体育总局办公厅、教育部办公厅、发改委办公厅《关于提升学校体育课后服务水平促进中小学健康成长的通知》指出，“鼓励有条件的地方引进公益类体育俱乐部，依托优质体育资源，为区域内学校有相关体育特长的中小学生开展体育训练提供支持和指导。有条件的可建立校馆合作机制，支持学校采取‘走出去’方式，利用周边体育设施开展体育课后服务。”一系列政策明确鼓励社会广泛参与教育治理格局，健全社会力量参与学校教育发展的机制，完善相关法规制度，畅通参与渠道与途径，拓展参与范围，就完善政府、学校与社会的关系等内容提出相应要求。

第二节
高校、社会与中小学合作文献回顾

一、中小学文献研究回顾

本研究主题以中小学为检索主题在知网进行检索，截至 2023 年 12 月，共检索 224049 篇文献。研究运用文献计量法、内容分析法，从主题分布、学科分布、发文趋势等进行知网文献可视化分析回顾与评述。

（一）文献年度发文趋势

通过分析可知年度文献发文趋势呈波浪型上升，且发文量呈现两次高峰，峰值年分别是 2010 年、2019 年。体育学科文献研究 7150 篇，占整体比重 3.19%。

中华人民共和国成立至 2010 年，出现第一次高峰，最高值是 2010 年的 11050 篇；究其原因，20 世纪 80 年代伴随着社会快速转型发展，中央政府简政放权，将基础教育管理权交给地方，我国开始实行教育体制改革。1995 年起国家实施科教兴国战略和义务教育政策，同时也启动了国家贫困地区义务教育项目。此阶段，义务教育研究主要围绕中小学、中小学教师、农村中小学、教育部、素质教育、继续教育等方面展开研究。其中体育学科文献产出占总体的 3.46%（3272 篇），排在第 5 位。

第二次高峰是 2019 年至今，峰值在 2019 年的 11192 篇，但体育学科研究文献仅占总体发文量的 2.93%（2947 篇），发文量排在第 5 位。研究主题主要围绕中小学、中小学教师、教育部或行政部门、中小学体育教师、教育信息化、教师专业发展等主题展开研究。此阶段，一系列义务教育政策出台对教育质量与均衡发展提出要求。2019年《中共中央国务院关于深化教育教学改革全面提高义务教育质量的意见》、2020年《关于全面加强和改进新时代学校体育工作的意见》、2021年《关于进一步减轻义务教育阶段学生作业负担和校外培训负担的意见》、2022年《新时代基础教育强师计划》《义务教育体育与健康课程标准（2022版）》、2023年《教育部等十八部门关于加强新时代中小学科学教育工作的意见》等一系列文件的密集出台对深化教育教学改革，全面提高义务教育质量提出更高的要求。

回顾文献，学科分布排在前五名的是中等教育、教育理论与教育管理、初等教育、高等教育、体育。

（二）研究文献学科分布与研究主题

从已有文献来看，对中小学的研究主题主要围绕中小学教师及继续教育、义务教育、中小学教育资源、大中小学研究几方面展开文献分析。

第一类，中小学教师及继续教育。

“教师进修”“在职学习”都是教师培训的称谓，1977年《关于加强教师培训工作意见》首次命名“教师培训”。1999年《中小学教师继续教育规定》认为教师继续教育是指对已取得教师资格的中小学在职教师为提高思想政治和业务素质进行的培训。[1]中小学教师培训相关的核心文献共2409篇，主要侧重于教师培训研究。文献分析路径为现状与问题—政策研究—模式—评估—策略与路径的路线。

学者从多视角阐述了教师培训现状与问题。例如，费振新从培训主体视角指出教师培训目标主观预设、教师培训课程不能体现教师个体要求、教师培训方法单一等原因，导致中小学教师培训前参与培训教师确定难、培训中参训教师学习积极性不高、培训后效果差的问题。[2]郑珍珍、张恩仁从培训

---

[1] 白炳贵．我国中小学教师培训研究回顾与展望［J］．青海社会科学，2009(4)：193–195.
[2] 费振新．中小学教师培训存在的问题及对策［J］. 教育探索,2014(2):91–92.

模式视角指出现有的大学本位培训模式并不能完全满足中小学教师专业发展的内在需求；培训主体和参训主体的培训动机存在错位现象；不同层级培训内容之间缺少关联；对处于不同专业发展阶段教师的关照缺少针对性；培训方式缺乏创新等问题。[1]薛海萍、陈向明从培训质量视角认为我国中小学教师培训质量当前存在不重视培训需求调查分析，内容脱离教师专业发展和教学实践的需要；培训方法主要以传统的集中讲授和听课评课为主，不能充分调动教师积极参与培训；培训师资资源缺乏优化，教师培训者队伍专业化程度不高；培训监督和评价主要停留在反映评估和学习结果评估层面，较少关注教师培训给学员行为改进带来的长远影响等问题。[2]张二庆、王秀红从培训师资视角，以“国培计划”为例进行分析，认为在基层教育行政部门或学校对教师培训不够重视；培训内容缺乏针对性；缺乏专门的教师培训队伍；教师培训形式单调及缺乏有效的评价机制。[3]

政策是教师培训工作开展的保障，学者自 1999 年后开始对教师培训政策聚焦，如曲铁华、龚旭凌划分了政策演变的历史阶段与特征，中华人民共和国成立 70 年来中小学教师培训政策经历了探索与曲折发展时期（1949—1976 年）、恢复与持续发展时期（1977—2009 年）及巩固与创新时期（2010 年至今）；在中小学教师培训政策的演进过程中呈现出政策理念趋向人本化、政策目标趋向精准化、政策内容趋向丰富化三大特征。[4]屈曼祺、李宝敏对教师培训制度的推进历程与变迁特征进行分析，我国教师培训制度经历了构建专业体系保障专业地位，针对关键问题设计专项提升，系统规模培训促进均衡发展和高端引领运用技术赋能的过程；在深层结构上，社会矛盾变革影

---

❶ 郑珍珍，张恩仁 . 中小学教师培训：现状、问题及对策 [J]. 河北师范大学学报（教育科学版），2017, 19(2): 120-124.

❷ 薛海平，陈向明 . 我国中小学教师培训质量调查研究 [J]. 教育科学，2012, 28(6): 53-57.

❸ 张二庆，王秀红 . 我国教师培训中存在的主要问题及其分析——以“国培计划”为例 [J]. 湖南师范大学教育科学学报，2012, 11(4): 36-39.

❹ 曲铁华，龚旭凌 . 新中国成立 70 年中小学教师培训政策的回顾与展望 [J]. 河北师范大学学报（教育科学版），2019, 21(3): 49-55.

响了培训制度设计，催生教师培训从义务责任到自我实现的不断内化；在路径依赖上，教师专业化发展是教师培训制度的内在依托；在变迁动力上，教师教育理念创新和数字技术的发展分别是教师培训变革的内驱动力和外在要求。❶

中小学师资培训模式大体划分为三类：传统培训模式、网络平台远程培训模式、混合式培训模式。例如，李运福、杨晓宏从线上线下混合模式对西部某省“国培计划”问题进行归纳，构建信息层、知识层、策略性、行为层组成的基于大数据分析的O2O教师培训模式。❷张丽、伍正翔从网络模式视角提出引领式在线学习模式既充分发挥了现代信息技术的优势，又成功地将教师以及传统教育过程纳入其中，既降低教师培训成本又能保证培训质量。❸王道福、蔡其勇从传统教学模式视角和教学实践存在的主要问题出发，构建“知识—能力—实践—体验”的“国培计划”教师培训模式。❹

中小学师资培训评估方面的研究。例如，张雪梅、张进宝、宋媛阐述了中小学教师培训评估的内涵、内容与目标，认为中小学教师培训评估是以中小学教师的特定培训需要为依据，运用可操作的科学手段，通过系统地收集信息、分析、整理，对中小学教师培训相关过程和培训结果进行价值判断，为中小学教师培训决策和促进有效的教师培训提供可靠信息的过程。在对教育评价模型和企业培训评估模型的回顾基础上提出教师培训评估的内容和目的。❺亓俊国、白华、高美慧基于教师持续性专业发展的视角提出参训教

❶ 屈曼祺，李宝敏．强师之路：我国中小学教师培训制度推进历程、变迁特征与展望[J].中国教育学刊，2023(11):79-84.

❷ 李运福，杨晓宏．基于大数据分析的O2O教师培训模式研究——对“互联网+”教师培训的初步思考[J].中国电化教育，2016(12):113-120.

❸ 张丽，伍正翔．引领式在线教师培训模式理论创新与实践机制——以全国中小学教师网络培训平台为例[J].中国电化教育，2011(1):61-65.

❹ 王道福，蔡其勇．“国培计划”教师培训“知识—能力—实践—体验”模式建构[J].课程·教材·教法，2013,33(7):116-121.

❺ 张雪梅，张进宝，宋媛．我国中小学教师培训评估研究[J].中小学教师培训，2006(12):11-14.

师不能缺位评估，确立教师在培训效果评估中的主体地位；以发展性评估为主，突出教师教学行为的改变以及教学实践能力的提升；评估维度要由单维走向多维，建立教师训后跟踪评估机制；创新评估的方式方法，让评估结果切实反映培训效果；建立培训效果评估的常态机制，推动教师终身学习立交桥的制度构建的五方面中小学教师培训效果评估实施策略。[1]

路径与策略研究。例如，冯延平、常一民总结哈尔滨市教育研究院教师的有效培训策略主要有：立足岗位，全员练兵；突出骨干，倡导选择；团队互助，共同提高；研修一体，解决问题；城乡结对，实战培训；远程培训，资源共享。[2]郑珍珍、张恩仁认为要提升对中小学教师培训的质量，需要提高培训的精准度，构建多样化立体化培训模式，并通过构建多重评价体系对中小学教师培训质量进行把控。[3]朱益明提出了中小学教师培训内容聚焦实践、建立培训服务体系和转变培训管理方式是中小学教师培训改革的行动策略。[4]

综上所述，研究方法多样化，研究视角涉及教育、政治、经济、文化等领域。教师培训课程开发是未来教师培训工作的重点，混合培训模式成为中小学教师培训的主流，信息化趋势不可阻挡，打造高素质教师培训队伍是趋势。中小学教师培训文献研究呈现从零散到系统、由浅层到深入不断发展的过程，也体现出科学性、专业性等特征，未来政策应更加注重教育发展的主要矛盾与问题，培训项目设计需要突出个性化，更加关注课程资源、师资队伍等基础建设，并强化政策的监督与评估作用。

第二类，义务教育，主要围绕义务教育均衡发展展开研究。

---

[1] 亓俊国，白华，高美慧．中小学教师培训效果评估的改进策略研究——基于教师持续性专业发展的视角［J］. 当代教育论坛，2020(6): 77–85.

[2] 冯延平，常一民．中小学教师培训有效性的实践研究［J］. 中国教育学刊，2010(1): 76–78.

[3] 郑珍珍，张恩仁．中小学教师培训：现状、问题及对策［J］. 河北师范大学学报（教育科学版），2017, 19(2): 120–124.

[4] 朱益明．改革中小学教师培训的原则与策略［J］. 教师教育研究，2017, 29(2): 55–60.

研究文件按照研究范围可以划分为区域间、区域内、区域范围间的均衡。区域内主要围绕校内、同类学校之间；区域间主要以同类型城乡学校之间的均衡；区域范围间主要涉及东西部、南北部或省市县乡间的均衡问题。从均衡内容视角看涉及人与物的均衡。人的要素包含个体与群体间的均衡，物的要素包含地域、经济的均衡。例如，柳海民、林丹提出义务教育均衡发展的定义与特性是，“义务教育均衡发展是我国不同地区之间、同一地区不同学校之间、同一学校不同群体之间的义务教育均衡发展，强制性、公平性和补偿性是其主要特性”[1]。翟博从宏观、中观、微观视角定义了教育均衡发展的概念，“教育均衡发展从宏观分析是教育供给与需求的均衡；中观分析是教育资源配置的均衡、微观层面是教学过程中内部课程教学资源配置的均衡、教育结果的均衡及教育评价的均衡”[2]。

我国义务教育均衡发展研究文献从纵横两个维度进行分析。纵向维度上对主题演变路线进行分析，它是一个相对的、动态的、历史的概念，它随着社会经济和文化的发展而变化[3]，研究路径是从内涵解读、平等教育、均衡对策、资源均衡再到制度分析。文献研究方向转变，从基础性均衡向优质型均衡转变，从均等化均衡转向差异化均衡，从外延式均衡转向内涵式均衡，从意向性均衡走向标准型均衡，从依赖式向自主式转变，从效率式均衡向公平式转变[4]（见表 2-1）。

---

❶ 柳海民，林丹 . 本体论域的义务教育均衡发展 [J]. 东北师大学报，2005(5)：11-18.

❷ 翟博 . 教育均衡发展指数构建及其运用——中国基础教育均衡发展实证分析 [J]. 国家教育行政学院学报，2007(11)：44-53.

❸ 涂咏梅，袁洋 . 义务教育质量均衡及影响因素研究 [J]. 教育研究与实验，2013(6)：79-82.

❹ 刘秀峰 . 十年来我国义务教育均衡发展理念的六大转向 [J]. 现代教育管理，2013(11)：26-29.

表 2–1　义务教育均衡发展研究文献纵向维度内容分析（2003—2023 年）

年度篇数	篇数	内容概要
2003—2007 年	11	义务教育均衡发展内涵解读
2008—2009 年	14	师资与校际、优质均衡、教育公平、政策选择与制度设计
2010—2013 年	77	教育经费、保障机制、评估指标、城市区域、城乡均衡
2014—2015 年	26	预警机制、政策、反思、特色、路径
2016—2023 年	38	城乡、优质均衡、动因与经验、经济非均衡、突破路径、

从横向维度看，现有文献研究主要内容涉及人的要素与物的要素。人的要素涵盖政府管理与行政人员、学校管理人员、师资水平均衡及学生的均衡发展几个方面。物的要素包括地域要素（县域义务教育均衡发展、区域义务教育、城乡义务教育、东西部、南北部）、资源配置、义务教育经费等的均衡。横向看义务教育均衡发展研究内容多样化，从模糊逐渐清晰化（见图 2–1）。

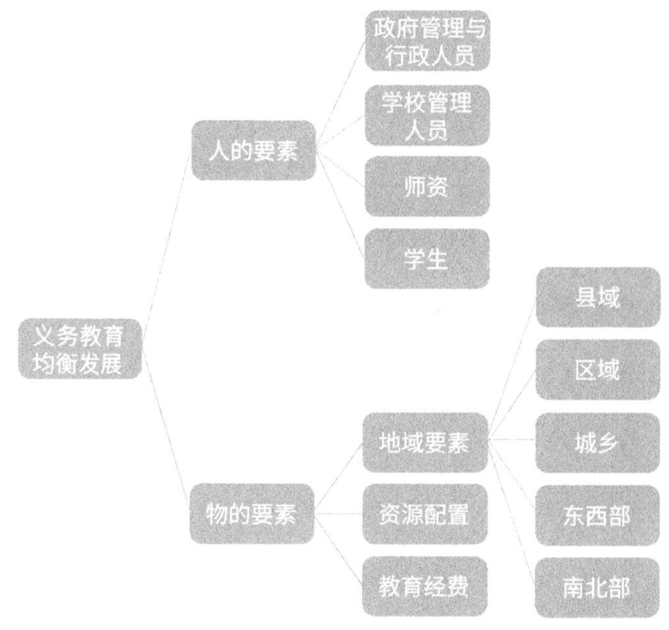

图 2–1　义务教育均衡发展解析

义务教育均衡发展现状与问题文献分析。教育均衡发展既是一种政策取向也是一种教育实践，通过文献检索与分析发现78篇核心文献涉及义务教育均衡发展现状与问题。其中35篇文献是结合区域（省、市）实践进行研究，占整体比重约45%。该研究主题关键词涉及经费保障、指标体系[1]、生均公用经费、教育资源配置、均衡配置、教育经费、教育质量等要素。学者对义务教育均衡发展现状与问题进行了深入分析，其主要呈现在规范化学校建设推进艰难[2]、财政分权所引致的地方政府间竞争会压缩义务教育财政投入空间[3]、政府责任缺失导致政府的教育政策未能实现教育资源尤其是优质教育资源在城乡之间的公平分配[4]、师资力量与教学质量、义务教育布局需要新扩展[5]、义务教育生源方面[6]、管理水平[7]等方面。例如，李素敏、杨玉茗认为经费投入、学校设施、教师数量等硬性资源方面差距逐步缩小，差异在软性资源中凸显，主要体现在师资队伍素质、学校管理水平等方面。[8]苏娜、黄崴认为生源分配、教育管理方面依旧是义务教育均衡发展的难点。[9]

---

❶ 张务农．义务教育优质均衡发展评估指标体系构建现状审视及优化路径［J］. 当代教育科学，2023(1)：47-55.

❷ 钟祯祥．广州市义务教育均衡发展的现状、问题与对策初探［J］. 教育导刊，2010(1)：15-19.

❸ 薛军，闻勇．城乡义务教育均衡发展内涵、现状及实现路径［J］. 学术探索，2017(1)：149-156.

❹ 刘素梅．城乡义务教育均衡发展中的政府责任研究［J］. 中国青年政治学院学报，2014, 33(6)：131-135.

❺ 姬秉新，王从华．我国中部地区县域义务教育均衡发展的现状、问题及推进策略——基于某县10所义务教育城乡学校的调查分析［J］. 当代教育与文化，2014, 6(2)：7-13.

❻ 李克军，刘憬遐．河北省县域义务教育均衡发展的困境及对策［J］. 河北大学学报（哲学社会科学版），2013, 38(1)：75-79.

❼ 杨令平．城乡义务教育校际均衡发展现状的调查与思考［J］. 教学与管理，2009(25)：29-32.

❽ 李素敏，杨玉茗．推进城乡义务教育高位均衡发展——基于天津市义务教育均衡发展现状的调查［J］. 教学与管理，2015(18)：17-20.

❾ 苏娜，黄崴．区域义务教育校际均衡发展现状与改进——基于广州市的调研分析［J］. 教育发展研究，2010, 30(2)：5-11.

谢光穆、马青、杨文芳从城乡教师数量、教师质量、教师结构方面仍是制约义务教育均衡发展的问题。[1]吴宏超以义务教育生均经费为主要考核对象，分析义务教育均衡发展状况，认为教育投入仍存在较大差距。[2]汪基德、韩雪婧、汪滢基于整体治理的视角提出义务教育均衡发展过程中参与主体、资源配置、监测评估等碎片化治理问题凸显，严重制约我国义务教育优质均衡发展进程。[3]李慧琴、刘宏实证分析证实影响县域间义务教育均衡发展的因素主要是教育优先发展的战略地位未得到进一步确立；历史“欠账”多；财力薄弱，教育经费投入有限；教师整体素质偏低。[4]

义务教育均衡发展对策与发展路径文献分析。学者从治理视角、政府权力与资源配置视角、教育公平视角展开路径分析。治理视角，如汪基德、韩雪婧、汪滢从整体治理视角提出构建信息化促进义务教育优质均衡发展的机制、提升整体性治理水平、优化教育数据服务供给、建立健全长效机制、推进整体性区域合作、建立兼容匹配的制度保障体系等策略，推动义务教育迈向优质均衡发展的全新格局。[5]李易江、贾红旗从多主体治理的视角提出义务教育优质均衡发展路径需要多主体在协同治理的基础上，主动灵活构建多维弹性评估标准，强化过程质量监控，重视学校内涵式建设，增强社会组织专业能力等方面调整优化。[6]政府权力与资源供给视角：赵永辉认为推进义

---

❶ 解光穆，马青，杨文芳 . 省域城乡义务教育师资均衡发展的现状与对策——以 N 省小学阶段为例 [J]. 教育理论与实践，2012, 32(20) : 12-14.

❷ 吴宏超 . 义务教育均衡发展的现状与政府效能改进——基于湖北省的数据分析 [J]. 教育发展研究，2007(23) : 44-48.

❸ 汪基德，韩雪婧，汪滢 . 义务教育优质均衡发展的路径、机制与策略——基于整体性治理的视角 [J]. 开放教育研究，2022, 28 (4) : 59-65.

❹ 李慧勤，刘虹 . 县域间义务教育均衡发展的影响因素及对策思考——以云南省为例 [J]. 教育研究，2012, 33(6) : 86-90.

❺ 汪基德，韩雪婧，汪滢 . 义务教育优质均衡发展的路径、机制与策略——基于整体性治理的视角 [J]. 开放教育研究，2022, 28 (4) : 59-65.

❻ 李宜江，贾红旗 . 义务教育优质均衡发展多主体治理困境及消解路径 [J]. 现代教育管理，2023(12) : 41-49.

务教育均衡发展是政府应尽的责任，各级政府需要全面落实所担负的各项职责，构建义务教育均衡发展的协同保障机制，完善地方政府履行教育职责的督导，强化义务教育均衡发展的表彰奖励和问责制度。❶冯婉贞、吴建涛从资源配置视角提出着重强调教育系统中新增教育资源的合理安排，在动态过程中实现义务教育的均衡发展的增量资源配置模式。❷雷万鹏、万晨声以财政视角分析提出全面推进义务教育优质均衡发展，优化财政资源配置是其出路。❸教育公平视角，薛二勇以公平和质量为视角提出新时代义务教育优质均衡发展的路径是在“量”上保障基准入学机会均等，在“质”上逐步扩大优质教育机会均衡，在全面和优质的基础上，实现适切教育机会公平。❹

纵观学者对义务教育均衡发展的研究可以分为三个阶段：理论初探、问题分析与实证研究。研究内容从宏观到微观，前期研究主题主要围绕人、财、物展开义务教育均衡发展的探讨，20 世纪 90 年代后期开始逐渐深入制度层面，中观与宏观层面的研究主要集中在政策变迁、比较、成效、展望等方面；微观研究主要分析政策文本内容结构。研究学科涉及文化、制度、社会、经济、政治等多个领域。研究方法定性研究与定量研究均有涉及，多基于实践经验运用定量研究法是其突出特点。研究方向呈动态优质均衡发展，由最初的基本均衡到均衡发展再到优质均衡的发展趋势。

第三类，中小学教育资源。

学者围绕中小学教育资源内涵、问题、布局，展开全方位深入分析。例如，李鼎等将教育资源划分为自然资源、人力资源（管理者与教师）、人工物力资源（教室、教学设备、其他教学环境、课程、教育经验、教育理论）

---

❶ 赵永辉 . 各级政府在义务教育均衡发展中的责任及履责成效 [J]. 教育学术月刊，2015(7): 48-55.

❷ 冯婉桢，吴建涛 . 我国县域内义务教育均衡发展的帕累托路径研究——基于增量教育资源配置的视角 [J]. 教育学术月刊，2012(6): 52-54.

❸ 雷万鹏，万晨声 . 财政支持义务教育优质均衡发展的路径研究 [J]. 财政科学，2023(9): 57-68.

❹ 薛二勇 . 新时代义务教育优质均衡发展的路径 [J]. 人民教育，2022(20):13-15.

三部分。[1]安娜指出目前中小学教育资源存在留级与辍学浪费、教育局布局不合理、学校教育与实际需要相脱离、师资力量分布不均衡，农村教师整体素质有待提高，学校固定资产管理不善且利用率低。[2]袁振杰等从空间格局视角分析教育资源空间格局发现中小学教育资源的区域格局和强度特别是在区域尺度上体现出明显的东西部差异。[3]学者对资源配置研究文献以区域实证研究为基础进行多方位探讨，如霍霞分析民权县义务教育资源配置现状指出义务教育财政管理体制不够完善，中小学布局调整困难、学校基础设施和办学条件差距、农村学校教育信息化建设明显滞后、小班、大班和择校现象严重、城乡师资配备不均衡等问题。[4]张玉强、沈金龙、陈永华从公共服务均等化视角分析中小学教育资源配置呈现盲目撤点并校、教师流动性大等问题。[5]曾建、田征从均衡的视角分析造成教育资源配置现状不均衡的原因有地方政策贯彻力弱、城乡原有差距加速资源配置差异、政府对边缘学校资源配置的忽视。[6]也有的学者分析了中小学布局调整的问题。例如，陈坤、秦玉友提出我国中小学布局调整面临教育资源供给与现实需求间的多重矛盾。[7]庞丽娟在深入分析了农村中小学布局调整政策的推行现状、问题及其原因的基础上，提出正确深入理解中央政策，调研当地实际情况、因时因地制宜，推进后勤配套设施与管理制度，解决交通问题是应对农村中小学布局调整问

[1] 李鼎，林雷，陈庭，等．我国经济新区教育资源规划研究——基于复杂系统大数据的分析[J]. 教育科学研究，2022(6)：52–59.

[2] 安娜．我国中小学教育资源现状及对策浅探[J]. 中国市场，2007(14)：64–65.

[3] 袁振杰，郭隽万果，杨韵莹，等．中国优质基础教育资源空间格局形成机制及综合效应[J]. 地理学报，2020,75(2)：318–331.

[4] 霍霞．县域义务教育资源配置现状及对策研究[J]. 漯河职业技术学院学报，2012,11(3)：104–106.

[5] 张玉强，沈金龙，陈永华．公共服务均等化视域下昭通市中小学教育资源配置研究[J]. 西部学刊，2018(2)：39–41..

[6] 曾建，田征．新疆城乡基础教育资源配置的不均衡现象及原因探微[J]. 新疆教育学院学报，2010, 26(3)：32–36.

[7] 陈坤，秦玉友．教育现代化背景下中小学布局调整的挑战及应对[J]. 教育科学研究，2020(9)：16–23.

题的对策。[1]

第四类，中小学研究主题中“大中小学”研究核心文献220篇（文本分析通过时间轴进行纵向分析）。

1995年颁布《全民健身纲要》，2002年教育部、国家体育总局下发《学生体质健康标准》《全日制义务教育普通高级中学体育与健康课程标准（实验稿）》《全国普通高等学校体育课程教学指导纲要》，解决大中小体育课程衔接提高学生体质健康问题。[2] 1993年至2010年，学者围绕大中小学体育课程为焦点展开多方位研究，核心论文共9篇。例如，毛振明对大中小学体育课程衔接进行深入分析，认为应明确各年龄段发展任务、教学目标与内容，合理划分出符合学生身心发展特点和体育学科实际的“体育学段”。[3]陈国成从体育教学衔接问题入手，对大中小学教学进行了学段划分、教学内容整体的设计和组织模式的整体设计。[4]

2005年教育部发布《关于整体规划大中小学德体系的意见》，对大中小学生思想政治教育工作提出了要求。学者在2005年至2017年发表德育主题的核心论文12篇，其中2016年与2017年发文最多，占50%。学者围绕大中小德育一体化、机制、课程衔接、目标、困境与出路进行了深入研究。例如，李家成（2011）基于学生生命成长的立场分析大中小学德育内容的衔接问题，提出以为民之德、为人之德、行事之德、立身之德四个方面为内容维度，以各衔接年段为发展维度，建立起结构性的内容设计，是促进大中小学德育内

---

[1] 庞丽娟. 当前我国农村中小学布局调整的问题、原因与对策[J]. 教育发展研究，2006(04): 1-6.

[2] 张宏成，李睿珂. 贯彻《纲要》和《新课标》以来大中小学体育教师教学观念现状分析——以江苏省调研为个案[J]. 体育与科学，2007(1): 85-88.

[3] 毛振明. 对体育课程整体设计（大中小学课程衔接）的研究[J]. 北京体育大学学报，2002(5): 656-659.

[4] 陈国成. 对大中小学体育教学衔接问题的研究[J]. 北京体育大学学报，2004(8): 1105-1106.

容衔接的参照系[1]。朱小蔓、王慧从课程目的与功能，培养目标的设置及表述，课程性质、形态及设计思路，课程内容选择及编排等四方面考察分析现有课程衔接状况与课程衔接问题。[2]王从春、杨琼从上海大中小学体育德育一体化的实践基础上提出当下推进大中小学体育德育一体化有三个关键环节：研制大中小学体育德育一体化育人目标、实施大中小学体育教学一体化改革以及开展大中小学体育教师一体化培训。[3]叶鑫用系统论的方法考察大中小学德育总体目标、学段目标和年级目标间的关系、逻辑。[4]

2019 年 3 月 18 日，习近平在学校思想政治理论课教师座谈会上，指出"要把统筹推进大中小学思政课一体化建设作为一项重要工程，推动思政课建设内涵式发展"。[5]同年 8 月，《关于深化新时代学校思想政治理论课程改革创新的若干意见》指出"大中小学思政课一体化建设需要深化"。自此关于大中小思政一体化的研究文献井喷式增长，中国知网仅 2019—2023 年核心文献共 131 篇。学者围绕内涵、课程内容、学段间衔接、师资队伍等展开深入研究。例如，卢黎歌等就习近平在学校思想政治理论课教师座谈会上的重要讲话精神，围绕一体化从教育规律、定位、教师素质培养、教学内容衔接、组织机制保障等不同视角阐明大中小学思政一体化存在不足等问题。[6]余华、涂雪莲从大中小学段衔接视角分析大中小思想政治理论课程衔接当前要注重

---

❶ 李家成．论大中小学德育内容的衔接——基于学生生命成长的立场［J］．东北师大学报（哲学社会科学版），2011（1）：174–179.

❷ 朱小蔓，王慧．关于大中小学德育课程衔接的思考［J］．课程．教材．教法，2014，34(1)：44–49.

❸ 王从春，杨琼．大中小学体育德育一体化实践探索研究［J］．思想理论教育，2016(1)：59–62.

❹ 叶鑫．大中小学德育目标一体化的逻辑进路［J］．思想理论教育，2017(2)：58–62+100.

❺ 找秀红，林焕新．凝聚培养时代新人的强大合力—— 全国各地推进大中小学思政课一体化建设综述（N）．中国教育报，2020–3–18.

❻ 卢黎歌，耶旭妍，王世娟等．统筹推进大中小学思政课一体化建设研究——学习习近平总书记在学校思想政治理论课教师座谈会上的重要讲话精神笔谈［J］．北京工业大学学报（社会科学版），2020，20(1)：9–25.

思政课相同、相似主题的教学衔接、不同学段教师的互动，以及相衔接的制度体系。[1]王立人、白和明从课程内容视角分析大中小思想政治理论课程一体化发展历程、现状问题及理路。[2]

学者围绕中小学教育的研究呈直线上升趋势，义务教育越来越受到国家的重视，从研究角度到研究内容日渐丰富深入，体现着国家发展的重要性，凸显着时代的特征，以应用研究为主，研究方法多样化。

二、高校、社会与中小学体育相关文献回顾

随着教育改革的不断深入，高校、社会与中小学之间的体育合作，作为推动乡村学校体育发展的重要途径，近年来逐渐展现出其独特的价值和意义。“高校、社会助力中小学体育发展”领域相关研究文献数据是以 CNKI 为数据检索源。对 CNKI 数据库采用高级检索，时间跨度为 2014—2024 年（检索时间为 2024 年 5 月 15 日），围绕关键词为高校与社会助力中小学体育发展；以及检索主题“高校与社会助力中小学体育发展”，经过人工筛选，剔除与无效文献，最终获得 112 篇文献。采用 CiteSpace 工具，所有分析均在 CiteSpace（6.1.R6）中进行。利用 CiteSpace 软件识别作者、机构的基本信息及合作关系。进行关键词聚类和突现性分析，探究 2014—2024 年的主要研究内容，一定程度上能揭示研究领域内各知识的形成和发展，反映该时段的研究热点和趋势，探索研究热点的演化趋势。时间分区长度设置为 1，阈值 TOP 为 50，对关键词进行可视化分析，绘制“高校、社会助力中小学体育发展”研究科学知识图谱，并进行解读分析。

---

[1] 余华，涂雪莲 . 关于大中小学思想政治理论课教学有效衔接的思考 [J]. 思想理论教育，2019(9): 62-67.

[2] 王立仁，白和明 . 关于大中小学思想政治理论课课程内容一体化建设的构想 [J]. 思想理论教育，2019(11): 11-16.

（一）总发文量分析

高校社会助力中小学体育发展研究从2014年开始，呈现逐年递增的平稳态势（见图2–2）。从时间上看可以划分为三个阶段。

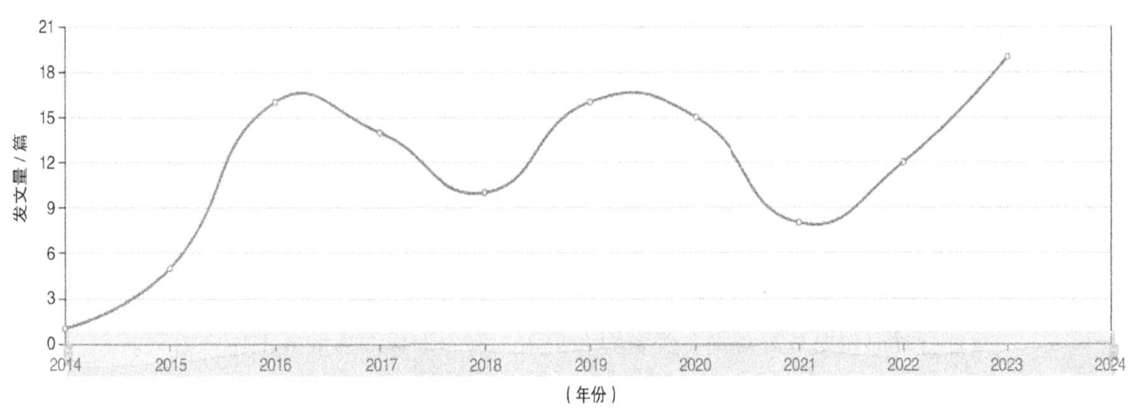

图2-2　研究文献趋势

1. 第一次小高峰（2014—2017年）

关于高校助力中小学体育发展的研究。2010年《国家中长期教育改革和发展规划纲要（2010—2020年）》发布，指出“深化办学体制改革。坚持教育公益性原则，健全政府主导、社会参与、办学主体多元、办学形式多样、充满生机活力的办学体制，形成以政府办学为主体、全社会积极参与、公办教育和民办教育共同发展的格局”。2014年北京市教育委员会颁布《北京市教育委员会关于高等学校、社会力量支持中小学体育、美育特色发展工作的通知》，旨在充分发挥北京高等学校、社会力量在体育、美育方面的资源优势和引领作用，全面提升首都基础教育办学水平和教育质量，增进优质教育资源供给和促进义务教育均衡。由此拉开了以北京“高参小”为代表的高校促进学校特色化和多样化发展，均衡教育资源，强化高校与中小学的协作共建的序幕。另外，以社会力量为代表的姚基金于2012年启动希望小学篮球季，选派高等院校体育教育专业大学生志愿者前往乡村小学支教，自此来自全国不同地区的希望小学的学生将会迎来篮球慈善与支教活动的春天，通过体育课教授、篮球训练、集训和联赛等形式，推动乡村体育教育发展。

2. 第二次高峰（2018—2020 年）

2016 年国务院办公厅发布《关于强化学校体育促进学生身心健康全面发展的意见》，指出“完善政策措施，采取政府购买体育服务等方式，逐步建立社会力量支持学校体育发展的长效机制”。2017 年国家体育总局发布《关于加强竞技体育后备人才培养工作的指导意见》，指出“引导和支持社会力量参与竞技体育后备人才培养工作，鼓励兴办多种形式的青少年体育训练机构，引导社会资本参与青少年校外体育活动中心和户外活动营地等建设”。2017 年教育部办公厅《关于做好中小学生课后服务工作的指导意见》提出，“各地教育行政部门要统筹规划各类资源和需求，努力形成课后服务工作合力”。2019 年教育部《关于开展体育美育浸润行动计划的通知》指出，“依托高校体育美育教师和学生力量，为本地区特别是贫困地区和广大农村地区的中小学体育美育课程教育、社团活动、校园文化建设等提供持续性的定向精准帮扶和志愿服务”。2020 年中共中央办公厅、国务院办公厅印发《关于全面加强和改进新时代学校体育工作的意见》，指出“统筹整合社会资源，综合利用公共体育设施，将开展体育活动作为解决中小学课后‘三点半’问题的有效途径和中小学生课后服务工作的重要载体”。一系列政策的出台保障了社会资源助推中小学体育发展，学者也展开深入细致分析。比如，唐立慧分析我国中小学实施政府购买课外锻炼服务现状，指出我国政府购买中小学课外锻炼服务的购买主体是各级政府和教育局、财政局和体育局等部门，以教育和财政部门为主，常用方式是公开招标和定向委托。[1]夏贵霞、舒宗礼从政府购买服务视角下提出制度环境支持是社会力量参与学校体育发展的保障。[2]

[1] 唐立慧.我国中小学实施政府购买课外锻炼服务状况研究 [J]. 南京体育学院学报，2019(10)：10.

[2] 夏贵霞，舒宗礼.政府购买服务视角下社会力量参与学校体育发展的现实基础与路径选择 [J]. 武汉体育学院学报，2019，53(12)：6.

3. 第三次高峰期（2021 至今）

2021 年中共中央办公厅、国务院办公厅印发《关于进一步减轻义务教育阶段学生作业负担和校外培训负担的意见》，指出“学校要充分利用资源优势，有效实施各种课后育人活动，提高课后服务质量，开展丰富多彩的文体活动”。“双减”政策进一步促进了学校体育与社会力量协同助力学校体育发展。2022 年体育总局、教育部和发改委联合发布《关于提升学校体育课后服务水平促进中小学生健康成长的通知》，指出“鼓励有条件的地方引进公益类体育俱乐部，依托优质体育资源，为区域内学校有相关体育特长的中小学生开展体育训练提供支持和指导”。此阶段，研究多围绕社会力量助力中小学体育发展展开深入探讨。

（二）研究热点分析

关键词是文献作者对研究内容的高度概括，反映文献的核心。关键词的共现分析是对数据集中作者提供的关键词的分析。关键词词频越高说明相关主题被关注程度越高，研究也愈加集中，反之亦然。表 2-2 高校、社会协同助力乡村学校体育发展文献关键词共现可知，词频超过 10（包括 10）的有 4 个。关键词出现最多的是高参小，此外，出现次数较多的关键词还有学校体育、姚基金、社会力量，体现了学者对这几方面的研究热度较高，在高校、社会力量助力小学体育发展的知识结构的演变中扮演着关键性角色，揭示了该领域的重要研究主题。

表 2-2 高校、社会协同助力乡村学校体育发展文献关键词统计表

词频	中心性	聚类	年份	聚类编号
48	0.3	高参小	2015	4
14	0.08	学校体育	2019	6
11	0.39	姚基金	2015	0
11	0.37	社会力量	2019	1

进一步深入认知高校社会协同助力乡村学校体育发展的研究方向，对关键词进行聚类分析，按照节点数由多到少截取4项聚类标识词，如表2–3所示。

表2–3　2014—2024年高校社会助力乡村学校体育发展研究关键词表

聚类编号	节点数	轮廓分数	聚类核心主题	平均发表年份
0	30	0.976	姚基金（14.9, 0.001）；公共关系（4.86, 0.05）；赛事公共关系（4.86, 0.05）；社会资本（4.86, 0.05）；姚基金慈善赛（4.86, 0.05）	2015
1	29	0.995	社会力量（9.03, 0.005）；政府（8.79, 0.005）；路径（8.79, 0.005）；内部动力（4.35, 0.05）；小学课外体育（4.35, 0.05）	2019
2	25	0.923	体操教学（4.97, 0.05）；身份构建（4.97, 0.05）；乡村支教（4.97, 0.05）；体育教师（4.97, 0.05）；开展情况（4.97, 0.05）	2015
3	23	0.877	体质健康（10.32, 0.005）；现状（5.1, 0.05）；小学体育（5.1, 0.05）；高校社会服务（5.1, 0.05）；结对教学（5.1, 0.05）	2016
4	22	1	高参小项目（6.6, 0.05）；实施效果（6.6, 0.05）；儿童（6.6, 0.05）；少儿趣味田径（6.6, 0.05）；“高参小”（6.54, 0.05）	2019
5	21	0.971	校园足球（12.77, 0.001）；高校（8.52, 0.005）；机制（8.44, 0.005）；体育专业资源（4.18, 0.05）；普及（4.18, 0.05）	2019
6	14	0.933	学校体育（11.87, 0.001）；姚基金希望小学篮球季（9.9, 0.005）；云南省（9.37, 0.005）；支教（4.64, 0.05）；篮球发展（4.64, 0.05）	2020
7	12	0.955	体育支教（12.37, 0.001）；乡村振兴（6.08, 0.05）；训练竞赛（6.08, 0.05）；体育教研（6.08, 0.05）；青少年体育（6.08, 0.05）	2021
8	11	0.948	小学（12.37, 0.001）；体育发展（6.08, 0.05）；俱乐部（6.08, 0.05）；课余训练（6.08, 0.05）；育人模式（6.08, 0.05）	2020
9	11	0.918	学生体质（11.22, 0.001）；首都体育学院（7.51, 0.01）；干预（5.53, 0.05）；监测（5.53, 0.05）；测试（5.53, 0.05）	2017
10	9	0.895	快乐体操（13.38, 0.001）；校本课程（13.38, 0.001）；教学方法（6.55, 0.05）；课堂组织形式（6.55, 0.05）；“高参小”（1.51, 0.5）	2019

图 2-3 中展现出 11 个聚类，以姚基金、高参小、体育支教、社会力量为主，平均年份在 2019—2020 年。2019 年教育部《关于开展体育美育浸润行动计划的通知》指出，“依托高校体育美育教师和学生力量，为本地区特别是贫困地区和广大农村地区的中小学体育美育课程教育、社团活动、校园文化建设等提供持续性的定向精准帮扶和志愿服务”，搭建了高校体育专业与乡村学校体育对口帮扶平台，解决与优化乡村学校体育发展滞后的问题，典型的如北京的“高参小”项目。2014—2020 年北京市教育委员会启动《关于高等学校、社会力量支持中小学体育美育特色发展工作的通知》，指出“参加支持的单位为北京高校，国家和市级艺术机构、艺术院团，以及国家级行业协会、体育俱乐部等。支持方式采取在小学挂牌基地学校、特色学校、项目实验学校、艺术家工作室、体育俱乐部等形式”。

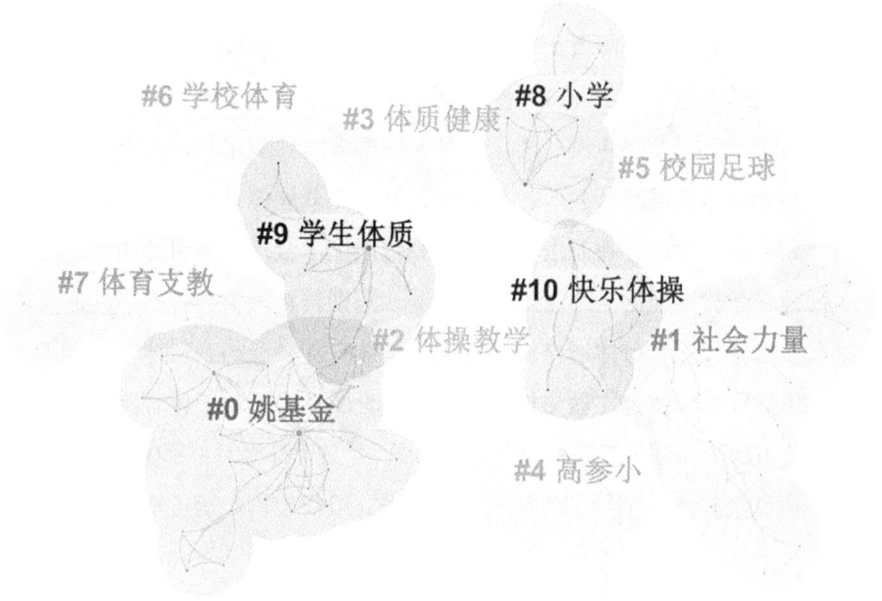

图 2-3 研究主题聚类

2020年中共中央办公厅、国务院办公厅印发《关于全面加强和改进新时代学校体育工作的意见》指出，“统筹整合社会资源，综合利用公共体育设施，将开展体育活动作为解决中小学课后‘三点半’问题的有效途径和中小学生课后服务工作的重要载体”。2021年“双减”政策出台，提升学校课后服务水平，拓宽课后服务渠道满足学生多样化需求。一系列政策的出台进一步推动高校、社会助力乡村学校体育发展。学者围绕“高校助力乡村学校体育发展”，按照助力和主体，从高校、社会、高校社会三个维度进行了深入分析。

（1）高校助力学校体育发展研究，围绕现状、模式、效果、运行机制等展开多维度分析。比如，关利榕、吴家荣分析高校体育专业师资、课程、学生资源与小学体育需求情况提出高校体育专业资源与小学合作对小学校园体育发展有促进作用。❶赵佩婷等分析了体育教育资源培养“出口”的高校体育专业携手搭建乡村学校体育对口帮扶平台，从开发实施体育专项课程、提升学生运动技能、提升师资水平等方面针对乡村学校体育发展滞后问题展开帮扶。张超然调查了首都体育学院结对的六所小学体育行政管理工作、教师发展、教学开展、社团建设、文化建设等五个方面。张超然针对首都体育学院支持小学从体育课程开发、教材编写以及合作开展体育课程、教师培训，指出“高参小”项目存在制度不完善、经费用途不合理、科研产出量不足、校本课程与教材不能满足学生需求等问题。郑崇德、董治委指出当前体育支教融入乡村体育教育的体制结构亟待优化、体育支教参与乡村体育发展不均衡现象依然突出、体育支教主体参与乡村体育驱动力不足、体育支教参与乡村体育政策保障和评价机制尚未完善的问题。❷文世林等对首都体育学院“高参小”项目实施效果进行总结提出指导原则、组织架构、运行机制和实施方

❶ 关利榕，吴家荣．高校体育专业资源与小学合作启动校园足球教学实践的研究——以珠海市金湾区为例［J］．当代体育科技，2023，13(30)：187-190.

❷ 郑崇德，董治委．新时代我国体育支教的现实困境与发展策略［J］．洛阳师范学院学报，2022，41(8)：38-41.

式四个方面的互动育人模式，来发挥高校和社会力量的服务功能，促进基础教育公平；盘活区域间的教育资源，推动基础教育优质资源的均衡配置；建立利益方之间“责”“权”“利”分明的互动机制；通过政府购买社会服务的方式整合教育资源，并将教育资源配置到小学。[1]周进国等构建了体育教学、体育训练、体育竞赛、体育教研、体育师资培训五维多元的高校支教学校体育支教模式。[2]舒宗礼等分析“高参小”工作成效明显，不仅强化高校与项目学校从资源共享、优势互补、校本课开发与实践等方面，也调动在校学生社会服务意识。[3]柳鸣毅等以体教融合走基层体育支教服务为背景分析提出党和国家实施乡村振兴、教育强国、健康中国和体育强国等战略是高校体育支教志愿服务行动的驱动因素。[4]谢婷提出从高校主导、支教培训制度、育人体系、保障体系等维度建立高校体育教育专业大学生支教长效机制。[5]

高校社会助力乡村学校体育发展多围绕高校支教、“高参小”项目展开现状、效果与模式研究。研究方法多采用定量分析法，多从个案研究分析高校助力小学体育发展效果。高校助力小学体育发展研究内容，多从体育教学、体育训练、体育竞赛、体育教研、体育师资培训等维度展开分析。

（2）社会力量助力中小学体育发展研究。从现状、问题、运行机制、路径展开研究。比如，文世林研究指出“高参小”项目中引入社会力量，通过政府采购社会服务参与“高参小”项目实施过程中的课外训练、体育器材采

---

❶ 文世林，骆秉全，马克，等．首都体育学院“高参小”项目互动育人模式的理论与实践探索［J］．首都体育学院学报，2019，31(3)：235−238.

❷ 周进国，黄彦军，陈喜福，等．“五维多元”：高校支教农村学校体育模式探索——以韩山师范学院体育学院为例［J］．青少年体育，2022(6)：110−111.

❸ 舒宗礼，夏贵霞，王华倬．高校承接政府购买青少年体育服务：行动逻辑，问题透视与策略跟进——以北京“高参小”实践为例［J］．北京体育大学学报，2016，39(11)：7.

❹ 柳鸣毅，王志强，王瑞，等．体育支教志愿服务的驱动因素、行动过程与内在机制——以“体教融合走基层”为例［J］．武汉体育学院学报，2023，57(12)：84−92.

❺ 谢婷，刘瑞莲，屈红林．新时代体育教育专业大学生支教的长效机制研究［J］．宜春学院学报，2023，45(12)：120−122.

购和文化活动组织等工作中，形成资源共享、创新人才培养机制，形成育人合力。❶杨小洁对武汉市16所足球特色学校社会力量参与后备人才培养的路径主要是通过与学校签订合同、政府购买等方式提供教练员、竞赛方面主要提供技术支持，社会力量承办赛事。❷吴毅、荣凯指出当前社会力量助力中小学体育发展的难点有制度有待完善，机制尚不健全；尚未协同发展，缺乏有机联动；主体力量薄弱，服务保障受限；惠及面不广，难以满足需求。❸罗潇等提出社会力量参与学校体育的困境有政策执行乏力，地方制度设计有待完善；组织监管不足，相关部门权责边界模糊；合作意识薄弱，各主体之间关系孱弱；教育理念差异，教学契合点尚未形成；服务能力受限，社会力量优势很难显现。❹容中逵、阴祖宝指出我国社会力量参与中小学课后服务面临参与保障不足、意愿不强、效能不佳、跟进乏力等问题。❺吴毅提出社会力量助力中学校体育发展的路径从完善顶层设计，健全长效机制；强化协同联动，塑造合作共同体；盘活优势资源，凝聚多方力量；提升供给水平，实现全面升级。罗潇提出以共享化理念为目标，推进协同育人意识；以规范化制度为导向，统筹资源规划和调控；以协同化组织为基础，搭建共同参与平台；以多元化服务为手段，激发社会力量参与活力；以系统化监管为抓手，打造可持续发展模式。❻夏贵霞、舒宗礼指出从释放制度空间，加强能力建设，

---

❶ 文世林，骆秉全，马克，等．首都体育学院“高参小”项目互动育人模式的理论与实践探索[J].首都体育学院学报，2019, 31(3): 235−238.

❷ 杨小洁．社会力量参与武汉市足球特色学校后备人才培养的路径研究[D].武汉：武汉体育学院，2020.

❸ 吴毅，荣凯．“双减”背景下社会力量参与中小学体育课后服务的价值、难点与路径[J].体育文化导刊，2023(9): 91−98.

❹ 罗潇，郑家鲲，杨宗友．“双减”背景下社会力量参与学校体育的价值、困境与对策[J].广州体育学院学报，2022, 42(6): 75−84.

❺ 容中逵，阴祖宝．社会力量参与中小学课后服务的模式、困境与对策[J].全球教育展望，2023, 52(9): 37−46.

❻ 吴毅．高校体育教学中的思想政治教育研究[J].产业与科技论坛，2013(20): 2.

健全长效机制等方面推进社会力量参与学校体育发展的有效路径。[1]容中逵、阴祖宝提出社会力量参与中小学课后服务的对策，在认知层面上需确立社会力量参与课后服务的地位从属补充性、目的公益普惠性、主体多元协同性等观念基础；在实践层面上，要剖析社会力量参与课后服务行动发生的内在机制，完善协同有序的制度结构、形塑多元共治的文化共识、构建内涵发展的提升机制、建立全面监管的评价体系。[2]

整理文献发现，社会力量参与小学体育发展研究多以个案的定量研究进行分析，研究成果肯定了社会力量对中小学体育发展的助力效果，社会力量主要以技能传授、物资捐助和竞赛三方面为主。社会力量介入中小学体育教育主要采取以下几种形式：一是企业、社会团体等组织通过捐赠体育器材、资金等方式支持学校体育教育；二是志愿者或专业体育教练到学校开展体育教学和训练活动；三是建立校社合作机制，共同开展体育活动和赛事等。这些实践形式在一定程度上缓解了学校体育教育的压力，提升了学生的体育参与度和兴趣。但社会力量介入的效果参差不齐、部分学校和社会组织对体育教育的重视程度不够，导致合作难以深入等问题。

（3）高校与社会助力学校体育发展研究。随着国家对乡村教育振兴战略的深入实施，高校、社会与中小学之间的体育合作逐渐成为了政策关注的焦点。高校、社会与中小学的体育合作日益成为推动其进步的重要力量。这种合作模式不仅有助于弥补乡村学校体育资源的不足，更能促进体育教育模式的创新，研究文献主要以高校社会力量研究视角下的“高参小”项目和“姚基金希望小学篮球季”研究为典型代表的高校社会力量助力学校体育发展研究。姚基金于 2012 年启动希望小学篮球季，选派高等院校体育

[1] 夏贵霞，舒宗礼．政府购买服务视角下社会力量参与学校体育发展的现实基础与路径选择 [J]. 武汉体育学院学报，2019, 53 (12) : 5-10.

[2] 容中逵，阴祖宝．社会力量参与中小学课后服务的模式、困境与对策 [J]. 全球教育展望，2023, 52 (9) :37-46.

教育专业大学生志愿者前往乡村小学支教，并通过体育课教授、篮球训练、集训和联赛等形式，推动乡村体育教育发展。“姚基金希望小学篮球季”通过与高校合作，选派支教志愿者进入乡村学校，为乡村学生提供专业的体育教学、训练及竞赛服务，致力于推动乡村学校体育的发展。刘军华指出“姚基金希望小学篮球季”活动由篮球支教、篮球集训和联赛三部分构成，姚基金资助乡村学校体育以技能传授、物资捐助和希望小学篮球赛三方面为主，而高校以提供志愿者为主要形式[1]。杨勃从社会学角度出发，分析姚基金希望小学篮球季在甘肃省发展的动力机制结构包括外围结构与内核结构，外围结构是发生的动力通过传导媒介在宏观、中观、微观三个层次动力主体之间进行传递，动力受体主要体现在硬性的物质资源和软性的支教活动，内核结构包括动力源、动力方向、动力储存和社会行动[2]。韩璐在社会资本视阈下指出姚基金在资源影响力、资源来源上具有优势，在社会关系网络与社会资本建构方式上存在不足。[3]田淑萍调查甘肃省姚基金项目时指出，大部分高校志愿者缺乏教学实践经验，在支教中呈现教学组织不流畅、部分家长对孩子参与姚基金篮球训练存在消极态度等问题。[4]陈筱霖以“姚基金希望小学篮球季”项目为例，分析了项目对乡村学校的影响，指出当前项目支教时间不足、掌控不足、赛事不成体系、支教项目单一等不足。[5]庄园等分析了“姚基金希望小学篮球季”在运行逻辑与目标机理中具有规范协作行动秩序的均衡体系及追求协同发展的共同价值基础，在体育课程教学、课余体育训练及

---

❶ 刘军华．姚基金希望小学慈善篮球活动开展形式研究 [D]．西安：西安体育学院，2018.

❷ 杨勃．“姚基金希望小学篮球季”项目在甘肃省发展的动力机制研究 [D]．兰州：西北师范大学，2023.

❸ 韩璐．社会资本视域下姚基金运行研究 [D]．北京：北京体育大学，2014.

❹ 田淑萍．西北民族大学姚基金支教活动开展情况的调查研究 [D]．兰州：西北民族大学，2022.

❺ 陈筱霖．社会力量助力乡村学校体育发展的路径研究——以“姚基金希望小学篮球季”项目为例 [J]．体育视野，2023(1)：14-16.

课外体育活动维度下具有深化学生课堂主体体验、服务学生身心全面发展、注重学生运动兴趣培养的助推作用。[1]此外，学者关注的另一焦点为高校社会力量参与学校体育视角下的“高参小”项目。2014 年北京市政府、教委提出利用高校与社会力量充分发挥北京高校教育资源；高参小是通过政府购买高校体育服务的形式实现高校与小学资源共享，改善教学质量。比如，张国猛指出北京高校及社会力量通过在小学挂牌基地学校、特色学校、项目实验学校、艺术家工作室、体育俱乐部等形式，从校园文化、课程建设、课外活动、师资培养、理论研究五个方面参与小学体育的发展。[2]霍笑敏从宏观角度对高校、社会参与小学体育发展，从工作形势、人员构成、工作内容、面临问题等方面进行现状分析，认为高校有着较为优势的人才和教育资源社会。[3]文世林等认为“高参小”项目通过政府购买社会服务的方式整合高校、社会力量的教育资源，并将教育资源配置到小学。[4]

综上所述，学者均肯定了高校社会力量助力乡村学校体育发展取得的显著效果。其中，高校社会助力乡村学校体育发展多围绕高校支教、“高参小”项目展开现状、效果与模式研究。社会力量助力中小学体育发展典型代表为姚基金项目，从技能传授、物资捐助和竞赛以及社会力量介入小学体育教学的形式与问题展开多维度分析。而高校与社会力量助力中小学体育发展多从现状、运行机制、效果进行多维度的分析。研究方法多采用定量与个案研究，研究内容多从体育教学、体育训练、体育竞赛、体育教研、体育师资培训等维度展开分析，研究视角较单一。

---

❶ 庄园，刘宇翔，谢泽辉．“姚基金希望小学篮球季”助推学校体育发展的机制、维度与展望 [J]. 体育科技文献通报，2023, 31(12) : 174−177.

❷ 张国猛．北京高校社会力量参与小学体育的发展实践与经验启示 [J]. 当代体育科技，2018, 8 (26) : 150−151.

❸ 霍笑敏，刘晓华，赵雨．首都体育学院实施“北京高校、社会力量参与小学体育美育发展工作”的研究 [J]. 运动，2018 (9) : 53−54.

❹ 文世林，骆秉全，马克，等．首都体育学院“高参小”项目互动育人模式的理论与实践探索 [J]. 首都体育学院学报，2019, 31(3) : 235−238.

（三）研究的演进历程

为了从时间维度探寻学者关于基层体育治理研究的发展演进过程，本文采用 CiteSpace 绘制了 2014—2023 年高校、社会助力中小学体育发展研究的时区图，主要是从时空角度，依据时间先后将文献关键词的更新，以及文献间的相互关系，清晰地展示在以时间为横轴的二维坐标中，时区图谱汇总了不同时间序列内基层体育治理研究的高频关键词，如图 2-4 所示。

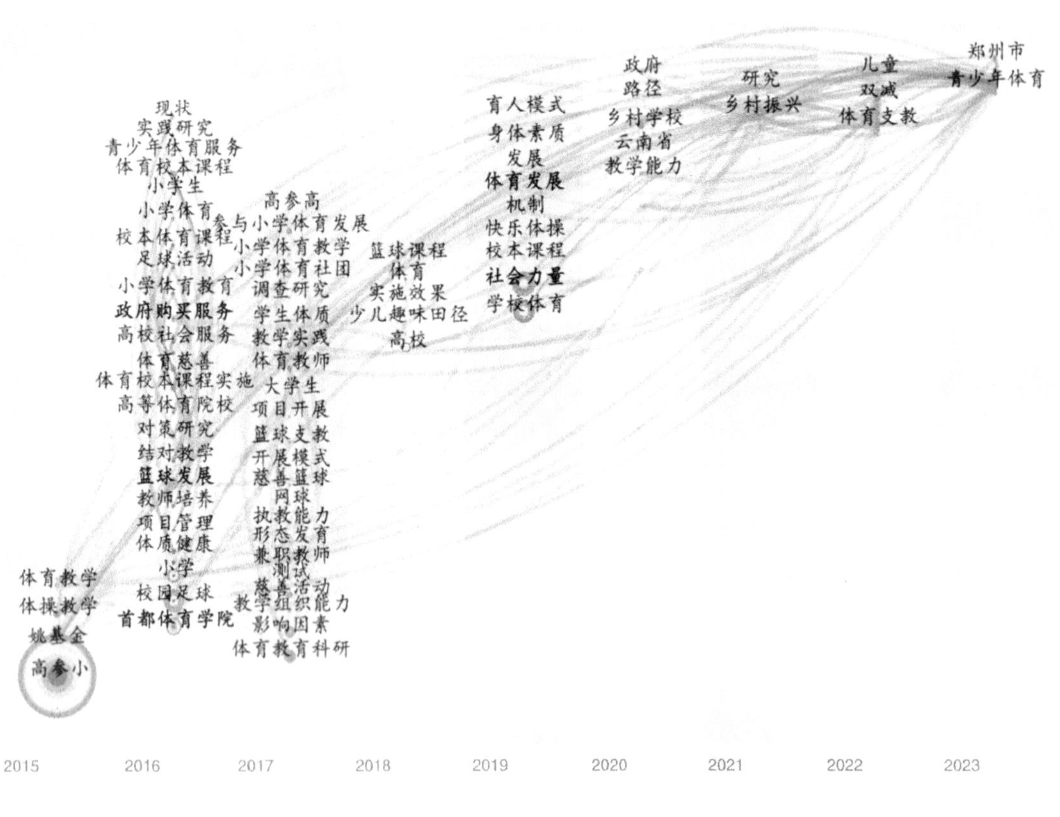

图 2-4　时区图

2014—2017 年，关键词“高参小”“体育教学”“姚基金”“高校社会服务”“校本课程”“教师培养”“政府购买”。2001 年国务院《关于基础教育改革与发展的决定》进一步明确加快构建符合素质教育要求的基础教育课程体系，2010 年颁布《国家中长期教育改革和发展规划纲要（2010—2020 年）》，指出全面实施素质教育作为改革发展战略主题，在此背景下，素质教育成为学校体育改革深化的标志。2012 年教育部等五部门关于印发《边远贫困地区、边疆民族地区和革命老区人才支持计划教师专项计划实施方案》的通知，指出通过选派支教教师和培训当地教师，加快“三区”教师队伍建设，提高教师素质，为推动“三区”普及学前教育、义务教育均衡发展、普及高中阶段教育、大力发展中等职业教育提供人才支持。2012 年姚基金启动希望小学篮球季，选派高等院校体育教育专业大学生志愿者前往乡村小学支教，进一步深化学校体育改革。2014 年北京教育委员会颁布《关于高校、社会力量支持中小学体育美育特色发展工作的通知》，掀起了北京高校积极参与小学体育美育活动的序幕。2015 年国务院办公厅发布《国务院办公厅关于全面加强和改进学校美育工作的意见》，指出“高校美育课程要依托本校相关学科优势和当地教育资源优势拓展教育教学，开设艺术实践类、艺术史论类、艺术批评类等方面的任意选修课程；专业艺术院校要创新艺术人才培养模式；普通高校要根据美育课程开设需要加快公共艺术教师队伍建设，建立高校与地方政府、行业企业、中小学协同培养美育教师的新机制，促进美育教师培养、培训、研究和服务一体化”，重点解决基础教育阶段美育存在的突出问题，缩小城乡差距和校际差距。2015 年 6 月国务院办公厅印发《乡村教师支持计划（2015—2020 年）》，体现了国家对于乡村教师队伍建设和乡村学校教育的高度重视,为助力乡村体育教育的发展提供了新的机遇。此阶段,高校、社会与中小学体育研究基于宏观与微观两个维度挖掘学校体育发展的问题与对策。

2018—2020 年，关键词“实施效果”“育人模式”“社会力量”“路径”“政府”“教学能力”。此阶段研究随着教育改革的深入研究进一步细化。2016 年国务院办公厅发布《关于强化学校体育促进学生身心健康全面发展的意见》，指出“社会力量支持学校体育不够”。2017 年教育部《关于做好中小学课后服务工作的指导意见》指出，统筹规划各类资源和需求，调动各方面积极性，努力形成课后服务工作合力，不断完善经费保障机制，通过“政府购买服务”“财政补贴”等方式对参与课后服务的学校、单位给予补助，进一步完善社会参与中小学教育的政策保障。2020年《关于全面加强和改进新时代学校体育工作的意见》鼓励学校与社会体育组织机构合力推进学校体育的学、练和赛等方面的体系融合，提倡通过购买社会体育组织服务力量向中小学提供体育教育教学服务。以此为背景，学者围绕社会力量支持学校体育发展展开多视角剖析。比如，张国猛指出北京高校社会力量参与学校体育发展的形式。❶汪兰云分析了社会力量支持学校体育发展的长效机制。❷夏贵霞等从政府购买服务视角对社会力量参与学校体育发展路径展开深入分析。❸此阶段，学者针对高校社会力量助力中小学体育发展的效果以及育人模式进行了分析。比如文世林等对首都体育学院“高参小”项目实施三年（2014—2017年）的成果进行实地调查，围绕“五项任务”所开展的工作进行资料收集和整理，提炼出包括指导原则、组织架构、运行机制和实施方式四个方面的互动育人模式。❹此阶段，研究内容从宏观视角转向微观视角，研究视角相对狭窄。

2021年至今，关键词“乡村振兴”“体育支教”“青少年体育”，2021年十三届全国人大常委会第二十八次会议表决通过《中华人民共和国乡村振兴促进法》；同年5月司法部印发了《“乡村振兴，法治同行”活动方案》。2020年9月，国家体育总局、教育部关于印发《深化体教融合促进青少年健康发展意见的通知》指出，“支持社会体育组织为学校体育活动提供指导，普及体育运动技能。有条件的地方，可以通过政府向社会体育组织购买服务

❶ 张国猛．北京高校社会力量参与小学体育的发展实践与经验启示［J］．当代体育科技，2018，8(26)：2.

❷ 汪兰云．社会力量支持学校体育发展的长效机制［J］．文体用品与科技，2019(15)：2.

❸ 夏贵霞，舒宗礼．政府购买服务视角下社会力量参与学校体育发展的现实基础与路径选择［J］．武汉体育学院学报，2019，53(12)：5-10.

❹ 文世林，骆秉全，马克，等．首都体育学院“高参小”项目互动育人模式的理论与实践探索［J］．首都体育学院学报，2019，31(3)：235-238.

的方式，为缺少体育师资的中小学校提供体育教学和教练服务”。2022 全国两会调查结果出炉，“乡村振兴”关注度位居第八位。同年，中共中央办公厅、国务院办公厅印发《关于进一步减轻义务教育阶段学生作业负担和校外培训负担的意见》，指出“拓展课后服务渠道，充分利用社会资源，发挥好少年宫、青少年活动中心等校外活动场所在课后服务中的作用”。学者展开广泛研究。2023 年教育部等 13 部门《关于健全学校家庭社会协同育人机制的意见》，健全学校家庭社会协同育人机制是党中央、国务院作出的重要决策部署，事关学生全面发展健康成长，事关国家发展和民族未来。[❶]一系列政策出台掀起研究学校、社会协同助力学校体育发展的热潮。比如，柳鸣毅等认为党和国家实施乡村振兴、教育强国、健康中国和体育强国等战略，成为开展体育支教志愿服务行动的驱动因素。体育支教志愿服务行动形成了以行动项目为驱动、行动组织为主体、行动内容为内核的实践逻辑；体育支教志愿服务计划由行动项目、行动组织、行动内容、行动效果和行动结果而构成的基本逻辑，为国家及基层体育治理提供了基础性理论支持。[❷]陈虹吉以《乡村教师支教计划》为背景，分析《乡村教师支教计划》实施中乡村学校体育教师队伍建设方面的现状和问题，从政府、学校、个人因素分析问题所在，最后根据现状问题提供针对性策略，以期推进乡村教育事业的发展。[❸]梁斌等以乡村振兴为背景，分析体育公益组织助力乡村学校体育发展的时代价值。[❹]

从演变轨迹来看，近年来高校社会力量协同助力乡村学校体育发展研究在不同阶段分别体现了以协同为导向、多样化助力学校体育发展的特征，充

---

❶ 马聪，刘娜．精准思政视域下“四位一体”协同育人模式研究实践 [J]. 北京科技大学学报（社会科学版），2024, 40(4): 26-32.

❷ 柳鸣毅，王志强，王瑞，等．体育支教志愿服务的驱动因素、行动过程与内在机制——以“体教融合走基层”为例 [J]. 武汉体育学院学报，2023, 57(12): 85-92.

❸ 陈虹吉．《乡村教师支持计划》背景下乡村学校体育教师队伍建设研究 [J]. 冰雪体育创新研究，2023(12): 81-83.

❹ 梁斌，钟丽萍，龙寰宇．体育公益组织助力乡村学校体育振兴：实践探索与推进路向——以姚基金为例 [J]. 运动精品，2024, 43(5): 58-62.

分体现了时代性、责任性与特殊性。研究呈现出延续、合流、断裂与重构特征、对立与不均衡发展趋势并存。研究于2016年、2019年、2023年出现三次高峰，究其原因主要是“乡村学校体育”为主题的研究数量不断增加，但研究内容变化不大，缺少新事物的结合，更多结合国家政策或政策起到的刺激作用展开研究，研究视角单一。在研究方法层面，主要采用定性分析方法和个案分析法，从宏观角度围绕高校助力乡村学校体育、社会助力学校体育如何拓宽渠道、支教、育人效果与模式等展开，归纳和总结实践经验。在理论层面，大多数研究发现主要基于特征描述与规律总结，缺乏深度理论探讨，仅有少数研究结合实践进行了深入探讨。研究方法层面较单一，目前研究方法多采用定性研究，其研究热点呈发展趋势，研究深度与广度有待加强，缺乏相应的实证分析等。而围绕社会与高校协同助力乡村学校体育发展展开的研究比较薄弱，笔者以此为基础提出本研究方向。

第三节
高校、社会与中小学体育合作的分类与特点

一、高校、社会与中小学合作的分类

随着教育改革的深入和社会对优质教育资源的强烈需求，大中小学合作成为普遍现象，并在20世纪90年代后在我国迅速发展起来，高校与中小学之间的体育合作逐渐成为推动乡村学校体育教育发展的重要力量。这种合作模式不仅有助于优化教育资源配置，提升体育教育质量，还能为乡村青少年提供更为广阔的体育发展平台。本文旨在探讨高校与中小学体育合作的模式分类及其特点，以期为未来的合作实践提供理论参考和实践指导。

高校与中小学体育合作的模式多种多样，参与主体与形式也日益多样化，按照不同参与主体、内容、阶段可以划分为不同的类型。

（一）按共享资源类型分类

按照共享资源类型可以划分为资源共享型合作、教学交流型合作、科研合作型合作和竞赛合作型合作四类。

1. 资源共享型合作

这是高校与中小学体育合作中最基础且常见的一种模式。这种模式下，高校和中小学通过共享体育设施、器材、师资力量等资源，实现优势互补，提高资源利用效率。例如，高校可以将其先进的体育场馆、器材设施向中小学开放，而中小学则可以提供场地和学生资源，为高校的体育教学和科研提

供便利。这种合作模式有助于缓解乡村学校体育资源匮乏的问题，促进教育公平。

2. 教学交流型合作

其注重高校与中小学在体育教学理念、方法、内容等方面的交流与合作。高校可以派遣优秀教师到中小学进行体育教学指导，分享先进的教学经验和教学方法；同时，中小学也可以组织教师到高校参加体育教学培训，提升教学水平和能力。这种合作模式有助于推动乡村学校体育教学的改革和创新，提高体育教育的质量。

3. 科研合作型合作

科研合作型合作侧重于高校与中小学在体育科研领域的合作。高校可以利用其科研优势和资源，针对乡村学校体育教育的实际问题开展研究，提出解决方案；而中小学则可以为高校的科研提供实践基地和研究对象。这种合作模式有助于推动乡村学校体育科研的发展，为体育教育的改革和创新提供理论支持和实践指导。

4. 竞赛合作型合作

竞赛合作型合作以体育赛事为纽带，加强高校与中小学之间的体育交流与合作。高校可以组织或参与针对中小学的体育赛事，为中小学提供展示和交流的平台；同时，中小学也可以积极参加高校组织的体育赛事，提高自身的竞技水平和体育素养。这种合作模式有助于激发乡村学生对体育的兴趣和热情，培养他们的团队精神和竞争意识。

（二）按参与形式分类

按照参与主体大学（U）、中小学（S）、教育行政部门（A）、区域行政部门（D）、政府（G）、科研机构（T）、非政府组织（N/S，如基金会、企业、慈善会等）[1]，归纳为不同的参与形式：U-S 是大学与中小学合作开展教师培训，目前多数大学通过建立合作基地、承接委托项目与签订协议等形式进行 U-S 合作，相关研究涉及 U-S 合作目标、类型、问题、原因及改进策略等方面。[2] U-D-S 伙伴协作是大学、地方与学校基于教师赋权、民主协商、互惠共生等理念构建而成的综合型教育改革模式[3]；U- G- S 是指师范院校、地方政府与中小学合作开展中小学教师职前培养、入职教育和在职研修等系统性工作，通过重构文化融合与共生的开放型教师教育环境，促进未来教师和教师教育者的共同发展。[4]

（三）按合作内容分类

按照大学与中小学合作内容划分为单向传递型、合作型、实验推广型、教育实习型四类。单向传递型典型代表是报告型，多以中小学聘请大学人员将自身实践心得与学术积累经验到中小学作报告；但随着大学与中小学价值取向、办学宗旨的变化，报告与实际教学往往存在偏差，压缩了单向传递报告型的空间。合作型主要以项目合作和咨询合作为主，如基于中小学发展困境以课题或项目为依托展开深入研究的合作[5]或以咨询服务为解决中小学困惑提供方法。

（四）按发展阶段或主体关系分类

从发展阶段或主体关系上将大中小学合作划分为协调模式、合作模式、

---

[1] 武云斐 . 合作 · 共生 · 共赢 [D]. 上海：华东师范大学，2012.

[2] 李星 . U-S 合作背景下介入的学理内涵与现实意蕴——基于对教育理论与实践关系的再思考 [J]. 当代教育与文化，2020, 12(6): 87-92.

[3] 李国栋，杨小晶 . U-D-S 伙伴协作：理念、经验与启示 [J]. 外国教育研究，2013, 40(10): 30-37.

[4] 蔡华健，曹慧英，张相学 . 基于 U-G-S 合作范式的新时代乡村教师培养研究 [J]. 教育理论与实践，2019, 39(26): 27-30.

[5] 谈传生，陶传谱 . 大中小学心理健康教育一体化运行模式建构——以“健康中国”理念为视角 [J]. 长沙理工大学学报（社会科学版），2021, 36(3): 112-120.

沟通模式三种。[1]从发展阶段看，协调模式是合作开端，是多元主体在时间推继下形成目标共享，进而转化为合作模式，再到沟通模式。

（五）按合作形式分类

按照形式可划分为咨询型、合作型、中介型三种。咨询类合作形式，主要以函授、继续教育、讲座等方式，从知识与技能丰富的大学教师向中小学教师进行自上而下的经验传授，以促进教师发展为主要内容。合作型是以项目为纽带，双方共同解决实际问题为主要形式的合作，如 1997 年左右华东师范大学教育学系建立与上海打虎山路第一小学和无锡市名扬中心小学的课题合作。中介合作形式，即大学与中小学通过第三方建立合作关系，比较典型的如 UDS 模式（大学—区域—中小学）等。

二、高校与中小学体育合作的模式特点

不同的合作模式具有各自独特的特点，这些特点既体现了合作的优势，也揭示了合作中可能存在的问题和挑战。

（一）互补性强

高校与中小学在体育资源、教学、科研等方面存在明显的互补性。高校拥有丰富的体育资源、先进的教学理念和科研能力，而中小学则具有贴近学生实际、了解学生需求的优势。通过合作，双方可以充分利用各自的优势，实现资源共享和优势互补，共同推动乡村学校体育教育的发展。

[1] 魏戈．大学与中小学伙伴协作的三种模式及其拓展性转化[J]．首都师范大学学报（社会科学版），2022(2)：157–166.

（二）灵活性高

高校与中小学体育合作的模式多种多样，可以根据双方的实际需求和条件进行灵活选择和调整。这种灵活性使合作更加贴近实际，能够更好地满足双方的需求和期望。同时，随着教育改革的深入和体育事业的发展，合作模式也可以不断创新和完善，以适应新的形势和要求。

（三）注重实效性

高校与中小学体育合作的目标明确，注重实效性。无论是资源共享、教学交流还是科研合作、竞赛合作，都旨在提升乡村学校体育教育的质量和水平，促进学生的全面发展。因此，在合作过程中，双方都会注重合作的实际效果，不断调整和优化合作方案，以确保合作目标的顺利实现。

（四）挑战与机遇并存

虽然高校与中小学体育合作具有诸多优势，但也面临着一些挑战。例如，双方在合作理念、管理方式、利益分配等方面可能存在差异和冲突；同时，合作过程中也可能出现资源分配不均、沟通不畅等问题。然而，这些挑战也为合作提供了改进和发展的机遇。通过加强沟通、协商和合作，双方可以共同克服这些困难，推动合作向更深层次和更广领域发展。

高校与中小学体育合作是推动乡村学校体育教育发展的重要途径。通过分类研究合作模式及其特点，我们可以更深入地理解合作的内涵和本质，为未来的合作实践提供有益的参考和借鉴。在未来的发展中，我们应继续探索和创新合作模式，加强双方的沟通与协作，共同推动乡村学校体育教育的繁荣和发展。

三、社会力量参与中小学体育教育的合作形式分析

近年来，随着国家对教育事业的重视和投入增加，体育教育作为素质教

育的重要组成部分，得到了越来越多的关注。然而，在乡村地区，由于经济条件、师资力量等多方面的限制，体育教育的发展仍然面临诸多困难。在这种情况下，社会力量的参与就显得尤为重要。“社会力量支持学校体育发展”是指：政府机关和其下属事业单位以外的企业、非营利性社会组织、个人不以营利为目的向学校体育提供包括资金、设施、服务等在内的帮助；社会力量支持学校体育发展的内容包括资金捐赠类、器材设施捐赠类、场地场馆借用类、场地场馆捐建类、参赛赞助类、志愿服务类、折扣出售类、竞赛组织类。越来越多的社会力量开始关注并参与到中小学体育教育中来，形成了多种形式的合作模式。这些合作模式不仅弥补了学校内部体育资源的不足，更在一定程度上推动了乡村学校体育教育的创新发展。按照合作主体不同，社会力量参与中小学体育的合作形式可以划分为校企合作模式、社区合作模式和志愿者合作模式三种。

（一）校企合作模式

校企合作是社会力量参与中小学体育教育的一种重要形式。通过与专业的体育培训机构或企事业单位合作，学校可以引进有经验的教练员和先进的训练设备，为学生提供更加专业的体育课程和训练服务。同时，企业也可以通过这种方式宣传自己的品牌和文化，实现双赢的效果。在校企合作中，学校和企业需要共同制订教学计划和课程内容，确保体育教育的针对性和实效性。同时，双方还需要建立有效的沟通机制，及时解决合作过程中出现的问题和困难。比如，2021 年宁波市镇海区张和祥小学与芬兰 FIRSTBEAT 体育科技公司、上海熙然训练数据分析中心在学校成立“国家蹦床运动实验区训练大数据研发与实践基地”， 通过科技助力手段和数据支撑，助推蹦床运动安全、科学、精准、高效普及。[1]

---

[1] 宁波市镇海区张和祥小学：蹦床运动燃激情 祥和课程筑梦想 [EB/OL]. (2023-01-31) [2024-03-16]. https://learning.sohu.com/a/635831738_121642940.

（二）社区合作模式

社区是乡村学校体育教育发展的重要载体。通过与当地社区组织合作，学校可以充分利用社区资源，开展丰富多样的体育活动和比赛。这种合作模式不仅可以增强学生的体质和锻炼意识，还可以促进学校与社区之间的交流和互动。在社区合作中，学校需要积极与社区组织沟通协商，明确合作的目标和内容。同时，学校还需要加强对学生的安全教育和管理，确保体育活动的安全和顺利进行。较成熟的欧美地区，如美国巴尔的摩市经验，在校园安全防范机制的构建方面，美国马里兰州的巴尔的摩市（Baltimore）充分发挥了学校、家庭和社区的联合作用，有力地保障了学生的安全。[1]另外，新加坡社区顾问与学校合作，更好为儿童和青少年提供心理健康支持。[2]

（三）志愿者服务模式

志愿者服务是社会力量参与中小学体育教育的另一种形式。通过招募志愿者，学校可以为学生提供更加个性化的体育指导和帮助。这些志愿者可以来自社会各个领域，他们不仅具有丰富的体育知识和经验，还可以为学生提供更加贴近生活的体育教育和指导。在志愿者服务中，学校需要建立完善的招募、培训和管理机制，确保志愿者的素质和能力符合教育要求。同时，学校还需要为志愿者提供必要的工作条件和保障，激发他们的积极性和创造力。如，加拿大公共图书馆与当地学校和日托中心合作吸引老年人做志愿者，让老年志愿者进入小学帮助学生学习阅读，为师生树立积极的老年人榜样，鼓

---

❶ 余中根．构建有效的校园安全防范的学校、家庭与社区合作机制——美国巴尔的摩市的经验及其启示[J]. 外国中小学教育，2010(7): 50–54.

❷ Low Poi Kee and van der Laan Luke. Community-school collaborations: community counsellors' perceptions of school counselling in Singapore[J]. Asia Pacific Journal of Counselling and Psychotherapy, 2023, 14(1): 70–82.

励人们改变对老年人的态度。[1]

社会力量参与中小学体育教育是一种有益的尝试和创新，目前社会力量参与中小学体育具有诸多优势，但在实际操作中也面临着一些挑战和困难。例如，合作模式的选择、合作机制的建立、合作效果的评估等方面都需要进一步探索和完善。通过与社会各界的合作与互动，我们可以为乡村学校体育教育的发展注入新的活力和动力。同时，我们也需要不断探索和完善合作模式和机制，确保体育教育的质量和效果得到不断提升。同时，我们也需要不断总结经验教训，完善合作机制和管理制度，为社会力量参与中小学体育教育提供更加有力的保障和支持。

[1] 谢春枝，余梦，贺维．公共图书馆老年友好服务的现状、挑战及发展趋势［J］．图书馆建设，2024(2)：21-29.

第三章

体育学院与姚基金协作情况分析

姚基金，由篮球巨星姚明发起，致力于通过篮球运动促进青少年的全面发展。姚基金在与高校的合作中，覆盖了教学、训练、竞赛、教研和师资建设五大关键领域，见图 3-1。

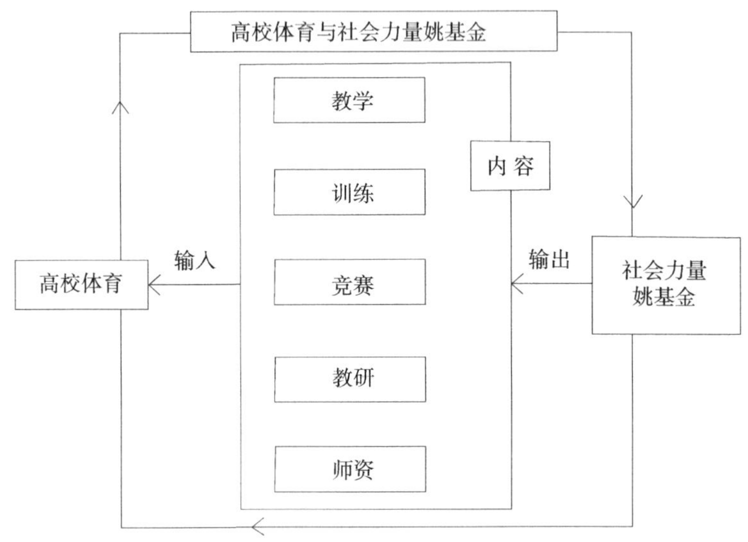

图 3-1　高校体育学院与姚基金协作图

第一节

体育学院与姚基金合作的内容

一、教学

在“姚基金希望小学篮球季”项目中，高校体育学院与姚基金协作在教学中主要表现在教法、个性化教学与教学模式上。

（一）体育学院与姚基金协同助力乡村学校体育发展中对教学方法的探索与实践

体育学院作为培养体育专业人才的重要基地，其教学方法的创新尤为重要。随着人工智能技术的快速发展，智能化教学将成为未来体育学院教学方法创新的重要方向。在双方合作中，体育学院注重创新教学方法的探索与实践主要包括以下几个方面。

1. 引入现代教育技术手段

传统的体育教学方法往往依赖于教师的口头讲解和示范，学生难以直观地理解技术动作的要领。而现代教育技术手段，如多媒体、虚拟现实等，可以为学生提供更加直观、生动的学习体验。例如，利用多媒体技术制作技术动作的教学视频，让学生可以在课后反复观看、学习；利用虚拟现实技术模拟比赛场景，让学生在虚拟环境中进行实战演练，提高技战术水平。在项目合作中，体育学院着重建设在线教育资源，实现教学资源的共享和优化配置，提高教学效率和质量，为学生提供更加灵活多样的学习方式，方便学生进行自主学习和探究。

2. 实施个性化教学策略

每个学生的身体素质、技术水平和学习能力都有所不同，因此，实施个性化教学策略是创新教学方法的重要内容。体育学院可以通过对学生的学习情况进行定期评估，制订个性化的教学计划，针对不同学生的特点和需求进行有针对性的教学。同时，教师还可以利用大数据分析等技术手段，对学生的学习数据进行深入挖掘和分析，为教学决策提供更加科学的依据。

3. 开展互动式教学模式

互动式教学是创新教学方法的重要手段之一。体育学院可以通过开展小组讨论、角色扮演、案例分析等教学活动，鼓励学生积极参与课堂互动，提高学生的参与度和学习兴趣。同时，教师还可以利用在线教学平台等技术手段，实现线上线下的互动教学，打破时间和空间的限制，为学生提供更加灵活多样的学习方式。

4. 加强实践教学环节

体育学科具有很强的实践性，实践教学是体育学院教学方法创新的重要组成部分。体育学院可以通过与企业合作、建立实习基地等方式，为学生提供更多的实践机会。一方面，体育学院将与企业等合作，建立更加紧密的实践教学体系，为学生提供更加真实的实践环境；另一方面，体育学院不断摸索新的实践教学模式和方法，如项目式学习、创新创业实践等，以培养学生的实践能力和创新精神。同时，教师注重将实践教学与理论教学相结合，让学生在实践中深化对理论知识的理解和掌握。在项目合作下，通过科技的不断进步和教育理念的更新，体育学院更注重资源的整合与创新。

（二）项目合作下的体育学院个性化教学构建

个性化教学策略，是指在教学过程中，教师根据学生的个体差异、兴趣爱好、学习能力等因素，制订和实施有针对性的教学方案，以满足学生的个性化学习需求。在体育学院中，由于学生在体育技能、身体素质、心理素质等方面存在显著差异，因此实施个性化教学策略显得尤为重要。

个性化教学策略的核心在于尊重和关注学生的个体差异，通过深入了解每个学生的特点，为他们提供量身定制的教学方案。这种教学策略不仅有助于提高学生的学习兴趣和积极性,更能够促进他们的全面发展,提升教学质量。项目中体育学院在个性化教学策略的探索与实践方面取得了显著成果，具体体现在四个方面。

1. 深入了解学生需求，制订个性化教学计划

体育学院在实施个性化教学策略时，首先通过问卷调查、面谈等方式，深入了解每个学生的体育技能水平、学习兴趣、职业规划等方面的信息。在此基础上，教师根据学生的个体差异，制订个性化的教学计划，明确教学目标和教学内容，确保教学方案与学生的需求相契合。

2. 采用多样化的教学方法和手段

为了满足学生的个性化学习需求，体育学院在教学过程中采用了多样化的教学方法和手段。例如，针对技能水平较高的学生，教师采用高阶技能训练和比赛实践相结合的方式，提高学生的竞技水平；对于技能水平较低的学生，教师则注重基础技能的训练和巩固，通过分解动作、慢速示范等方式帮助学生逐步掌握技术要领。此外，体育学院还充分利用现代教育技术手段，如多媒体教学、在线学习平台等，为学生提供更加灵活多样的学习方式。

3. 注重对学生的情感教育和心理疏导

体育学院在实施个性化教学策略时，不仅关注学生的技能学习，还注重学生的情感教育和心理疏导。教师通过与学生的互动交流，了解他们的心理状态和情绪变化，及时给予关爱和支持。对于在学习过程中遇到困难和挫折的学生，教师会进行积极的心理疏导，帮助他们建立自信、克服困难，以更

加积极的心态面对学习和生活。

4. 建立有效的评估和反馈机制

为了确保个性化教学策略的有效性，体育学院建立了有效的评估和反馈机制。教师定期对学生的学习情况进行评估，包括技能测试、课堂表现、学习态度等方面。通过评估结果，教师能够及时了解学生的学习进度和存在的问题，进而调整教学计划和教学策略。同时，体育学院还鼓励学生参与教学评估，收集学生的反馈意见，为改进教学质量提供有力支持。

综上所述，在“姚基金希望篮球季”项目中，体育学院在个性化教学策略的探索与实践方面取得了显著成果，并呈现出积极的发展趋势。

（三）姚基金希望篮球季项目合作下体育学院搭建多元化教学模式

多元化教学模式是指在教育过程中，根据学生的学习特点、学科性质及教育目标，采用多种教学方法和手段，构建多样化、灵活化的教学结构，以满足学生全面发展的需要。在体育学院中，多元化教学模式的构建尤为重要，它不仅能够激发学生的学习兴趣，提高教学效果，还能够培养学生的创新精神和实践能力，为其未来的职业发展奠定坚实的基础。

体育学院能够引进先进的教学理念和技术手段，开展多元化的教学活动，为培养高水平的体育人才创造有利条件。在项目合作下体育学院搭建多元化教学模式。

1. 教学方法的多元化

体育学院在构建多元化教学模式时，注重教学方法的多样性和灵活性。除了传统的讲授式教学外，还引入了案例教学、讨论式教学、实践教学等多种方法。这些方法各有特点，能够针对不同的教学内容和学生特点进行灵活运用，提高教学效果。例如，在篮球教学中，教师可以采用案例教学的方式，通过分析经典比赛案例，让学生深入理解篮球战术的运用；在田径教学中，教师可以采用实践教学的方式，组织学生进行实地训练，提高学生的运动技能。

2. 教学手段的多元化

随着科技的发展，教学手段也在不断更新和升级。体育学院在构建多元化教学模式时，充分利用了现代教育技术手段，如多媒体、网络、虚拟现实等。这些手段能够为学生提供更加直观、生动的学习体验，激发学生的学习兴趣和积极性。例如，教师可以利用多媒体制作课件，将复杂的体育技术动作以动画或视频的形式呈现出来，帮助学生更好地理解和掌握；同时，教师还可以利用网络平台开展线上教学，方便学生进行自主学习和交流。

3. 教学内容的多元化

体育学院在构建多元化教学模式时，还注重教学内容的多样性和丰富性。除了基本的体育技能和理论知识外，还增加了体育人文、体育心理、体育管理等方面的内容。这些内容能够拓宽学生的知识面，提高学生的综合素质。例如，在体育人文课程中，教师可以介绍不同国家和地区的体育文化、体育精神等，帮助学生了解体育的多元性和包容性；在体育心理课程中，教师可以讲解运动心理、比赛心理等方面的知识，帮助学生提高自我调节和应对压力的能力。

4. 教学评价体系的多元化

多元化教学模式的构建还需要配套多元化的教学评价体系。体育学院在构建多元化教学模式时，建立了包括课堂表现、技能测试、理论考试、实践报告等在内的多种评价方式，以全面评估学生的学习成果和教学效果。同时，还注重评价的及时反馈和指导，帮助学生了解自己的不足和进步方向，促进学生的全面发展。

综上所述，在“姚基金希望小学篮球季”项目中，体育学院引入现代科技手段，不断提升自身实力，为培养更多优秀的体育人才做出积极贡献。

二、训练

在“姚基金希望小学篮球季”项目中，训练是提高学生篮球技能和体能的关键环节。姚基金与高校体育协同合作在训练上主要表现在技能培训、教练员发展、学生发展、实战演练四方面。

（一）技能培训

在“姚基金希望小学篮球季”项目中，技能培训是提升学生篮球技艺和运动表现的核心环节。项目从基础技能、进阶技能、战术理解与应用、个性技能发展、实战应用等方面展开。在技能培训中姚基金提供“篮球季支教志愿者技术手册”对篮球技术进行专业的设计（见图 3–2）。在基础技能环节，

支教志愿者技术手册　　支教志愿者培训手册

图 3–2　姚基金技术手册、培训手册

通过运球、传球、接球和投篮等基本动作的反复练习，强化学生的球感和控球能力。在进阶技能训练如防守技巧、篮板球争抢、快攻与转换防守等，进一步增强学生的实战能力。战术理解与应用部分，通过教授进攻和防守战术，提高学生对团队配合重要性的认识。个性化技能发展则通过技能评估和针对性训练，满足每个学生的特定需求，发挥他们的潜力。实战应用环节，通过模拟比赛和视频分析，让学生在接近实战的环境中磨炼技能，并从自身表现中学习与进步。此外，技能与体能训练的结合，不仅提升了学生的篮球技能，还增强了他们的身体素质，为他们的全面发展打下了坚实的基础。这些综合性的技能培训措施，旨在培养学生的团队精神、竞技能力和健康生活方式，使他们在篮球场上和日常生活中都能展现出色的表现。

（二）教练员发展

在“姚基金希望小学篮球季”项目中，教练员的发展被置于核心位置，因为教练员不仅是篮球技能的传递者，更是学生成长路上的引导者和激励者。项目深刻认识到，教练员的专业成长对于确保项目长期成功和持续发展至关重要。

首先，项目通过精心策划的专业培训，邀请体育学院的专家和资深教练，为当地体育教师和志愿者提供全面的篮球教学和训练方法培训。这些培训内容广泛，从基础技能教学到战术理解，从比赛规则到运动心理学，再到运动损伤预防，无一不包。这样的培训使得教练员能够掌握最新的篮球教学理念和实践技巧，从而提升他们的教学和训练水平。其次，项目定期举办教学法研讨会，为教练员搭建了一个分享经验、交流思想的平台。在这些研讨会上，教练员共同探讨如何更有效地传授篮球技能，如何激发学生的兴趣和参与度。同时，项目还邀请教育和心理学领域的专家，就如何通过体育活动促进学生的全面发展进行深入讨论。这些研讨会不仅加强了教练员之间的团队协作，也推动了教学方法的创新和改进。此外，项目鼓励教练员参与持续教育和专业发展课程，以保持他们的知识和技能的前沿性。项目提供丰富的资源和机会，包括在线课程、研讨会、工作坊和专业认证课程，帮助教练员扩展知识库，提高专业资格。通过持续教育，教练员能够紧跟篮球运动的最新趋势，并将新知识融入教学和训练中，从而提升整个项目的教学质量。同时，项目还关注教练员的个人成长和职业发展。通过提供职业规划指导和职业发展机会，项目帮助教练员明确职业目标，并提供实现这些目标所需的支持和资源。这包括提供实习机会、推荐参与更高级别的教练培训，以及提供与国内外篮球组织和教育机构的交流机会。这些措施不仅提升了教练员的专业能力，也为他们的职业发展开辟了更广阔的道路。最后，项目还重视教练员的心理健康和工作满意度。通过定期的教练员满意度调查和心理健康支持，项目确保教练员在教学和训练过程中保持良好的心理状态。项目提供心理咨询服务，帮助教练员应对工作压力和挑战，同时通过团队建设活动和社交活动，增强教练员之间的相互支持和团队凝聚力。

综上所述，通过专业培训、教学法研讨、持续教育、职业发展支持和心理健康关怀，“姚基金希望小学篮球季”项目为教练员提供了全面的发展机会。这些措施不仅提升了教练员的专业能力和教学效果，也为他们的职业成长和个人发展创造了有利条件。通过培养一支专业、热情、不断进步的教练员队伍，项目为乡村学生提供了更高质量的篮球教育，同时也为乡村体育教育的发展做出了积极贡献。

（三）支教志愿者发展

在“姚基金希望小学篮球季”项目中，支教志愿者运动能力的发展是推动项目成功的核心。项目通过为每位支教志愿者量身定制的个性化训练计划，全面促进他们的篮球技能、体能和心理素质的提升。这些计划不仅关注支教志愿者的当前表现，更着眼于他们的长期发展和潜力挖掘。主要从技术训练、体能训练、心理训练的深化、成长跟踪、激励的多元化及发展的关注几个层面展开分析。

1. 技术训练的深化

技术训练是提高支教志愿者篮球水平的基础。项目通过细致的技术分析，识别每位支教志愿者在运球、传球、投篮和防守等方面的强项和弱点。针对这些特点，教练员设计了一系列专门的训练模块，如针对投篮姿势的矫正、运球节奏的变化训练，以及防守站位的策略演练。通过反复练习和教练的即时反馈，支教志愿者能够逐步提高自己的技术水平。

2. 体能训练的系统化

体能是篮球运动的基石。项目通过科学的体能训练计划，提高支教志愿者的力量、速度、耐力和灵活性。这些训练计划考虑到支教志愿者的年龄、性别和体能水平，确保训练既安全又有效。项目特别强调了灵活性和协调性的训练，以预防运动伤害并促进运动技能的提高。

3. 心理训练的重要性

篮球运动不仅是身体上的挑战，也是心理上的考验。项目通过心理训练，帮助支教志愿者建立自信、学会压力管理，并培养团队合作精神。这包括目标设定、正面自我对话和团队建设活动。心理训练还涉及比赛策略的讲解，如如何在关键时刻保持冷静，以及如何在团队中发挥领导作用。

4. 成长跟踪

成长跟踪是项目中另一个关键环节，它帮助教练员和支教志愿者监控进步与成就。通过建立支教志愿者的成长档案，项目记录了每位支教志愿者的训练表现、比赛成绩和个人发展。这些档案不仅包括量化的数据记录，如投篮命中率、跑动距离和比赛得分，还包括教练员的观察和反馈，以及支教志愿者自我评价的记录。

5. 激励机制的多元化及发展

激励机制是推动支教志愿者积极参与训练和比赛的重要因素。项目通过设立奖学金和荣誉体系，对表现优异的支教志愿者给予奖励和认可。奖学金不仅是一种经济上的支持，也是对支教志愿者努力和成就的认可。进一步激励了支教志愿者努力提升自己，有利于提高支教志愿者的社会地位和自我价值感，使他们更加自信和积极地参与篮球运动。

综上所述，通过个性化的训练计划、细致的成长跟踪和有效的激励机制，姚基金希望小学篮球季项目为支教志愿者提供了全面的发展机会。这些措施不仅提升了支教志愿者的篮球技能和体能，还培养了他们的心理素质和团队精神。通过这些努力，项目为乡村学生提供了更高质量的篮球教育，同时也为乡村体育教育的发展做出了积极贡献。

（四）实战演练

在“姚基金希望小学篮球季”项目中，实战应用是提升支教志愿者篮球技能和比赛理解的关键环节。通过精心设计的模拟比赛和深入的视频分析，项目致力于构建一个接近真实比赛的环境，让支教志愿者能够将训练中所学的技巧和战术策略应用到实际对抗中，从而有效提高他们的实战能力和比赛表现。模拟比赛的重要性在于它能够为支教志愿者提供一个安全且受控的环境，让他们在没有真实比赛压力的情况下，体验比赛的节奏和氛围，同时锻炼他们的技能应用能力和团队协作能力。通过这种方式，支教志愿者可以在实战中发现问题、分析问题并寻找解决方案，这对于他们的成长至关重要。

视频分析在这一过程中扮演着至关重要的角色。它不仅帮助支教志愿者（未来的教练员）细致地审视技术动作和比赛策略，还能够揭示出在高速比赛环境中难以察觉的细节。通过慢动作回放和细致的帧帧分析，支教志愿者可以精确地指出学生运动员在技术上的不足，如投篮时的手部姿势、防守时的脚步移动，或是在特定比赛情况下的决策选择。这种深入的分析使支教志愿者能够获得个性化的反馈，明确自己的改进方向。同时，视频分析还能展现支教志愿者在压力下的心理状态，如他们的自信心、决策能力和团队沟通能力，这些都是提升比赛表现的关键因素。通过视频分析，支教志愿者能够制订更为精准的训练计划，帮助学生在心理和技术上都做好更充分的准备。

实战应用的实施需要教练员、学生和项目团队的共同努力和协调。项目通过定期组织的模拟比赛，为支教志愿者提供了一个频繁且多样化的实战演练机会，确保支教志愿者能够在未来的支教中，灵活运用实战演练技巧，让乡村学校学生体验各种比赛情境，从而增强他们的适应能力和应变策略。此外，教练员在实战应用中扮演着至关重要的角色。他们不仅需要具备深厚的篮球知识和丰富的比赛经验，还需要掌握现代训练方法和技术分析工具。因此，项目为教练员提供了持续的专业发展机会，包括视频分析培训、战术研讨和教学法工作坊。这些培训旨在提升教练员的专业技能，使他们能够更有效地使用视频分析工具，更精准地指导学生运动员。同时，支教志愿者也被鼓励积极参与到视频分析的过程中，与教练员一起审视自己的表现，提出自己的见解和改进建议。这种互动和参与不仅增强了支教志愿者的自主学习能力，也提高了他们对比赛的理解和对技能的掌握。

在实战应用的持续改进中，项目团队不断地收集反馈，评估实战演练的效果，并根据评估结果进行必要的调整。这种持续改进的文化确保了项目能够灵活应对各种挑战，不断优化训练方法和比赛策略。通过这种方式，项目不仅提升了支教志愿者的篮球技能和比赛表现，还培养了他们的自我反思能力和终身学习的态度。

综上所述，“姚基金希望小学篮球季”项目通过实战应用的深入实施，为支教志愿者提供了一个全面、系统和持续改进的训练环境。这些措施不仅提升了支教志愿者的篮球技能和体能，还培养了他们的心理素质和团队精神。通过这些努力，项目为乡村学生提供了更高质量的篮球教育，同时也为乡村体育教育的发展做出了积极贡献。

三、竞赛

在“姚基金希望小学篮球季”项目中，高校与姚基金之间的协作是推动项目成功的关键因素。这种协作可以通过资源共享、赛事组织、宣传推广、资金支持四个方面来实现。

（一）资源共享

主要表现在教练员资源、志愿者资源及设施资源等方面。一方面，教练资源，高校可以提供篮球教练和体育教育专业的学生作为志愿者，为项目提供专业的教练支持。高校篮球教练通常具有丰富的执教经验和先进的篮球理念，他们的参与可以极大地提升项目的专业水平。这些教练可以定期到乡村学校进行现场指导，或者通过线上平台提供远程教学和训练建议，帮助学生运动员提高技术水平。另外，高校体育教育专业的学生作为志愿者参与项目，不仅能够为乡村学校带来新的活力，也是他们自身实践教学理念和积累教学经验的宝贵机会。支教志愿者可以在教练的指导下，协助进行篮球训练，组织比赛，甚至参与学生运动员的心理辅导和生活指导。在姚基金希望小学篮球季项目中，高校成为教练培训和交流的平台，通过篮球教练培训，邀请国内外知名篮球教练和专家进行授课，通过这样的培训和交流，及时更新篮球教学知识和技能，提高教学效果。此外，高校与姚基金建立长期合作关系，确保教练资源的持续供给。高校的体育设施，如篮球场馆、训练设备等，可以为姚基金的项目提供训练和比赛场地。

在“姚基金希望小学篮球季”项目中，资源共享是实现项目目标的重要策略之一。通过与高校的紧密合作，项目能够充分利用高校的教练资源和设施资源，为乡村学校的篮球教育提供强有力的支持。例如，高校的篮球场馆是篮球训练和比赛的重要场所。通过向姚基金项目开放这些场馆，可以为乡村学校的学生运动员提供更好的训练环境和比赛体验。这些场馆通常配备有专业的比赛设施，如计分板、照明系统、观众席等，能够满足不同规模比赛的需求。训练设备的提供，高校的体育设施中通常包括各种训练设备，如力量训练器械、拉伸设备、康复工具等，这些设备对于提高学生运动员的体能和预防运动伤害至关重要。通过共享这些训练设备，项目可以为学生运动员提供更全面、更科学的训练支持。再如，科技设施的应用，高校的体育科技设施，如动作捕捉系统、运动分析软件等，可以为篮球训练提供科学的数据支持。通过这些科技设施的应用，教练员可以更准确地评估学生运动员的技术动作和运动表现，制订更有效的训练计划。

除此以外，高校与姚基金可以通过各种渠道宣传资源共享的成果，如校园网站、社交媒体、新闻媒体等宣传不仅可以提高项目的知名度和影响力，也可以吸引更多的社会关注和支持,为项目的持续发展创造良好的外部环境。通过高校与姚基金的资源共享将为“姚基金希望小学篮球季”项目带来显著的效益。教练资源的共享可以提升项目的教学水平和训练质量，设施资源的共享则为学生运动员提供了更好的训练条件和比赛环境。这种资源共享不仅有助于提高乡村学校的篮球教育水平，也促进了高校体育资源的有效利用，实现了双方的互利共赢。

（二）赛事组织

主要表现在联赛组织、裁判和技术支持以及宣传推广、资金支持等方面。

1. 联赛组织

在“姚基金希望小学篮球季”项目中，高校的参与对于联赛的组织至关重要，它们能够提供赛事策划、管理和运营的专业支持，从而确保联赛的顺利进行和成功实施。首先，高校可以利用其在体育赛事管理方面的专业知识和经验，协助姚基金从赛事的策划阶段开始，制订详尽的赛事计划。这包括确定联赛的目标和愿景、设计赛事结构、规划赛程和比赛形式，以及制定参赛队伍的选拔和分组机制。通过精心的策划，可以确保联赛不仅具有竞技性，还能吸引广泛的参与和观众关注。在赛事管理和运营方面，高校可以提供专业的团队和资源，包括赛事组织人员、志愿者，以及必要的物资和设施。他们可以负责赛事的宣传推广，通过校园媒体、社交媒体，以及与当地社区的合作，提高联赛的知名度和影响力。其次，高校还可以协助姚基金进行赛事的注册和记录工作，确保所有参赛队伍和运动员的信息准确无误，以及比赛结果的公正记录。同时，高校还可以提供技术支持，如计时计分系统、视频回放设备等，这些技术的应用可以提高比赛的观赏性和专业性，同时也为赛事的直播和录像提供便利。在赛事的财务和后勤管理方面，高校可以提供专业的财务团队，负责赛事预算的编制、资金的筹集和管理，以及赛事期间的物资采购和分配。他们还可以协助姚基金进行赛事的风险评估和管理，确保赛事的顺利进行，同时最大限度地减少潜在的风险和问题。为了提升联赛的整体体验，高校可以提供赛事现场的医疗服务和安全保障，确保运动员和观众的健康和安全。最后，高校还可以协助姚基金进行赛事的志愿者培训和管理，确保志愿者能够提供专业和友好的服务，增强参与者的满意度。在赛事结束后，高校可以协助姚基金进行赛事的总结和评估，收集参赛队伍、运动员、观众及合作伙伴的反馈，分析赛事的成功经验和需要改进的地方。这些评估结果可以为未来联赛的举办提供宝贵的参考和指导。

通过高校的全面参与和专业支持，“姚基金希望小学篮球季”的联赛组织将更加高效和专业。这不仅能够提升联赛的竞技水平和观赏性，还能为学生运动员提供更丰富的竞赛体验和学习机会，同时也为乡村学校的篮球教育和体育发展做出积极的贡献。

2. 裁判和技术支持

在“姚基金希望小学篮球季”项目中，裁判和技术支持是确保篮球联赛公平性和专业性的关键因素。高校体育学院的师生在这一领域扮演着至关重要的角色，他们的参与不仅能够提升比赛的专业水平，还能为学生运动员提供更真实的比赛体验。高校体育学院通常拥有一批对篮球规则有深刻理解和丰富执裁经验的师生。这些师生可以组成一支专业的裁判队伍，为联赛提供公正、准确的裁决。在比赛前，高校可以组织系统的培训，强化裁判对最新篮球规则的掌握，提高他们的执裁技能和团队协作能力。此外，培训还可以包括如何应对比赛中可能出现的各种突发情况，确保裁判能够冷静、专业地处理。随着科技的发展，现代体育赛事越来越依赖于技术支持。高校可以提供包括计时计分系统、视频回放技术、数据分析软件等在内的技术支持，这些技术的应用能够提高比赛的准确性和观赏性。例如，通过视频回放技术，裁判可以更准确地判断争议球，减少误判的发生；而数据分析软件则可以帮助教练员和运动员更好地分析比赛，找出优势和不足，进行针对性的训练。

为了扩大联赛的影响力，高校可以提供赛事直播和录像服务。通过校园电视台、网络平台等渠道，让无法亲临现场的观众也能观看比赛，感受比赛的激情和活力。同时，赛事录像还可以作为珍贵的资料保存下来，供日后回顾和分析。高校体育学院具备较强的数据分析和运动科学研究能力。他们可以对比赛数据进行深入分析，为教练员制订训练计划和比赛策略提供科学依据。此外，运动科学的研究成果也可以应用于运动员的训练和恢复中，帮助他们提高运动表现，减少运动损伤。还有，为了保证比赛的顺利进行，高校可以提供赛事安全和医疗保障服务。通过在比赛现场设置医疗点，配备专业的医疗人员和急救设备，确保在发生意外伤害时能够及时有效地进行处理。同时，高校还可以协助制订赛事安全预案，对可能出现的安全风险进行评估和预防。

在赛事的组织过程中，志愿者发挥着重要作用。高校可以协助进行志愿者的招募、培训和管理。通过培训，让志愿者了解比赛规则、岗位职责和应急处理流程，提高他们的服务意识和专业能力。同时，高校还可以建立一套有效的志愿者管理体系，确保志愿者能够高效、有序地开展工作。同时，高校可以协助姚基金进行赛事文化建设与推广。通过设计独特的赛事标识、口号和吉祥物，打造具有特色的赛事品牌。同时，高校还可以利用自身的宣传渠道和资源，如校园媒体、社交平台等，对联赛进行广泛宣传，提高其知名度和影响力。

通过高校体育学院师生的参与和技术支持，“姚基金希望小学篮球季”的篮球联赛将更加专业、公平和精彩。这不仅能够提升比赛的竞技水平和观赏性，还能为学生运动员提供一个展示自我、挑战自我的平台，激发他们对篮球运动的热爱和追求。同时，这也有助于推动乡村学校体育教育的发展，提高学生的身体素质和团队协作能力，促进他们全面成长。

3. 宣传推广

在“姚基金希望小学篮球季”项目中，高校的媒体资源发挥着至关重要的作用，它们不仅能够显著提升项目的知名度，还能够增强项目的社会影响力。高校的媒体资源可以用于宣传姚基金的项目，提高项目的知名度和社会影响力，并帮助姚基金进行品牌建设和推广，通过体育赛事和活动展示项目的形象。通过精心策划和执行的宣传推广活动，高校可以有效地将姚基金的项目理念、目标和成就传达给更广泛的受众，从而吸引更多的关注和支持。首先，高校的媒体资源包括校报、杂志、校园广播、电视台、官方网站及社交媒体平台等，这些渠道覆盖了校园内外的广大群体，为项目提供了多角度、全方位的宣传平台。通过这些媒体资源，可以发布关于“姚基金希望小学篮球季”项目的新闻报道、专题文章、赛事预告和活动回顾等内容，让师生、校友及社会各界人士了解项目的最新动态和亮点。其次，高校可以利用其媒体资源进行深度报道，如对项目背后的故事、参与学生的成长经历、志愿者的无私奉献等进行深入挖掘和宣传，这些感人至深的故事能够引起公众的共鸣，增强项目的感染力和影响力。最后，高校还可以通过制作和播放宣传片、纪录片等形式，生动形象地展示项目的形象和成果，进一步提升项目的知名度。在品牌建设和推广方面，高校可以与姚基金紧密合作，共同打造项目的品牌识别系统，包括统一的标识、色彩、口号等，以形成鲜明的品牌形象。通过在各种宣传材料和活动中使用这些品牌元素，可以增强项目的辨识度和记忆度，使项目在众多公益项目中脱颖而出。

高校还可以通过组织各种体育赛事和活动，如篮球友谊赛、健康跑、体育文化节等，将姚基金的项目理念和精神融入其中，通过活动的举办和传播，展示项目的形象和活力。这些活动不仅能够吸引师生和公众的参与，还能够通过媒体报道和社交媒体传播，进一步扩大项目的影响力。此外，高校可以利用其学术研究和专业优势，为姚基金的项目提供数据分析、市场调研、效果评估等支持，帮助项目更好地了解目标群体的需求和反馈，优化项目的实施策略和宣传方案。这些研究成果不仅可以用于项目内部的改进和提升，也可以作为宣传素材，向公众展示项目的专业性和实效性。在宣传推广的过程中，高校还可以与姚基金共同探索创新的宣传方式和渠道，如利用虚拟现实（VR）、增强现实（AR）等新技术，为公众提供沉浸式的体验，增加项目的吸引力和互动性。同时，高校可以与企业、媒体、政府等社会各界建立合作关系，共同推广项目，形成强大的宣传合力。

总之，高校的媒体资源和专业优势在“姚基金希望小学篮球季”项目的宣传推广中发挥着不可替代的作用。通过高校与姚基金的紧密合作和共同努力，可以有效地提升项目的知名度和社会影响力，为乡村小学的篮球教育事业贡献力量，同时也为高校师生提供了实践和学习的机会，实现了双方的互利共赢。

4. 资金和物资支持

在“姚基金希望小学篮球季”项目中，高校与姚基金之间的协作在竞赛方面的资金支持扮演着至关重要的角色。资金是推动项目顺利进行的血液，而高校凭借其丰富的资源和广泛的社会联系，能够通过多种渠道为项目筹措必要的资金和物资，从而确保竞赛的成功举办和项目的持续发展。

首先，高校可以利用其庞大的校友网络进行资金筹措。校友是高校宝贵的资源，他们对母校有着深厚的情感，通常愿意为母校的发展和公益项目提供支持。通过组织校友捐赠活动，如慈善晚宴、拍卖会、定向捐赠等，高校可以动员校友为“姚基金希望小学篮球季”项目提供资金支持。这些活动不仅能够筹集资金，还能够增强校友之间的联系，提升他们对项目的认同感和归属感。其次，高校可以通过与企业的合作为项目筹措资金。许多企业都重视社会责任，愿意通过赞助公益项目来提升自身的品牌形象和社会影响力。高校可以与这些企业建立合作关系，通过提供冠名权、广告位、品牌曝光等回报，吸引企业为项目提供资金和物资支持。这种合作模式不仅能够为项目带来资金，还能够为企业提供市场推广的机会，实现双赢。最后，高校还可以通过政府和社会基金会申请项目资金。许多政府部门和基金会都设有支持体育和教育项目的专项资金。高校可以利用其专业知识和项目经验，撰写项目申请书，向这些部门和基金会申请资金支持。这些资金通常具有较大的金额和较强的稳定性，能够为项目的长期发展提供保障。

在筹措资金的过程中，高校还通过创新的筹资方式，如众筹、义卖、线上捐赠等，吸引更多的社会力量参与到项目中来。这些筹资方式具有较低的门槛和较高的灵活性，能够动员广泛的社会资源，为项目提供多样化的资金支持。筹措到的资金和物资可以用于多个方面，包括但不限于：改善竞赛场地和设施，为学生运动员提供更好的比赛环境；购买比赛所需的篮球、计时器、医疗设备等物资，确保比赛的顺利进行；提供交通、住宿、餐饮等后勤保障，确保学生运动员能够全身心地投入比赛；设立奖学金和奖励机制，激励学生运动员在比赛中取得优异成绩。通过高校与姚基金的紧密协作和共同努力，可以有效地解决“姚基金希望小学篮球季”项目在竞赛方面面临的资金问题。这不仅能够确保竞赛的成功举办，还能够提升项目的知名度和影响力，吸引更多的社会关注和参与。同时，这也有助于培养乡村孩子的篮球兴趣和技能，促进他们的身心健康发展，为乡村体育教育事业的发展做出积极的贡献。

除此以外，高校还可以组织捐赠活动，为项目提供篮球、运动装备等物资支持。高校与姚基金之间的协作在竞赛方面的物资支持是项目成功的关键因素之一。高校凭借其丰富的资源和广泛的社会联系，能够通过组织捐赠活动，为项目提供必要的篮球、运动装备等物资，从而确保竞赛的顺利进行和学生的积极参与。

首先，高校可以利用其校园内的资源和设施，组织各种形式的捐赠活动。例如，可以通过举办篮球义赛、慈善跑步、文化晚会等活动，吸引师生和社会各界人士参与，同时为项目募集所需的物资。这些活动不仅能够为项目筹集物资，还能够提高项目的知名度和影响力，让更多的人了解和关注“姚基金希望小学篮球季”项目。

其次，高校可以发挥其学术优势，通过研究和开发，为项目提供创新的运动装备。例如，可以利用高校的科研力量，开发适合小学生使用的篮球、运动服装、护具等装备，提高学生的运动体验和安全保护。这些创新装备不仅能够提升项目的专业性和吸引力，还能够为高校的科研成果转化提供实践平台。

此外，高校还可以通过与企业的合作，为项目争取更多的物资支持。许多企业都愿意通过捐赠体育装备来履行社会责任，提升品牌形象。高校可以与这些企业建立合作关系，通过提供品牌曝光、广告宣传等回报，吸引企业为项目捐赠篮球、运动装备等物资。这种合作模式不仅能够为项目带来丰富的物资资源，还能够为企业和高校之间建立长期的合作关系。在组织捐赠活动的过程中，高校还可以利用其媒体资源和宣传渠道，对活动进行广泛宣传。通过校报、校园广播、社交媒体等平台，发布捐赠活动的相关信息和进展，吸引更多的师生和社会各界人士参与。这种宣传不仅能够提高捐赠活动的参与度和效果，还能够增强项目的公众形象和社会认可度。

同时，高校还可以通过教育和培训，提高师生对“姚基金希望小学篮球季”项目的认同感和参与度。例如，可以开设相关的体育课程和讲座，让学生了解篮球运动的价值和意义，激发他们对篮球项目的热爱和支持。通过教育和培训，可以培养一批积极参与项目、愿意为项目捐赠物资的师生群体。在捐赠物资的管理和使用方面，高校和姚基金需要建立一套有效的机制，确保物资的合理分配和有效利用。可以通过建立物资管理系统，对捐赠的篮球、运动装备等物资进行登记、分类和存储，确保物资的透明管理和规范使用。同时，还需要对物资的使用情况进行跟踪和评估，确保物资能够真正用于支持“姚基金希望小学篮球季”项目的竞赛活动。

总之，高校在“姚基金希望小学篮球季”项目中的物资支持，不仅能够为项目提供必要的篮球、运动装备等物资，还能够通过组织捐赠活动、与企业合作、利用媒体资源等方式，为项目带来更多的社会关注和支持。这种协作不仅能够确保竞赛的顺利进行，还能够提升项目的知名度和影响力，为乡村小学的篮球教育事业做出积极的贡献。通过这些协作方式，高校与姚基金可以共同推动“姚基金希望小学篮球季”项目的发展，不仅为乡村小学生提供更丰富的体育教育资源，也为高校师生提供了实践和研究的机会，实现了双方的互利共赢。

四、教研

体育学院与姚基金的合作，旨在通过资源共享、优势互补，共同推动体育教育事业的发展。体育学院借助姚基金的资源优势，不断优化教学体系。

（一）教研与竞赛的关联分析

关联性分析是对体育学院与姚基金合作过程中，竞赛成绩与人才培养之间的相互关系进行深入探讨。通过分析竞赛成绩的提升对人才培养的积极影响，以及人才培养质量的提升对竞赛成绩的推动作用，可以更好地理解合作双方如何协同工作，实现共赢局面。

1. 教学与竞赛相互关联

体育学院与姚基金合作后，借助姚基金的资金支持和专业指导，学院得以改善训练设施、引进先进训练方法，为运动员提供了更好的训练条件和机会。这直接促进了运动员竞技水平的提升，从而在各类竞赛中取得优异成绩。竞赛成绩的提升不仅是对运动员个人能力的肯定，也是对体育学院教学水平和人才培养质量的认可。优秀的竞赛成绩能够激发运动员的自信心和荣誉感，增强他们的学习动力和职业追求。同时，竞赛成绩的提升也能够吸引更多的优秀学生加入体育学院，进一步提升学院的整体生源质量。此外，竞赛成绩的提升还能够推动体育学院与社会的联系与合作。通过参与各类大型赛事和公益活动，体育学院得以展示自身实力和社会责任感，赢得社会的广泛认可和支持。这有助于为学院创造更好的外部环境和资源条件，进一步推动人才培养质量的提升。人才培养质量提升推动竞赛成绩，体育学院与姚基金合作中，不仅注重竞赛成绩的提升，更加重视人才的全面培养。通过优化课程设置、加强实践教学、开展文化交流等方式，学院努力提升学生的综合素质和专业能力。

2. 课程设置与竞赛相关联

在课程设置方面，体育学院结合姚基金的资源优势和行业需求，调整和完善了课程体系。增加了与竞赛相关的理论课程和实践课程，使学生能够更好地掌握竞赛知识和技能。同时，学院还注重培养学生的创新思维和实践能力，为他们未来的职业发展打下坚实的基础。实践教学是人才培养的重要环节。体育学院与姚基金合作后，加大了实践教学的力度。通过组织校内外实训、参加各类比赛和志愿服务等活动，使学生能够在实践中锻炼和提升自己。这些实践活动不仅有助于提高学生的竞技水平，还能够培养他们的团队协作能力和社会责任感。文化交流也是人才培养的重要途径。体育学院借助姚基金的平台和资源，积极开展与其他高校、体育组织和文化机构的交流与合作。通过举办讲座、论坛、展览等活动，使学生能够接触到更广泛的知识和文化，拓宽他们的视野和思路。这种文化交流有助于培养学生的跨文化交流能力和国际视野，提升他们的综合素质和竞争力。

3. 竞赛成绩与人才培养相关联

体育学院与姚基金的合作机制在推动竞赛成绩与人才培养关联性的过程中起到了关键作用。双方建立了定期的沟通与交流机制，确保在训练、竞赛、人才培养等方面能够保持紧密的合作关系。同时，双方还通过资源整合，实现了优势互补和资源共享。姚基金为体育学院提供了资金、技术、人才等多方面的支持，而体育学院则利用自身的专业优势和人才储备，为姚基金的公益事业贡献力量。这种合作机制不仅有助于提升竞赛成绩和人才培养质量，还能够促进双方的共同发展。

随着合作机制的不断优化和资源整合的持续推进，双方将在更多领域展开合作，共同推动体育教育事业的发展。同时，体育学院也将继续加强自身的建设和发展，提升教学质量和人才培养水平。通过引进更多的优秀人才、加强师资队伍建设、完善课程体系和实践教学环节等方式，不断提高学生的综合素质和专业能力。这将为竞赛成绩的提升和人才培养质量的提升提供更加坚实的基础。此外，体育学院还将积极探索新的合作模式和路径，拓展与姚基金的合作领域和范围。通过共同开展科研项目、举办高水平赛事、推动国际交流与合作等方式，实现资源共享和优势互补，共同推动体育事业的繁荣发展。

（二）基于姚基金资源的体育学院教研团队建设与管理研究

体育学院教研团队是学院发展的重要基石，其建设与管理直接关系到教学质量、科研水平及人才培养质量。教研团队不仅承担着传授知识、培养技能的教学任务，还肩负着开展科学研究、推动学科发展的重任。姚基金作为一个具有广泛社会影响力和丰富资源的公益机构，与体育学院合作，能够为教研团队的建设与管理提供有力支持。基于姚基金资源的体育学院教研团队建设与管理研究，旨在探讨如何有效利用姚基金的资源优势，加强体育学院教研团队的建设和管理，提升团队的整体实力和水平。这一研究不仅有助于推动体育学院与姚基金的深度合作，还能够为其他高校和机构提供有益的借鉴和参考。具体内容主要包括以下几个方面。

1. 姚基金资源在教研团队建设中的应用

姚基金拥有丰富的资金、人才和社会资源，这些资源在体育学院教研团队建设中发挥着重要作用。首先，姚基金的资金支持可以用于改善教研团队的硬件设施，如购买先进的教学设备、建设实验室等，为团队成员提供良好的工作环境和条件。其次，姚基金可以协助体育学院引进高水平的教学和科研人才，提升团队的整体素质和能力。此外，姚基金的社会资源也可以为教研团队提供广阔的合作平台，促进团队与外界的交流与合作。

2. 教研团队建设的策略与措施

基于姚基金资源的体育学院教研团队建设需要制定科学的策略和措施。首先，要明确团队建设的目标和定位，确定团队的发展方向和重点任务。其次，要加强团队成员的选拔和培养，建立健全的人才激励机制，吸引和留住优秀人才。同时，要注重团队成员之间的合作与交流，营造良好的团队氛围和文化。此外，还要加强团队的科研创新能力，鼓励团队成员开展高水平的科学研究，提升学院的学术影响力。

3. 优化管理机制

教研团队的管理机制与优化教研团队的管理机制是确保其高效运转的关键。在基于姚基金资源的体育学院教研团队建设中，需要优化管理机制，提高管理效率。首先，要建立完善的团队管理制度，明确团队成员的职责和权利，规范团队的运行流程。其次，要加强团队的绩效考核和激励机制，确保团队成员能够充分发挥自己的潜力和优势。同时，要注重团队的动态调整和优化，根据学科发展和团队需求及时调整团队成员结构和任务分配。

4. 案例分析与经验总结

为了更好地阐述基于姚基金资源的体育学院教研团队建设与管理研究的具体内容，可以结合实际案例进行分析和总结。通过深入剖析成功案例的经验和做法，可以为其他高校和机构提供有益的借鉴和参考。同时，也要对存在的问题和不足进行反思和改进，不断完善教研团队的建设与管理工作。

总之，基于姚基金资源的体育学院教研团队建设与管理研究具有重要的现实意义和广阔的发展前景。通过深入研究和实践探索，我们可以不断提升教研团队的整体实力和水平，为体育教育事业的发展做出更大的贡献。

（三）体育学院与姚基金合作推动教研成果转化的策略分析

教研成果转化是指将体育学院的教学与研究成果有效转化为实际应用价值的过程，这包括将科研成果转化为教学内容、训练方法、竞赛策略等，以及将教学实践中的经验总结提炼为可推广的教学模式或理念。体育学院与姚基金的合作，旨在通过资源共享、优势互补，共同推动教研成果的转化与应用，促进体育教育事业的发展。在这一过程中，体育学院凭借其在体育教学、训练、科研等方面的专业优势，为教研成果转化提供理论支撑和实践基础；而姚基金则凭借其丰富的社会资源和广泛的影响力，为教研成果的推广和应用提供有力支持。通过双方的合作，可以实现教研成果的最大化利用，推动体育教育的创新发展。表现在以下几个方面。

1. 加强产学研一体化合作，促进教研成果的实践应用

体育学院与姚基金应深化产学研一体化合作，将教研成果与实际应用紧密结合。首先，体育学院可以邀请姚基金的专家参与教学计划和课程设置的制定，将最新的科研成果和实践经验融入教学中，提升教学质量和水平。其次，姚基金可以为体育学院提供实践基地和实习机会，使师生能够在实际工作中运用和检验教研成果，推动成果的转化和应用。

2. 搭建成果交流平台，扩大教研成果的影响力

为了有效推广和应用教研成果，体育学院与姚基金可以共同搭建成果交流平台。通过举办学术会议、研讨会、讲座等活动，邀请业内专家和学者共同探讨体育教育的热点问题和发展趋势，分享最新的教研成果和实践经验。同时，还可以利用姚基金的媒体资源和网络平台，将教研成果进行广泛宣传和推广，扩大其社会影响力和应用范围。

3. 建立成果转化机制，推动教研成果的产业化发展

为了实现教研成果的长期价值和可持续发展，体育学院与姚基金应建立成果转化机制。首先，双方可以成立专门的成果转化团队或机构，负责对接市场需求和资源整合，推动教研成果的商业化运作和产业化发展。其次，可以探索与相关企业或机构的合作模式，将教研成果转化为具有市场竞争力的产品或服务，实现经济效益和社会效益的双赢。

4. 强化人才培养与引进，提升教研成果转化能力

人才是推动教研成果转化的关键因素。体育学院与姚基金应共同加强人才培养和引进工作。首先，体育学院可以优化人才培养机制，加强师资队伍建设，提升师生的创新能力和实践水平；同时还可以与姚基金合作设立奖学金、助学金等激励措施，吸引更多优秀人才加入教研团队。其次，姚基金可以利用其社会资源和影响力，协助体育学院引进国内外优秀的体育教育专家和学

者，为教研成果转化提供智力支持。

5. 注重合作模式的创新与优化，提升合作效率与效果

在推动教研成果转化的过程中，体育学院与姚基金应注重合作模式的创新与优化。双方可以探索建立更加紧密的合作关系，如共同设立研究项目、联合培养研究生等，实现资源共享和优势互补。同时，还可以根据教研成果转化的不同阶段和需求，灵活调整合作方式和策略，确保合作的高效性和有效性。

总之，体育学院与姚基金的合作推动教研成果转化的策略分析是一项具有重要意义的工作。通过加强产学研一体化合作、搭建成果交流平台、建立成果转化机制、强化人才培养与引进以及注重合作模式的创新与优化等措施的实施，可以推动教研成果的有效转化和应用，促进体育教育事业的繁荣发展。

（四）姚基金支持下体育学院教研与教学质量提升的探索

体育学院教研与教学质量提升是指通过科学的教学研究和不断的教学实践，优化教学方法、丰富教学内容、提高教学效果，进而培养出更多具有高素质和专业能力的体育人才。姚基金作为支持体育教育发展的重要力量，通过提供资金、资源及平台等多方面的支持，为体育学院教研与教学质量的提升创造了有利条件。

在这一合作背景下，体育学院可以充分利用姚基金的支持，加强教学研究，探索更有效的教学方法，提升教学质量。同时，也可以借助姚基金的资源，加强与国内外高水平体育学院的交流与合作，引进先进的教学理念和教学方法，推动体育教育的创新发展。

1. 姚基金支持下的教学研究与改革

教学研究与改革是提升教学质量的重要途径。在姚基金的支持下，体育学院可以加强教学研究团队建设，鼓励教师积极参与教学研究项目，探索符合体育学科特点和学生需求的教学方法。例如，可以开展针对体育技能教学

的实证研究，探索更加高效、科学的训练方法；也可以研究如何将现代信息技术融入体育教学中，提升教学的趣味性和实效性。同时，姚基金还可以支持体育学院开展教学改革实验，推动教学模式的创新。例如，可以尝试实施翻转课堂、混合式教学等新型教学模式，激发学生的学习兴趣和主动性；也可以开展跨学科教学，将体育与其他学科相结合，培养学生的综合素质和创新能力。

2. 姚基金资源助力师资队伍建设

师资队伍是提升教学质量的关键因素。姚基金可以通过多种方式支持体育学院师资队伍建设。首先，可以设立教师发展基金，用于支持教师参加学术研讨会、进修培训等活动，提升教师的学术水平和教学能力。其次，可以邀请国内外知名体育学者来校讲学、交流，为教师提供学习和借鉴的机会。此外，姚基金还可以支持体育学院引进优秀人才，充实教师队伍，提高整体教学水平。

3. 姚基金支持下的实践教学与竞赛体系建设

实践教学和竞赛体系是检验教学质量的重要环节。姚基金可以支持体育学院加强实践教学环节，建设完善的实践教学基地，为学生提供更多的实践机会。同时，还可以支持学院举办或参与各类体育赛事和活动，提高学生的竞技水平和团队协作能力。通过实践教学和竞赛的锻炼，学生可以更好地将理论知识与实际应用相结合，提高解决实际问题的能力。此外，参与竞赛还能培养学生的竞争意识、抗压能力和团队合作精神，为其未来的职业发展打下坚实基础。

4. 姚基金支持下的教学质量监控与评估

教学质量监控与评估是确保教学质量持续提升的重要手段。姚基金可以支持体育学院建立科学的教学质量监控与评估体系，定期对教学质量进行检查和评估。通过收集学生、教师和社会各界的反馈意见，及时发现问题和不足，并制定针对性的改进措施。同时，姚基金还可以支持体育学院开展教学质量提升项目，针对薄弱环节进行重点攻关，推动教学质量的全面提升。此外，通过与其他高水平体育学院的比较和交流，可以借鉴先进经验，不断完善自身的教学质量监控与评估体系。

展望未来，姚基金对体育学院教研与教学质量的支持将持续深化。随着双方合作的进一步拓展，体育学院将拥有更多资源和平台来推动教学研究与改革，加强师资队伍建设，完善实践教学与竞赛体系，优化教学质量监控与评估机制，并加强国际交流与合作。同时，体育学院也将积极探索适应新时代体育教育发展的新思路和新模式，不断提升教学质量和水平，为培养更多高素质、专业化的体育人才做出更大贡献。我们相信，在姚基金的支持下，体育学院的教研与教学质量将实现新的跨越式发展，为体育教育事业的繁荣与进步注入新的活力。

五、师资

（一）姚基金助力体育学院师资队伍建设的策略研究

体育学院师资队伍建设是指通过引进、培养、激励和管理等手段，建设一支具有高水平、高素质、高专业能力的教师团队，以推动体育学院的教学质量和科研水平的提升。姚基金作为支持体育教育发展的重要力量，通过提供资源以及平台等多方面的支持，助力体育学院师资队伍的建设。

1. 资源共享与平台搭建相促进

姚基金拥有丰富的体育资源和平台，可以为体育学院师资队伍建设提供有力支持。首先，姚基金可以与体育学院共享其拥有的体育教育资源，如体育场馆、实验室、教学设备等，为教师的教学和科研工作提供便利条件。其次，姚基金还可以帮助体育学院搭建国际交流与合作平台，推动教师参与国际体育交流与合作项目。通过与国际先进体育教育机构的合作与交流，教师可以了解国际体育教育的前沿动态和先进经验，拓宽学术视野，提升教学和科研水平。此外，姚基金还可以支持体育学院建立教师发展中心或教师工作室等平台，为教师提供教学研讨、学术交流、成果展示等空间，促进教师之间的合作与交流，激发教师的创新活力。

2. 激励机制与评价体系相完善

体育学院师资队伍建设的成功与否，离不开科学合理的激励机制和评价体系的支持。姚基金可以协助体育学院完善教师激励机制，通过设立教学奖励、科研奖励、社会服务奖励等，激发教师的积极性和创造力。同时，还可以建立多元化的评价体系，综合考虑教师的教学水平、科研成果、社会服务等方面的表现，为教师的晋升和职业发展提供公平、公正的依据。

（二）基于姚基金资源的体育学院师资培训与进修机制构建

基于姚基金资源的体育学院师资培训与进修机制构建，是指依托姚基金提供的丰富资源和平台，结合体育学院师资队伍建设的实际需求，建立一套科学、系统、有效的师资培训与进修体系。这一机制旨在通过系统的培训和进修活动，提升体育学院教师的教育教学能力、科研创新能力和国际视野，进而推动体育学院整体教学水平和科研实力的提升。姚基金作为体育教育领域的重要力量，拥有丰富的教育资源、资金支持和国际合作网络。通过与体育学院的合作，姚基金可以为体育学院提供有针对性的师资培训和进修机会，帮助教师更新教育观念、提升专业素养、拓宽国际视野，从而更好地适应体育教育领域的发展趋势和需求。

1. 建立多层次、多形式的培训体系

基于姚基金资源的体育学院师资培训与进修机制应构建多层次、多形式的培训体系，以满足不同教师的个性化需求。具体而言，可以包括以下几个方面。

（1）基础性培训。针对新入职教师和教育教学能力较弱的教师，开展教育教学理论、教学方法与技巧、教育技术应用等方面的培训，帮助他们快速适应教学岗位，提升教学水平。

（2）专题性培训。根据体育学院的发展需求和教师的兴趣特长，开设体育教育创新、运动训练科学、体育产业发展等专题性培训，促进教师专业化发展。

（3）进阶性培训。针对骨干教师和具有发展潜力的教师，提供高级研修课程、国内外访学机会等进阶性培训，帮助他们拓宽学术视野，提升科研能力和学术影响力。

（4）实践性培训。通过组织教师参与体育赛事组织、运动队训练、社区体育指导等实践活动，提升教师的实践能力和社会服务能力。

2. 搭建资源共享与交流平台

姚基金拥有丰富的体育教育资源和国际合作网络，可以为体育学院师资培训与进修提供有力的支持。具体而言，可以搭建以下平台。

（1）资源共享平台。整合姚基金与体育学院的优质教育资源，建立在线教育平台或教学资源库，为教师提供便捷的学习资源和交流渠道。

（2）学术交流平台。定期组织学术研讨会、教育论坛等活动，邀请国内外体育教育领域的专家学者进行学术交流与研讨，促进教师之间的思想碰撞与知识更新。

（3）合作研究平台。鼓励教师与姚基金的合作伙伴或国际知名体育教育机构开展合作研究项目，共同探索体育教育领域的前沿问题，提升教师的科研水平和国际影响力。

3. 完善评价与激励机制

为确保体育学院师资培训与进修机制的有效实施，需要建立完善的评价与激励机制。

（1）建立培训效果评价体系：通过问卷调查、教学观摩、成果展示等方式，对教师的培训效果进行客观评价，为后续的培训工作提供改进依据。

（2）设立培训与进修奖励机制：对积极参与培训、取得显著成果的教师给予一定的奖励和激励，如职称晋升、岗位津贴、学术成果奖励等，激发教师参与培训与进修的积极性和主动性。

（3）建立跟踪反馈机制：定期对参与培训与进修的教师进行跟踪调查，了解他们的学习进展、工作表现和发展需求，为后续的个性化培训提供参考。

综上所述，基于姚基金资源的体育学院师资培训与进修机制的构建与实施，对于提升体育学院教师的专业素养和教学科研能力具有重要意义。未来，随着合作的不断深入和拓展，这一机制将为体育学院的可持续发展注入新的活力与动力。

（三）体育学院与姚基金合作促进师资教学与科研能力提升的路径分析

体育学院优秀师资的激励机制，并激发他们的教学热情和科研动力。教师们发挥其潜能，为体育学院的教学质量和科研水平做出重要贡献。主要体现在以下几方面。

1. 体育学院制定了全面而具体的优秀师资引进策略

首先，学院积极拓宽人才引进渠道，通过国内外知名招聘平台、学术会议、人才交流活动等途径，广泛发布招聘信息，吸引优秀人才关注。其次，学院建立了严格的招聘标准和程序，对应聘者的学术背景、教学能力、科研成果等进行全面评估，确保引进的人才具有较高的综合素质和专业能力。此外，学院还注重与国内外知名高校和研究机构的合作与交流，通过联合培养、项目合作等方式，引进更多具有国际化视野和经验的优秀人才。

2. 体育学院构建了一套完善的激励机制

在薪酬体系方面，学院根据教师的学术水平、教学业绩和科研成果等因素，制定了差异化的薪酬标准，确保优秀师资能够获得与其贡献相匹配的待遇。在职业发展方面，学院为教师提供了广阔的职业发展空间和晋升机会，通过设立职称评审、学术带头人选拔等制度，鼓励教师不断提升自己的学术水平和教学能力。此外，学院还注重营造良好的学术氛围和文化环境，为教师提供充足的科研资源和支持，举办各种学术活动和交流会议，促进教师之间的合作与交流。

3. 体育学院实施了严格的跟踪管理与评估机制

首先，学院定期对教师的教学业绩、科研成果、学术贡献等进行考核和评价，确保他们能够持续发挥高水平的教学和科研能力。其次，学院建立了教师反馈机制，鼓励教师提出意见和建议，以便及时发现问题并进行改进。再次，学院注重与引进师资的沟通与交流，了解他们的工作和生活情况，为他们提供必要的帮助和支持，确保他们能够尽快融入学院的教学和科研团队中。最后，体育学院定期对激励机制进行评估和反馈，根据教师的实际需求和学院的发展目标，对激励机制进行必要的调整和完善。例如，学院可以根据教师的职业发展阶段和个人特点，制定个性化的激励方案；可以根据学院的科研重点和发展方向，调整科研奖励政策等。通过不断优化和调整激励机制，体育学院可以确保其始终与教师的需求和学院的发展目标保持一致。

总之，体育学院将不断努力，探索更加科学、合理、高效的师资机制，为培养更多优秀的体育教育人才、推动体育事业的繁荣发展做出更大的贡献。

第二节

体育学院与姚基金合作的形式

一、体育学院与姚基金联合举办师资培训班的探索与实践

体育学院与姚基金联合举办的师资培训班，是一种新型的合作模式，旨在通过整合双方的资源和优势，提升体育教师的专业素养和教学能力，推动体育教育的创新与发展。体育学院作为培养体育人才的重要基地，拥有丰富的教学经验和师资力量；而姚基金作为致力于推动青少年体育事业发展的公益组织，具有广泛的社会影响力和资源网络。双方的合作，不仅有助于提升体育教师的教育教学水平，更能够推动体育教育的普及和提高，为培养更多优秀的体育人才贡献力量。

双方合作形式内容涉及师资培训班的策划与组织、课程设置与教学内容、教学方式与手段、师资配备与管理四方面。在师资培训班的策划与组织上，体育学院与姚基金在合作之初，就进行了深入的沟通与交流，明确了培训班的目标、内容、形式等。双方共同制订了详细的培训方案，包括课程设置、师资配备、教学安排等，确保培训班的顺利进行。同时，双方还成立了专门的工作小组，负责培训班的组织与协调工作，确保各项工作的有序开展。在课程设置与教学内容上，培训班的课程设置充分考虑了体育教师的实际需求和发展方向，涵盖了体育教学理论、教学方法、运动训练等多个方面。教学内容注重理论与实践相结合，既有专家的理论讲授，也有实地考察和案例分析等环节。同时，姚基金还邀请了多位知名体育专家和教练担任授课嘉宾，为参训教师提供了宝贵的学习机会。在教学方式与手段上，培训过程中，体

育学院与姚基金注重采用多种教学方式和手段，以提高培训效果。除了传统的课堂讲授外，还采用了小组讨论、互动问答、实践操作等多种方式，激发参训教师的学习兴趣和积极性。同时，双方还充分利用现代技术手段，如多媒体教学、网络直播等，为参训教师提供了更加便捷和高效的学习体验。在师资配备与管理上，培训班的师资配备是确保培训质量的关键因素。体育学院与姚基金在选拔授课教师时，注重教师的专业素养和教学经验，确保他们能够为参训教师提供高质量的教学服务。同时，双方还建立了完善的师资管理制度，对授课教师进行严格的考核和评价，确保他们的教学质量和水平。

双方合作形式效果体现在提升体育教师的专业素养、促进体育教育的创新与发展、增强体育教师的社会责任感和使命感、扩大体育学院与姚基金的社会影响力等方面。在提升体育教师的专业素养方面，通过参加体育学院与姚基金联合举办的师资培训班，体育教师的专业素养得到了显著提升。他们不仅掌握了更加先进的教学理念和教学方法，还提高了对体育教育的认识和理解。这有助于他们在教学中更加注重培养学生的体育兴趣和能力，推动学生全面发展。在促进体育教育的创新与发展方面，体育学院与姚基金的合作，为体育教育的创新与发展注入了新的活力。通过引进先进的教学理念和方法，推动了体育教育的改革和创新。同时，双方的合作还促进了体育教育资源的共享和优化配置，提高了体育教育的整体水平和质量。在增强体育教师的社会责任感和使命感上，参加培训班的体育教师不仅提升了自身的专业素养和教学能力，还增强了他们的社会责任感和使命感。他们深刻认识到体育教育对于培养青少年健康体魄和良好品质的重要作用，更加积极地投身于体育教育事业中，为培养更多优秀的体育人才贡献自己的力量。在扩大体育学院与姚基金的社会影响力上，通过联合举办师资培训班，体育学院与姚基金的社会影响力得到了进一步扩大。这种合作模式不仅展示了双方在体育教育领域的实力和优势，也吸引了更多关注和支持体育教育事业的社会力量。这有助于推动体育教育事业的持续发展和进步。

综上所述，体育学院与姚基金联合举办师资培训班是一种富有成效的合作形式。它不仅提升了体育教师的专业素养和教学能力，促进了体育教育的创新与发展，还增强了体育教师的社会责任感和使命感，扩大了双方的社会影响力。未来，双方可以继续深化合作，探索更多有效的合作模式，为推动体育教育事业的发展贡献更多力量。

二、借助姚基金平台，体育学院学生赴外交流学习

姚基金与体育学院的合作，是基于双方共同的教育理念和发展目标所形成的一种资助性合作模式。在这一模式下，姚基金通过提供资金支持，助力体育学院的学生赴外进行交流学习，旨在拓宽学生的视野，提升专业素养。体育学院则通过选拔优秀学生，组织并实施这一交流学习活动，为学生提供更广阔的发展空间和平台。

姚基金资助的对象主要是体育学院中表现优异、具有较大发展潜力的学生。在选拔过程中，学院会综合考虑学生的学业成绩、体育技能、外语水平、综合素质及参与国际交流的意愿等因素，确保选拔出的学生具备代表学院参与国际交流的能力。交流学习的内容涵盖了体育专业知识、技能训练、文化交流等多个方面。学生将有机会在国外的知名体育学院或相关机构学习先进的体育理论和技术，参与实践训练和比赛，与国外的同行进行深入的交流与合作。同时，学生还将体验国外的文化和生活方式，增进对多元文化的理解和尊重。在形式上，交流学习可以采取短期访学、交换生项目、实习实训等多种形式。这些形式可以根据学生的实际情况和学院的需求进行灵活调整，以确保交流学习的效果最大化。

姚基金与体育学院之间建立了完善的合作机制，包括资金筹措、项目管理、学生选拔、培训指导、安全保障等方面。学院会设立专门的项目管理团队，负责协调各方资源，确保交流学习活动的顺利进行。同时，学院还会为学生提供必要的培训和指导，帮助他们更好地适应国外的学习和生活环境。在流程上，合作双方会提前进行充分的沟通和协商，明确各自的职责和权益。学院会按照既定的选拔标准选拔学生，并与学生签订交流学习协议。姚基金则会根据协议内容提供资金支持，并对资金的使用情况进行监督和评估。姚

基金与体育学院在合作中注重资源共享和互利共赢。一方面，姚基金通过资助学生交流学习，可以扩大其社会影响力，提升品牌形象；另一方面，体育学院则可以借助姚基金的资金支持，提升教学质量和国际化水平，培养更多优秀的体育人才。同时，双方在合作中还可以共享教学资源、研究成果等信息资源，实现优势互补和共同发展。

在双方的合作下学生能够直接接触和学习国际先进的体育理念和技术，提升自身的专业素养和综合能力。这些经历对于学生未来的职业发展和个人成长都将产生深远的影响。同时，通过与姚基金的合作，学院可以借鉴其先进的教育理念和教学方法，优化课程设置和人才培养模式，提高教学质量和人才培养质量。同时，通过组织海外交流学习活动，学院还能够增强师生的国际意识和跨文化交流能力，为学院的国际化发展打下坚实的基础。

综上所述，姚基金平台下不仅能够促进学生个人成长和学院国际化办学水平的提升，还能够推动体育事业的推广与发展。未来，双方可以进一步加强合作，探索更多元化、更深层次的合作形式，为培养更多优秀的体育人才、推动中国体育事业的发展做出更大的贡献。

三、体育学院与姚基金共建教学实习基地的创新举措

体育学院与姚基金共建教学实习基地的创新举措，是双方在体育教育与人才培养领域展开深度合作的一种新模式。这一举措旨在通过共建教学实习基地，为体育学院的学生提供更为丰富、实践性更强的学习平台，同时促进姚基金在体育教育领域的深度参与和影响力。通过这一合作，双方可以共同推动体育教育的创新与发展，培养更多具备实践能力和创新精神的体育人才。

（一）合作形式及内容

1. 基地规划与建设

体育学院与姚基金共同规划并建设教学实习基地，确保基地设施完善、

功能齐全，满足体育教学与训练的需求。基地的建设不仅包括体育场馆、训练设施等硬件条件的改善，还包括课程设置、教学方法等软件资源的优化。双方将充分利用各自的资源和优势，共同打造高水平的教学实习基地。

2. 实践教学与实习安排

体育学院将结合教学实习基地的特点和优势，调整教学计划，增加实践教学环节，让学生在基地中接受更为系统、专业的训练和指导。同时，姚基金将利用其丰富的体育资源和人脉网络，为学生安排实习机会，让学生在实践中学习、成长。双方还将共同制订实习计划，明确实习目标、任务和要求，确保实习活动的顺利进行。

3. 师资培训与资源共享

体育学院与姚基金将加强师资培训合作，共同提升教师的专业素养和教学能力。姚基金将邀请国内外知名体育专家和教练来基地进行授课和指导，为体育学院师生提供与国际接轨的学习机会。同时，双方还将共享教学资源，包括教材、课件、视频等教学资料，实现资源的优化配置和高效利用。

4. 合作研究与项目开发

体育学院与姚基金将共同开展合作研究和项目开发工作，针对体育教育的热点和难点问题进行深入探讨和研究。双方将共同申请科研项目、开展课题研究、撰写学术论文等，推动体育教育领域的理论创新和实践探索。同时，双方还将合作开发具有实际应用价值的体育项目和产品，推动体育产业的发展和进步。

5. 社会服务与品牌推广

体育学院与姚基金将利用教学实习基地的平台，积极开展社会服务和品牌推广工作。双方将组织师生参与各类体育赛事和活动，为社会提供优质的体育服务和产品。同时，双方还将加强品牌宣传和推广工作，提升体育学院和姚基金的社会知名度和影响力。

（二）合作效果

1. 提升学生实践能力和就业竞争力

通过共建教学实习基地，体育学院的学生能够获得更多实践机会，提升实践能力和专业技能。在基地中，学生将接触到先进的体育设施和技术，接受专业教练的指导，参与实际训练和比赛，从而加深对体育知识和技能的理解和掌握。这些实践经验将为学生未来的就业和职业发展提供有力支持，增强他们的就业竞争力。

2. 促进体育学院教学质量的提升

共建教学实习基地将有助于体育学院优化教学计划和课程设置，增加实践教学环节，提升教学质量。通过与姚基金的合作，体育学院可以引入更多先进的教学理念和教学方法，改善教学条件和环境，提高教学效果。同时，基地的建设和运营也将为体育学院提供更多的教学资源和平台，促进教学水平的提升。

3. 深化姚基金在体育领域的影响力

通过与体育学院的合作共建教学实习基地，姚基金将能够更深入地参与到体育教育领域中来，扩大其在该领域的影响力。基地的建设和运营将为姚基金提供一个展示其体育资源和成果的平台，吸引更多关注和支持。同时，通过参与基地的教学、实习和研究等活动，姚基金也将能够与更多体育人才建立联系和合作，推动其在体育领域的发展。

4. 推动体育教育与体育产业融合发展

体育学院与姚基金共建教学实习基地的创新举措，将有助于推动体育教育与产业的融合发展。通过基地的建设和运营，双方可以共同探索体育教育与产业发展相结合的新模式和新途径。这不仅可以为体育学院提供更多的实践教学和就业创业机会，也可以为体育产业的发展提供更多的人才和技术支持，推动体育产业的创新和升级。

综上所述，体育学院与姚基金共建教学实习基地的创新举措是一种富有成效的合作形式。它不仅有助于提升学生实践能力和就业竞争力，促进体育学院教学质量的提升，还能深化姚基金在体育领域的影响力，推动体育教育与产业的融合发展。未来，双方可以进一步加强合作，完善基地建设和运营机制，拓展合作领域和范围，为培养更多优秀的体育人才、推动中国体育事业的发展做出更大的贡献。

四、基于姚基金资源的体育学院科研项目合作与成果转化机制

基于姚基金资源的体育学院科研项目合作与成果转化机制，是指体育学院与姚基金在科研项目合作的基础上，通过共同研究、资源共享、成果转化等方式，实现体育科研与产业应用的有机结合。这种合作形式旨在充分利用姚基金的资源和优势，推动体育学院科研项目的深入开展，促进科研成果的转化和应用，进而推动体育产业的创新与发展。

（一）合作形式及内容

1. 科研项目选题与合作规划

体育学院与姚基金在科研项目合作中，首先需要进行项目选题和合作规划。体育学院结合自身的学科优势和研究方向，提出具有创新性和实用性的科研项目；姚基金则根据自身的资源特点和市场需求，提供项目建议和资金支持。双方通过深入的沟通和协商，确定合作项目的具体目标和任务，制订详细的合作计划和实施方案。

2. 科研团队组建与资源整合

为了确保科研项目的顺利进行，体育学院与姚基金共同组建科研团队，整合双方的资源和优势。科研团队由体育学院的专家学者和姚基金的专业人员组成，他们共同承担项目的研究工作，分享研究成果。同时，双方还充分利用各自的实验设备、数据资源、技术平台等，为科研项目的开展提供有力保障。

3. 科研项目研究与实施

在科研项目研究与实施过程中，体育学院与姚基金保持密切的沟通和协作。体育学院负责项目的具体研究工作，包括实验设计、数据采集、分析解读等；姚基金则提供必要的资金支持和资源保障，确保项目的顺利进行。双方还定期召开项目进展会议，及时交流研究成果和遇到的问题，共同制定解决方案。

4. 科研成果转化与推广

科研项目的最终目标是实现成果的转化和应用。体育学院与姚基金在科研项目完成后，共同推动成果的转化工作。双方可以通过申请专利、发表论文、举办学术研讨会等方式，将研究成果向社会公众和产业界进行推广和宣传。同时，姚基金还可以利用其丰富的产业资源和人脉网络，为科研成果的商业化应用提供支持和帮助。

5. 合作机制优化与持续发展

体育学院与姚基金的合作是一个长期的过程，需要不断优化合作机制，实现持续发展。双方可以定期评估合作项目的进展和成果，总结经验教训，及时调整合作策略和方向。同时，双方还可以拓展合作领域和范围，探索更多形式的合作模式，实现资源共享和互利共赢。

（二）合作效果

1. 提升体育学院科研水平

通过与姚基金的合作，体育学院能够接触到更多前沿的科研资源和信息，提升科研团队的创新能力和研究水平。姚基金的资源优势和专业指导，有助于体育学院解决科研中遇到的技术难题和瓶颈问题，推动科研项目的深入发展。同时，合作成果的发表和推广，也将进一步提升体育学院在学术界和产业界的影响力。

2. 促进科研成果转化应用

基于姚基金资源的体育学院科研项目合作，能够更好地实现科研成果的转化和应用。姚基金的市场敏感度和产业资源，有助于体育学院把握市场需求和产业发展趋势，将科研成果转化为具有市场竞争力的产品和服务。这种转化应用不仅能够推动体育产业的创新和发展，还能够为体育学院带来一定的经济效益和社会效益。

3. 加强体育学院与产业界的联系

体育学院与姚基金的合作，加强了体育学院与产业界的联系和沟通。通过合作项目的实施和成果转化，体育学院能够更深入地了解产业界的需求和发展动态，为人才培养和教学改革提供有力的支持。同时，这种合作也为体育学院师生提供了更多的实践机会和就业渠道，促进了产学研的深度融合。

4. 推动体育产业的创新发展

体育学院与姚基金的合作，有助于推动体育产业的创新发展。通过科研项目的深入研究和成果转化，能够开发出更多具有创新性和实用性的体育产品和服务，满足市场的多元化需求。这种创新不仅能够提升体育产业的竞争力，还能够为社会的健康发展和人民的幸福生活做出积极贡献。

综上所述，基于姚基金资源的体育学院科研项目合作与成果转化机制是一种富有成效的合作形式。它不仅能够提升体育学院的科研水平和影响力，促进科研成果的转化应用，还能够加强体育学院与产业界的联系，推动体育产业的创新发展。未来，双方可以进一步拓展合作领域和范围，深化合作内容和方式，为培养更多优秀的体育科研人才、推动中国体育事业的进步做出更大的贡献。

五、姚基金助力体育学院开展校园体育赛事的合作模式分析

姚基金助力体育学院开展校园体育赛事的合作模式，是指姚基金与体育学院在校园体育赛事的组织、策划、执行等方面展开深度合作，通过资金、资源、技术等多方面的支持，共同推动校园体育赛事的顺利举办和高效运营。这种合作模式旨在丰富学生体育生活，提升学生体育素养，同时推广篮球运动，弘扬体育精神，促进校园文化的繁荣发展。

（一）合作形式及内容

1. 资金扶持与赛事策划

姚基金为体育学院提供资金扶持，用于赛事的策划、组织、宣传等各个环节。体育学院则根据自身的专业优势和资源特点，制定详细的赛事策划方案，包括赛事主题、项目设置、赛程安排等。双方共同协商，确保赛事策划的科学性和合理性，满足学生的参与需求和市场的发展需求。

2. 技术支持与赛事执行

姚基金利用其专业的技术团队和资源，为体育学院提供技术支持和赛事执行指导。这包括赛事管理系统的开发、比赛场地的布置、比赛器材的提供、裁判员的培训等各个方面。体育学院则负责具体的赛事执行工作，包括参赛队伍的组织、比赛过程的监督、成绩统计和公布等。双方紧密配合，确保赛

事的顺利进行和比赛的公正性。

3. 品牌宣传与推广

姚基金作为知名的体育公益组织，其品牌影响力和社会认可度较高。体育学院通过与姚基金的合作，可以借助其品牌优势，提升校园体育赛事的知名度和影响力。同时，体育学院也可以利用自身的校园资源和宣传渠道，对赛事进行广泛的宣传和推广，吸引更多的学生和社会关注。

4. 校园篮球文化建设

除了具体的赛事举办，姚基金还助力体育学院进行校园篮球文化建设。通过举办篮球讲座、篮球技能培训、篮球文化交流等活动，提高学生的篮球兴趣和技能水平，培养更多的篮球人才。同时，也通过篮球文化的传播，弘扬体育精神，促进校园文化的繁荣发展。

5. 体育后备人才培养

姚基金关注体育后备人才的培养，通过资助优秀运动员、设立奖学金等方式，鼓励更多学生积极参与体育锻炼和赛事活动。体育学院则负责选拔和培养具有潜力的运动员，为他们提供专业的训练和比赛机会，助力他们成为优秀的体育后备人才。

（二）合作效果

1. 提升校园体育赛事水平

姚基金的助力使得体育学院在举办校园体育赛事时获得了更多的资源和技术支持，从而提升了赛事的举办水平和观赏性。从赛事策划到执行，从场地布置到比赛器材，都得到了专业的指导和保障，使比赛更加公正、公平，更加符合国际标准。这不仅提高了学生的参与热情，也吸引了更多的观众和媒体关注。

2. 丰富学生体育生活

通过举办多样化的校园体育赛事，学生的体育生活得到了极大的丰富。他们可以在比赛中展现自己的才华和实力，体验运动的魅力和快乐。同时，比赛也为学生提供了交流互动的平台，增进了彼此之间的了解和友谊。此外，参与赛事组织和执行的学生还能够在实践中锻炼自己的组织能力和团队协作能力。

3. 推广篮球运动与体育精神

姚基金作为篮球领域的知名公益组织，其助力体育学院开展校园体育赛事，无疑对篮球运动的推广起到了积极的推动作用。通过赛事的举办和宣传，更多的学生了解并喜爱上了篮球这项运动，进一步扩大了篮球运动在校园中的影响力。同时，赛事的举办也弘扬了体育精神，传递了积极健康的生活态度和价值观。

4. 促进校园文化的繁荣发展

校园体育赛事作为校园文化的重要组成部分，其繁荣发展对于提升校园文化品质具有重要意义。姚基金的助力使体育学院能够举办更多高质量的体育赛事，进一步丰富了校园文化生活。这些赛事不仅展现了学生的精神风貌和青春活力，也展示了体育学院的办学特色和成果，为校园文化的繁荣发展注入了新的活力。

5. 提升体育学院的社会影响力

通过与姚基金的合作，体育学院在校园体育赛事的组织和举办方面取得了显著的成绩，赢得了社会的广泛认可和赞誉。这不仅提升了体育学院的社会影响力，也为其未来的发展奠定了坚实的基础。同时，这种合作模式也为其他高校和体育组织提供了有益的借鉴和参考，推动了整个体育事业的进步和发展。

综上所述，姚基金助力体育学院开展校园体育赛事的合作模式是一种具有创新性和实效性的合作模式。它不仅提升了校园体育赛事的水平和影响力，也丰富了学生的体育生活和文化生活，推广了篮球运动和体育精神，促进了校园文化的繁荣发展。未来，双方可以继续深化合作，探索更多形式的合作模式，为培养更多优秀的体育人才、推动中国体育事业的进步做出更大的贡献。

六、体育学院与姚基金共同举办青少年体育公益活动的实践探索

体育学院与姚基金共同举办的青少年体育公益活动，是指双方基于共同的社会责任感和公益理念，针对青少年群体，通过组织各类体育培训和活动，旨在提升青少年的体育素养、健康水平和社会适应能力。这种合作形式不仅结合了体育学院的专业优势和姚基金的公益资源，更在实践中探索出一种有效的青少年体育公益发展模式。

（一）合作形式及内容

1. 策划与准备阶段

体育学院与姚基金在合作初期，共同进行项目策划和准备工作。体育学院利用其丰富的教育资源和教学经验，设计适合青少年参与的体育培训和活动方案；姚基金则提供资金支持、资源整合和宣传推广等方面的帮助。双方还共同组建项目管理团队，明确分工，确保项目的顺利进行。

在策划过程中，双方特别注重活动的针对性和实效性。针对青少年的年龄特点和兴趣爱好，设计了一系列具有趣味性和互动性的体育项目，如篮球、足球、羽毛球等。同时，还结合体育教育的理念，设置了体育知识讲座、技能教学、比赛交流等环节，旨在全面提升青少年的体育素养。

2. 活动实施阶段

在活动实施阶段，体育学院负责具体的培训和活动组织工作。学院选派

经验丰富的教师和教练，为青少年提供专业的体育指导和技能培训。同时，学院还负责活动场地的布置、器材的准备及安全保障等工作，确保活动的顺利进行。

姚基金则通过其广泛的公益网络，动员更多的社会资源和力量参与到活动中来。他们积极联系社会爱心企业和个人，为活动提供物资赞助和志愿服务。此外，姚基金还利用自身的品牌影响力，通过媒体宣传、社交平台推广等方式，扩大活动的影响力和参与度。

3. 评估与总结阶段

活动结束后，体育学院与姚基金共同进行项目评估和总结工作。他们通过收集参与者的反馈意见、分析活动数据和效果等方式，对活动进行全面的评估和总结。

评估过程中，双方关注活动的实施效果、参与者的满意度及活动对青少年体育素养和健康水平的影响等方面。通过数据分析，他们发现活动取得了显著的效果，参与者的体育技能和健康意识得到了明显提升，同时也收获了更多的友谊和快乐。

在总结阶段，双方还就活动的优点和不足进行了深入的讨论和分析。他们认为，活动的成功得益于双方的紧密合作和共同努力，但也存在一些需要改进的地方，如活动形式和内容的进一步创新、参与者的覆盖面更广等。

（二）合作效果

1. 提升青少年体育素养和健康水平

通过体育学院与姚基金共同举办的青少年体育公益活动，参与者的体育素养和健康水平得到了显著提升。他们不仅掌握了更多的体育技能和知识，还培养了良好的运动习惯和健康的生活方式。这种提升不仅体现在个体的身体素质上，更体现在青少年的整体精神风貌和自信心上。

2. 促进青少年全面发展

体育活动是青少年全面发展的重要途径之一。通过参与这些公益活动，青少年不仅在体育方面取得了进步，还在团队协作、沟通交流、领导能力等方面得到了锻炼和提升。这种全面发展对于青少年的成长和未来具有重要的积极意义。

3. 增强社会责任感和公益意识

体育学院与姚基金的合作，不仅为青少年提供了优质的体育培训和活动机会，还通过实际行动传递了社会责任感和公益意识。参与者通过亲身参与和体验，深刻感受到了公益活动的意义和价值，进一步增强了他们的社会责任感和公益意识。

4. 推动体育学院与社会的深度融合

通过与姚基金的合作，体育学院得以将自身的专业优势和教育资源与社会需求相结合，实现了与社会的深度融合。这种融合不仅有助于提升体育学院的知名度和影响力，还为其未来的发展提供了更广阔的空间和机遇。

5. 探索青少年体育公益发展新模式

体育学院与姚基金的合作形式，为青少年体育公益发展探索出了一种新的模式。这种模式注重资源整合、专业指导和实效评估，具有较强的可操作性和可复制性。未来，这种合作模式可以在更广泛的范围内推广和应用，为更多青少年提供优质的体育公益服务。

综上所述，体育学院与姚基金共同举办青少年体育公益活动的实践探索，不仅取得了显著的效果，还为青少年体育公益发展提供了新的思路和方向。未来，双方可以继续深化合作，创新活动形式和内容，为培养更多优秀的青少年体育人才、推动中国体育事业的进步做出更大的贡献。

七、体育学院与姚基金合作开展体育教育培训的策略与实施

体育学院与姚基金合作开展体育教育培训，是指双方基于共同的教育理念和公益目标，整合各自的优势资源，共同策划、组织并实施一系列的体育教育培训活动。这种合作形式旨在提升体育教育的专业水平，培养更多优秀的体育人才，同时为社会的体育事业发展贡献力量。

（一）合作形式及内容

1. 资源共享与优势互补

体育学院拥有丰富的教育资源和教学经验，包括优秀的师资队伍、先进的教学设施及丰富的教学材料。而姚基金则具有广泛的公益网络和资金支持，能够为体育教育培训提供必要的物质保障和推广渠道。通过合作，双方可以实现资源共享和优势互补，共同提升体育教育培训的质量和效果。具体而言，体育学院可以为姚基金提供优质的师资力量和教学设施，确保培训活动的专业性和针对性；而姚基金则可以为体育学院提供资金支持、宣传推广及组织协调等方面的帮助，使培训活动得以顺利开展并扩大影响力。

2. 课程设置与教学安排

合作开展体育教育培训，关键在于设置科学合理的课程和教学安排。体育学院与姚基金共同研究并制定了符合实际需求的培训方案。在课程设置上，双方根据参训人员的不同需求和层次，设计了基础技能课程、专业提升课程及实践应用课程等多个层次和模块。这些课程既注重理论知识的传授，又强调实践技能的培养，旨在全面提升参训人员的体育素养和教学能力。在教学安排上，双方采用了线上线下相结合的教学方式，既充分利用了现代信息技术的便捷性，又保证了教学的互动性和实效性。同时，还邀请了国内外知名的体育专家和学者担任讲师，为参训人员提供高水平的指导和帮助。

3. 培训对象与招生策略

体育学院与姚基金的合作培训对象主要包括在校体育专业学生、在职体育教师及社会体育爱好者等多个群体。针对不同群体的特点和需求，双方制定了不同的招生策略和推广渠道。对于在校体育专业学生，体育学院通过校内宣传、课程推荐等方式吸引他们参与培训；对于在职体育教师，则通过与各地教育部门合作，将培训信息传达至基层学校，鼓励教师参加培训提升自我；对于社会体育爱好者，则利用姚基金的公益网络和社交媒体等渠道进行广泛宣传，吸引更多人关注并参与培训。

4. 培训效果评估与反馈

为了确保体育教育培训的质量和效果，体育学院与姚基金建立了完善的培训效果评估与反馈机制。在培训过程中，双方会定期收集参训人员的反馈意见，了解他们的学习情况和需求变化，以便及时调整培训内容和教学方式。培训结束后，还会通过问卷调查、座谈交流等方式对培训效果进行全面评估，总结经验教训，为今后的培训活动提供改进依据。此外，体育学院与姚基金还会定期对合作开展体育教育培训的成效进行总结和分享，通过举办成果展示会、经验交流会等活动，向社会展示合作成果，吸引更多合作伙伴加入，共同推动体育教育培训事业的发展。

（二）合作效果

1. 提升体育教育培训的专业性和实效性

通过体育学院与姚基金的合作，体育教育培训活动得以更加专业和高效地进行。体育学院的专业师资和教学资源为培训提供了坚实的教学基础，而姚基金的公益网络和资金支持则为培训提供了更广阔的平台和更多的机会。这种合作形式使体育教育培训更加符合实际需求，更加注重实践应用，从而提升了培训的专业性和实效性。

2. 培养更多优秀的体育人才

通过合作开展体育教育培训，体育学院与姚基金共同培养了一批又一批优秀的体育人才。这些人才不仅掌握了扎实的体育知识和技能，还具备了良好的教学能力和社会责任感。他们在各自的岗位上发挥着重要作用，为社会的体育事业发展贡献着力量。

3. 扩大体育学院的社会影响力和知名度

通过与姚基金的合作，体育学院得以借助其广泛的公益网络和影响力，将自身的教育资源和优势推向更广阔的舞台。这种合作形式不仅为体育学院带来了更多的社会关注和认可，也为其吸引了更多的优秀学生和合作伙伴。同时，通过参与公益性质的体育教育培训活动，体育学院还提升了自身的社会责任感和公益形象。

4. 促进体育学院与社会的深度融合

体育学院与姚基金的合作开展体育教育培训活动，是学院与社会深度融合的具体体现。通过这种合作形式，体育学院得以更加深入地了解社会的需求和变化，及时调整自身的教育方向和内容。同时，通过与社会的广泛接触和交流，体育学院也得以不断吸收新的思想和理念，推动自身的创新和发展。

综上所述，体育学院与姚基金合作开展体育教育培训的策略与实施，对于提升体育教育的专业性和实效性、培养优秀的体育人才、扩大体育学院的社会影响力和知名度及促进体育学院与社会的深度融合等方面都具有显著的效果。这种合作形式不仅有助于推动体育教育事业的发展，也为社会的体育事业进步和健康发展做出了积极的贡献。

八、基于姚基金资源的体育学院运动队共建与竞技水平提升合作模式

基于姚基金资源的体育学院运动队共建与竞技水平提升合作模式，是指体育学院与姚基金共同合作，依托姚基金的资源优势，通过共建运动队、共享资源、开展专业培训和比赛交流等方式，推动体育学院运动队的建设和竞技水平的显著提升。这一合作模式旨在充分利用姚基金的资金、人脉和国际影响力，结合体育学院的专业教学和训练能力，共同打造高水平的运动队，培养优秀的体育人才，推动体育事业的持续发展。

（一）合作形式及内容

1. 共建运动队与资源整合

体育学院与姚基金共同商议，确定共建的运动队项目和数量，明确双方在共建过程中的责任与义务。姚基金提供必要的资金支持，用于运动队的日常训练、比赛和装备购置等方面。体育学院则负责提供场地、教练和运动员等教学资源，确保运动队的正常运作。双方共同制定运动队的发展规划和训练计划，确保运动队的训练质量和竞技水平。在资源整合方面，体育学院与姚基金充分利用各自的资源优势，实现资源共享和互补。姚基金通过其广泛的社会资源和人脉关系，为运动队争取更多的赞助和合作机会；体育学院则发挥其专业教学和训练能力，为运动队提供科学、系统的训练指导和技术支持。

2. 专业培训与师资交流

基于姚基金资源的体育学院运动队共建合作模式，注重专业培训和师资交流。姚基金邀请国内外知名的体育专家和教练，为运动队提供专业的指导和培训，帮助运动员提升竞技水平和技术能力。同时，体育学院也派遣优秀的教练和教师参与培训，与国内外同行进行深入的交流和学习，提升自身的

专业素养和教学水平。此外，双方还开展定期的师资交流活动，组织教练和教师进行互访和研讨，分享教学经验和训练方法，共同推动体育学院运动队的教学和训练水平提升。

3. 比赛交流与竞技展示

为了检验和提升运动队的竞技水平，体育学院与姚基金共同组织参与各类比赛和交流活动。姚基金利用其国际影响力，为运动队争取更多的国际比赛和交流机会，让运动员有机会与世界各地的优秀选手切磋技艺、交流经验。通过参加国际比赛，运动员能够接触到先进的竞技理念和技术风格，从而不断提高自己的竞技水平。同时，体育学院也积极组织校内外的比赛和交流活动，为运动队提供展示竞技水平的舞台。这些比赛和交流活动不仅有助于提升运动队的知名度和影响力，还能够激发运动员的斗志和自信心，促进他们的全面发展。

4. 共建文化与管理机制

体育学院与姚基金在共建运动队的过程中，注重培养运动员的文化素养和团队精神。双方共同制定运动员的培养计划和目标，注重运动员的全面发展。通过组织文化活动、团队建设等方式，增强运动员的凝聚力和归属感，形成积极向上的团队氛围。此外，双方还建立了一套完善的管理机制，确保运动队的正常运转和持续发展。这包括制定运动员选拔、训练和比赛等方面的规章制度，建立科学的考核和评价体系，以及加强运动员的日常管理和安全保障等。

（二）合作效果

1. 竞技水平显著提升

基于姚基金资源的体育学院运动队共建合作模式，使运动队的竞技水平得到了显著提升。通过专业的培训和指导，运动员的技术水平和战术意识得到了大幅度提高；参加国际比赛和交流活动，使他们有机会与世界顶级选手对抗，积累了丰富的比赛经验；完善的管理机制和文化建设，增强了运动队的凝聚力和向心力，提高了运动员的竞技状态。

2. 人才培养质量提高

合作模式的实施，不仅提升了运动队的竞技水平，也提高了人才培养的质量。通过共建运动队，体育学院得以吸引更多优秀的体育人才加入，为运动队注入了新的活力和动力。同时，通过与姚基金的合作，体育学院的教学和训练水平也得到了提升，为培养更多高水平的体育人才奠定了坚实的基础。

3. 社会影响力扩大

体育学院与姚基金的合作，使运动队的社会影响力得到了显著扩大。通过参加各类比赛和交流活动，运动队展示了自己的实力和风采，赢得了社会各界的广泛关注和赞誉。同时，姚基金的公益形象和体育学院的知名度也得到了提升，为双方未来的发展奠定了良好的基础。

4. 资源共享与优势互补

合作模式的实施，实现了体育学院与姚基金之间的资源共享和优势互补。体育学院利用姚基金的资金、人脉和国际影响力等资源，为运动队的发展提供了有力的支持；姚基金则通过合作得以深入了解体育学院的教学和训练情况，为其未来的公益项目提供了更多的参考和借鉴。这种资源共享和优势互补的合作方式，有助于推动双方事业的共同发展。

综上所述，基于姚基金资源的体育学院运动队共建与竞技水平提升合作模式是一种高效、有益的合作模式。它不仅提升了运动队的竞技水平和人才培养质量，也扩大了双方的社会影响力，实现了资源共享和优势互补。未来，随着合作的深入和拓展，相信这一合作模式将为体育事业的持续发展注入更多的活力和动力。

九、体育学院与姚基金合作推动体育产学研一体化的创新路径研究

体育产学研一体化是指将体育教学、科研和产业发展紧密结合，形成相互促进、共同发展的创新模式。体育学院作为体育教学和科研的主要阵地，拥有丰富的教育资源和研究能力；而姚基金作为专注于体育公益事业的机构，具有广泛的社会影响力和资金支持。体育学院与姚基金的合作，旨在通过整合双方资源，探索体育产学研一体化的创新路径，推动体育事业的持续发展。

（一）合作形式及内容

1. 搭建产学研合作平台

体育学院与姚基金共同搭建产学研合作平台，为双方的合作提供坚实的支撑。该平台集教学、科研、产业开发、成果转化等功能于一体，为体育产学研一体化的实施提供了有力保障。通过该平台，双方可以共享资源、交流信息、开展合作，共同推动体育产学研一体化的深入发展。

2. 联合开展体育教学与科研

体育学院与姚基金在体育教学与科研方面开展深度合作。体育学院根据姚基金的需求和市场需求，调整和优化课程设置，加强实践教学和案例教学，提高学生的实践能力和创新精神。同时，双方共同开展科研项目，针对体育领域的热点和难点问题，进行深入研究和探索，为体育事业的发展提供理论支持和实践指导。

3. 推动体育产业开发与成果转化

体育学院与姚基金合作，积极推动体育产业的开发和成果转化。依托姚基金的资金支持和市场渠道，体育学院可以将科研成果转化为实际产品或服务，推动体育产业的创新发展。同时，双方还共同探索体育产业的商业模式

和运营机制，为体育产业的可持续发展提供有力的支持。

4. 加强人才交流与培养

体育学院与姚基金注重人才交流与培养的合作。双方定期举办学术交流活动、师资互访、学生实习等活动，加强人才之间的交流与互动。同时，姚基金还为体育学院提供资金支持，设立奖学金、助学金等，鼓励和支持优秀学生从事体育事业的研究和实践。

5. 共建体育产学研创新基地

为了更好地推动体育产学研一体化的实施，体育学院与姚基金共同建设体育产学研创新基地。该基地集教学、科研、训练、竞赛、产业开发等多功能于一体，为体育产学研一体化的实践提供了良好的平台。通过共建创新基地，双方可以共同开展技术研发、产品创新、产业孵化等活动，推动体育产业的创新发展。

（二）合作效果

1. 促进体育产学研深度融合

体育学院与姚基金的合作，有效促进了体育产学研的深度融合。通过搭建产学研合作平台、联合开展教学与科研、推动产业开发与成果转化等措施，双方实现了资源共享、优势互补，推动了体育教学、科研与产业的协调发展。这种深度融合不仅提高了体育教育的质量和水平，也推动了体育产业的创新和发展。

2. 提升体育学院的教学与科研水平

与姚基金的合作使体育学院的教学与科研水平得到了显著提升。通过引入市场需求和姚基金的实践经验，体育学院得以调整和优化课程设置，加强实践教学和案例教学，提高了学生的实践能力和创新精神。同时，合作也带来了更多的科研项目和资金支持，推动了体育学院科研水平的提升和成果的产出。

3. 推动体育产业的创新发展

体育学院与姚基金的合作，为体育产业的创新发展注入了新的动力。通过共同开发新产品、探索新商业模式、推广新技术等方式，双方推动了体育产业的升级和转型。这种合作不仅为体育学院的教学和科研提供了实践平台，也为体育产业的可持续发展提供了有力的支持。

4. 培养更多高素质体育人才

合作形式的实施，为培养更多高素质体育人才提供了有力保障。通过加强实践教学、开展科研活动、提供实习机会等方式，体育学院培养了一批既具有理论知识又具有实践能力的高素质体育人才。这些人才不仅为体育事业的发展提供了人才保障，也为社会的体育事业进步和健康发展做出了积极贡献。

5. 增强社会影响力与认可度

体育学院与姚基金的合作，使双方在社会上的影响力和认可度得到了显著提升。通过共同举办赛事、开展公益活动、推广体育知识等方式，双方扩大了社会影响力，提高了公众对体育事业的关注度和认可度。这种合作不仅为双方带来了更多的发展机遇和资源支持，也为体育事业的健康发展奠定了坚实的基础。

综上所述，体育学院与姚基金合作推动体育产学研一体化的创新路径是一种富有成效的合作模式。通过搭建产学研合作平台、联合开展教学与科研、推动产业开发与成果转化等措施，双方实现了资源共享、优势互补，推动了体育产学研一体化的深入发展。这种合作模式不仅促进了体育产学研的深度融合，也提升了体育学院的教学与科研水平，推动了体育产业的创新发展，培养了更多高素质体育人才，增强了社会影响力与认可度。未来，随着合作的深入和拓展，相信这一合作模式将为体育事业的持续发展注入更多的活力和动力。

第三节
体育学院与姚基金合作的保障机制

一、体育学院与姚基金合作经费保障机制的构建与实施

体育学院与姚基金的合作经费保障机制，是指为了确保双方合作项目的顺利实施和持续发展，通过构建一套科学、合理、高效的经费管理体系和运作机制，为合作项目提供稳定、可持续的资金支持。这一机制的构建与实施，不仅关系到合作项目的成败，也直接影响到体育学院的教学科研水平和姚基金公益事业的发展。

（一）合作形式及内容

1. 经费来源多元化

体育学院与姚基金的合作经费保障机制注重经费来源的多元化。除了姚基金提供的资金支持外，双方还积极争取政府、企业、社会团体等多方面的资金支持，通过捐赠、赞助、合作等方式，为合作项目筹集更多的经费。这种多元化的经费来源，不仅减轻了单一渠道的负担，也提高了经费的稳定性和可持续性。

2. 经费管理规范化

为确保经费的合理使用和有效管理，体育学院与姚基金共同制定了详细的经费管理制度和规范。这包括经费的申请、审批、使用、监督等各个环节，

都有明确的规定和流程。同时，双方还建立了经费管理的信息化平台，实现了经费使用的透明化和可追溯性，确保了经费的规范、安全、高效使用。

3. 经费使用精准化

体育学院与姚基金在合作经费的使用上，注重精准化和针对性。根据合作项目的具体需求和目标，双方共同制订经费使用计划，确保每一笔经费都能用到刀刃上。同时，双方还建立了经费使用的评估机制，定期对经费使用情况进行检查和评估，及时发现问题并进行调整，确保经费使用的效果和效益。

4. 经费风险防控机制

体育学院与姚基金的合作经费保障机制还注重风险防控。双方共同识别和分析合作过程中可能出现的经费风险，制定相应的风险防控措施和应急预案。这包括加强经费使用的监管和审计，防止经费的滥用和挪用；建立风险预警机制，及时发现和处理潜在的风险问题；加强与合作伙伴的沟通和协调，共同应对可能出现的风险挑战。

5. 合作双方责任与义务明确

在经费保障机制中，体育学院与姚基金明确了各自的责任与义务。体育学院负责合作项目的具体实施和管理，确保经费的合理使用和项目的顺利进行；姚基金则负责提供资金支持并监督经费的使用情况，确保资金的有效利用和项目的可持续发展。双方通过签订合作协议、建立沟通机制等方式，明确各自的责任与义务，确保合作项目的顺利进行。

（二）合作效果

1. 促进合作项目的顺利实施

体育学院与姚基金的合作经费保障机制为合作项目的顺利实施提供了有

力保障。通过构建多元化的经费来源和规范化的经费管理体系，合作项目得以获得稳定、可持续的资金支持，从而确保了项目的顺利进行和预期目标的实现。

2. 提高经费使用效率和效益

经费保障机制的精准化和针对性使用，使每一笔经费都能得到有效利用，避免了资金的浪费和滥用。同时，通过加强经费使用的监管和评估，能够及时发现和解决问题，提高经费的使用效率和效益。

3. 降低合作风险

通过构建经费风险防控机制，体育学院与姚基金的合作得以有效应对可能出现的风险挑战。这不仅降低了合作过程中的风险发生率，也提高了合作的稳定性和可持续性。

4. 增强合作双方的信任与合作关系

经费保障机制的构建与实施，增强了体育学院与姚基金之间的信任与合作关系。双方通过明确责任与义务、加强沟通与协调等方式，共同推进合作项目的进行，形成了良好的合作氛围和机制。

5. 推动体育学院与姚基金的共同发展

经费保障机制的实施，不仅促进了体育学院与姚基金合作项目的顺利进行，也推动了双方的共同发展。体育学院通过合作获得了更多的资金支持和资源，提升了教学科研水平和社会影响力；姚基金则通过合作扩大了公益事业的覆盖面和影响力，实现了社会价值的最大化。

综上所述，体育学院与姚基金合作经费保障机制的构建与实施，为双方的合作提供了坚实的物质基础和制度保障。通过构建多元化的经费来源、规范化的经费管理、精准化的经费使用、有效的风险防控及明确的责任与义务，确保了合作项目的顺利实施和双方的共同发展。未来，随着合作的深入和拓展，这一经费保障机制将进一步完善和优化，为体育学院与姚基金的合作提供更加有力的支持。

二、基于姚基金资源的体育学院教学与训练设施共建保障策略

基于姚基金资源的体育学院教学与训练设施共建保障策略，是指体育学院与姚基金共同利用姚基金的资源优势，通过合作共建的方式，改善和提升体育学院的教学与训练设施条件。这一策略的实施旨在促进体育学院教学质量和训练水平的提升，为培养高素质体育人才提供坚实的物质保障。

（一）合作形式及内容

1. 资源共享与优化配置

在共建保障策略中，体育学院与姚基金首先实现资源共享。姚基金作为专注于体育公益事业的机构，拥有丰富的体育资源和资金支持。体育学院则拥有专业的教学团队和训练场地。通过合作，双方可以共享资源，实现优势互补。例如，姚基金可以提供先进的体育器材、训练设备和技术支持，而体育学院则提供场地和人力资源，共同打造一流的教学与训练环境。同时，双方还注重资源的优化配置。通过对现有资源的梳理和整合，制定合理的资源分配方案，确保资源得到最大化的利用。例如，根据体育学院的教学计划和训练需求，合理调配姚基金提供的器材和设备，确保教学和训练活动的顺利进行。

2. 设施建设与改造升级

基于姚基金的资源支持，体育学院可以加快教学与训练设施的建设与改造升级。这包括新建训练场地、更新教学器材、改善训练环境等。通过引入先进的设施和技术，体育学院能够为学生提供更好的学习和训练条件，促进教学质量的提升。在设施建设过程中，体育学院与姚基金共同制定建设方

案，明确建设目标和标准。双方还加强沟通协调，确保建设进度和质量。同时，体育学院还积极争取政府和社会各界的支持，为设施建设提供更多的资金来源。

3. 管理与维护机制的建立

共建保障策略不仅关注设施的建设与改造，还注重设施的管理与维护。体育学院与姚基金共同建立设施管理与维护机制，确保设施的正常运行和长期使用。首先，双方制定设施使用和管理规定，明确设施的使用权限、责任和义务。通过建立健全的规章制度，规范设施的使用和管理行为，防止设施的损坏和浪费。其次，体育学院加强设施的日常维护和保养工作。定期对设施进行检查和维修，确保设施的安全性和稳定性。同时，体育学院还加强设施的清洁和卫生工作，为师生提供良好的学习和训练环境。最后，体育学院与姚基金建立设施故障应急处理机制。在设施出现故障或损坏时，双方能够迅速响应并采取有效措施进行修复，确保教学和训练活动的正常进行。

4. 人员培训与技术支持

为了确保共建保障策略的有效实施，体育学院与姚基金还注重人员培训与技术支持。姚基金为体育学院提供专业的技术人员和培训资源，帮助体育学院提升教学团队的专业素养和技术水平。通过举办培训班、研讨会等活动，姚基金向体育学院教师传授先进的体育教学理念和训练方法。同时，姚基金还提供技术支持和咨询服务，帮助体育学院解决教学和训练过程中遇到的技术难题。

（二）合作效果

1. 提升教学与训练质量

基于姚基金资源的体育学院教学与训练设施共建保障策略的实施，显著提升了体育学院的教学与训练质量。通过引入先进的设施和技术，体育学院能够为学生提供更加专业、高效的学习和训练环境，促进学生技能水平的提升。同时，姚基金提供的专业培训和技术支持，也帮助体育学院教师提升了专业素养和教学能力，使教学质量得到进一步提升。

2. 增强学生实践能力和创新精神

共建保障策略的实施，为学生提供了更多实践和创新的机会。通过利用先进的设施和技术进行实践训练，学生能够更好地将理论知识与实际操作相结合，提升实践能力。同时，先进的设施和技术也为学生提供了更多创新的空间和可能性，激发学生的创新精神。

3. 扩大体育学院的社会影响力

通过与姚基金的合作共建，体育学院的教学与训练设施得到了显著改善和提升，这也进一步扩大了体育学院的社会影响力。优质的设施和环境吸引了更多学生和社会关注，提高了体育学院的知名度和美誉度。同时，体育学院与姚基金的合作也成为体育界和社会公益事业的典范，为其他机构提供了可借鉴的经验和模式。

4. 促进体育学院与社会的深度融合

共建保障策略的实施，不仅加强了体育学院与姚基金之间的合作关系，也促进了体育学院与社会的深度融合。通过与姚基金的合作，体育学院得以更好地了解社会需求和市场动态，为人才培养和教学改革提供更加精准的方向和目标。同时，体育学院也积极参与社会公益活动，利用自身的专业优势为社会做出贡献，实现社会价值。

综上所述，基于姚基金资源的体育学院教学与训练设施共建保障策略的实施，为体育学院的教学与训练提供了坚实的物质保障和技术支持，促进了教学质量和训练水平的提升，增强了学生的实践能力和创新精神，扩大了体育学院的社会影响力，并促进了体育学院与社会的深度融合。未来，随着合作的深入和拓展，这一策略将为体育学院的发展带来更多的机遇和挑战。

三、体育学院与姚基金合作下的师资互聘与资源共享机制

体育学院与姚基金合作下的师资互聘与资源共享机制，是指双方通过互聘优秀师资、共享教育资源的方式，实现优势互补、共同发展的合作形式。这一机制旨在提升体育学院的教学水平和科研实力，同时借助姚基金的资源优势，推动体育事业的发展和社会公益的普及。

（一）合作形式及内容

1. 师资互聘机制

师资互聘是体育学院与姚基金合作的核心内容之一。通过互聘机制，双方可以共享各自的优秀师资资源，提升教学质量和科研水平。具体来说，体育学院可以聘请姚基金推荐的具有丰富实践经验和专业背景的教练、运动员或体育专家作为兼职教师或客座教授，参与教学、训练和指导工作。这些专家能够带来前沿的体育理念和训练方法，为体育学院师生提供宝贵的实践经验和专业指导。同时，体育学院也可以向姚基金推荐优秀的教师或科研人员，参与姚基金组织的培训、研讨和公益活动，实现师资的双向流动。这种互聘机制不仅有助于提升体育学院的教学水平和科研实力，也能为姚基金注入新的活力和创新思维。

2. 资源共享机制

资源共享是体育学院与姚基金合作的另一重要内容。通过共享教育资源，双方可以实现优势互补，提高资源利用效率。一方面，体育学院可以充分利用姚基金提供的场地、器材、资金等资源，改善教学设施，提升教学质量。姚基金作为专业的体育公益机构，拥有丰富的体育资源和资金支持，可以为体育学院提供必要的物质保障。另一方面，体育学院也可以向姚基金开放其教育资源，如图书馆、实验室、体育场馆等，为姚基金组织的培训、比赛和

公益活动提供便利。这种资源共享的方式有助于促进体育学院与社会的联系，提升体育学院的社会影响力。此外，双方还可以共享教学资源，如教材、课件、视频等，实现教学资源的互通有无。通过共享这些资源，体育学院可以借鉴姚基金先进的教学理念和方法，提高教学效果；姚基金则可以借助体育学院的教学资源，丰富其培训内容和形式。

（二）合作效果

1. 提升教学质量与科研水平

师资互聘与资源共享机制的实施，使体育学院能够引入更多具有丰富实践经验和专业背景的优秀教师，他们带来的先进教学理念和教学方法，有助于提升体育学院的教学质量。同时，通过与姚基金的合作，体育学院能够接触到更多的体育科研项目和实践机会，进而提升科研水平。

2. 增强学生的实践与创新能力

优秀的师资和丰富的资源为学生的实践和创新能力提供了有力保障。体育学院的学生在姚基金专家的指导下，可以接触到更多的实践机会和项目，从而提升他们的实践能力和创新精神。此外，通过与姚基金的合作，体育学院的学生还能参与到更多的社会公益活动中来，培养他们的社会责任感和公益意识。

3. 拓宽体育学院的社会影响力

通过与姚基金的合作，体育学院得以将其优秀的师资和资源展示给更广泛的社会群体，从而增强其在社会上的知名度和影响力。同时，体育学院参与的社会公益活动也能够提升其在公众心目中的形象，增强社会认可度。

4. 促进体育事业的发展

师资互聘与资源共享机制不仅有助于体育学院和姚基金自身的发展，更能够促进整个体育事业的进步。通过合作，双方可以共同推广先进的体育理念和技术，培养更多的体育人才，推动体育事业的繁荣发展。

5. 加强体育学院与社会的联系

通过与姚基金的合作，体育学院能够更深入地了解社会需求和市场动态，及时调整教学内容和方法，以适应社会的变化和发展。同时，体育学院也能够借助姚基金的平台，积极参与社会公益活动，加强与社会的联系和互动。

6. 实现双方互利共赢

师资互聘与资源共享机制的实施，使体育学院和姚基金能够实现互利共赢。体育学院通过引入优秀师资和共享资源，提升了教学质量和科研水平；姚基金则通过利用体育学院的教育资源和参与教学活动，扩大了其社会影响力和公益活动的覆盖面。这种合作形式有助于双方共同发展和进步。

综上所述，体育学院与姚基金合作下的师资互聘与资源共享机制是一种有效的合作形式，它不仅能够提升体育学院的教学质量和科研水平，增强学生实践与创新能力，拓宽体育学院的社会影响力，促进体育事业的发展，加强体育学院与社会的联系，还能够实现双方互利共赢。未来，随着合作的深入和拓展，这一机制将为体育学院和姚基金的发展带来更多的机遇和挑战。

四、姚基金支持下体育学院科研成果转化与推广的保障机制

姚基金支持下体育学院科研成果转化与推广的保障机制，是指体育学院与姚基金合作，通过姚基金的资金、资源和平台支持，促进体育学院科研成果的转化与应用，并推动其在社会中的广泛推广与应用。这一机制旨在打通科研成果与实际应用的桥梁，提升体育学院科研水平的社会价值和经济效益。

（一）合作形式及内容

1. 资金支持与科研投入

姚基金作为体育公益事业的领军机构，为体育学院提供必要的资金支持，用于科研成果的转化与推广。这些资金可以用于科研项目研发、实验设备购置、人才培养及市场推广等方面，为体育学院提供坚实的物质保障。在科研投入方面，姚基金与体育学院共同制订科研计划，明确研究方向和目标。姚基金根据科研项目的实际需求，提供灵活的资金支持，确保科研项目的顺利进行。同时，姚基金还鼓励体育学院积极申报国家级、省部级等高层次科研项目，提升科研水平和影响力。

2. 资源整合与共享

姚基金拥有丰富的体育资源和广泛的社会网络，能够为体育学院提供宝贵的资源支持。通过整合姚基金的资源，体育学院可以获得更多的合作机会和合作伙伴，推动科研成果的转化与推广。具体来说，姚基金可以为体育学院提供场地、器材、技术等方面的支持，帮助体育学院搭建科研成果转化的实验平台和推广渠道。同时，姚基金还可以协助体育学院与政府部门、企业、媒体等建立合作关系，为科研成果的推广和应用创造有利条件。

3. 平台建设与推广渠道

姚基金利用其广泛的社会影响力和公信力，为体育学院提供成果展示和推广的平台。通过姚基金的平台，体育学院可以展示其最新的科研成果、技术创新和应用案例，吸引更多的关注和支持。此外，姚基金还积极组织各类体育公益活动、论坛和展览，为体育学院提供与业界交流、合作的机会。通过这些活动，体育学院可以扩大其社会影响力，提升科研成果的知名度和认可度。

4. 人才培养与团队建设

姚基金注重体育学院人才培养和团队建设，为体育学院提供必要的人才支持和培训机会。通过引进优秀的科研人员、举办培训班和研讨会等方式，姚基金帮助体育学院提升科研团队的整体素质和创新能力。同时，姚基金还鼓励体育学院与国内外知名高校、科研机构和企业开展合作与交流，引进先进的科研理念和技术方法，推动体育学院科研水平的不断提升。

（二）合作效果

1. 提升科研成果转化效率

姚基金的支持使体育学院在科研成果转化方面获得了更多的资源和平台优势。通过姚基金的资金投入和资源整合，体育学院能够更快速地推进科研成果的转化进程，减少中间环节和阻力。这不仅可以提高科研成果的转化率，还可以缩短科研成果从实验室到市场的周期，加速其在实际应用中的推广和应用。

2. 增强科研成果的社会影响力

姚基金作为体育公益事业的领军机构，具有广泛的社会影响力和公信力。通过姚基金的支持和推广，体育学院的科研成果能够更广泛地传播到社会各界，引起更多人的关注和认可。这不仅可以提升体育学院的社会声誉和形象，还可以为科研成果的进一步推广和应用创造有利条件。

3. 促进体育学院科研水平提升

姚基金的支持不仅有助于体育学院科研成果的转化与推广，还能够推动体育学院科研水平的整体提升。通过与姚基金的合作，体育学院可以接触到更多的前沿科研理念和技术方法，拓宽科研视野和思路。同时，姚基金提供的资金和资源支持也可以为体育学院提供更多的科研机会和条件，激发科研人员的创新精神和积极性。

4. 实现体育事业与社会发展的双赢

姚基金支持下体育学院科研成果的转化与推广，不仅有助于体育学院自身的发展，还能够为体育事业和社会发展做出贡献。通过推广和应用先进的科研成果，可以促进体育运动的普及和提高，推动体育产业的创新和发展。同时，这些科研成果还可以为社会提供更多的健康、教育和文化等方面的服务，提升社会的整体福利水平。

综上所述，姚基金支持下体育学院科研成果转化与推广的保障机制是一种有效的合作形式。通过资金支持、资源整合、平台建设和人才培养等方面的合作，可以推动体育学院科研成果的转化与应用，提升体育学院的社会影响力和科研水平，实现体育事业与社会发展的双赢局面。未来，随着合作的不断深入和拓展，这一机制将为体育学院和体育事业的发展带来更多的机遇和挑战。

五、体育学院与姚基金合作中运动员培养与选拔的保障机制

体育学院与姚基金合作中运动员培养与选拔的保障机制，是指双方通过深度合作，共同建立一套系统、科学的运动员培养与选拔体系，旨在发掘和培养具有潜力的运动员，提升他们的竞技水平和综合素质，为体育事业的发展输送优秀人才。这一机制包括运动员选拔标准制定、培养方案实施、资源整合共享及成效评估反馈等多个环节，确保运动员培养与选拔工作的规范、高效和可持续发展。

（一）合作形式及内容

1. 制定科学的选拔标准与程序

体育学院与姚基金共同研究制定运动员选拔标准，根据运动项目特点和

需求，确定选拔的体能、技能、心理等多方面的指标。同时，制定公开、公正、公平的选拔程序，确保选拔工作的透明度和公信力。在选拔过程中，体育学院负责提供专业的测试和评估服务，确保选拔结果的准确性和科学性。姚基金则发挥其资源优势，提供必要的场地、器材和资金支持，保障选拔工作的顺利进行。

2. 实施个性化的培养方案

针对选拔出的优秀运动员，体育学院与姚基金共同制定个性化的培养方案。根据运动员的年龄、性别、运动水平等特点，设计科学的训练计划和技术指导，帮助他们提高竞技水平和综合素质。在培养过程中，体育学院负责提供专业的教练团队和教学资源，确保运动员得到系统、全面的培养。姚基金则通过组织国内外高水平赛事、邀请知名运动员和教练进行交流指导等方式，为运动员提供更多的实践机会和学习资源。

3. 整合共享资源，优化培养环境

体育学院与姚基金在运动员培养过程中，积极整合双方资源，实现资源共享和优势互补。体育学院可以利用姚基金的场地、器材等资源，为运动员提供更好的训练条件；姚基金则可以借助体育学院的教学、科研等资源，提升运动员培养的科学性和实效性。此外，双方还可以共同争取政府、企业等社会力量的支持，拓宽运动员培养的资金来源和渠道，为运动员提供更好的物质保障和发展空间。

4. 建立成效评估与反馈机制

为了确保运动员培养与选拔工作的质量和效果，体育学院与姚基金建立了一套科学的成效评估与反馈机制。定期对运动员的竞技水平、心理素质、文化素养等方面进行评估，了解他们的成长状况和存在的问题。根据评估结果，双方及时调整培养方案，针对运动员的薄弱环节进行有针对性的指导和帮助。同时，通过反馈机制，及时收集运动员、教练、家长等各方面的意见和建议，不断完善和优化培养与选拔工作。

（二）合作效果

1. 提升了运动员的竞技水平和综合素质

通过体育学院与姚基金的合作，运动员得到了更加系统、科学的培养，他们的竞技水平和综合素质得到了显著提升。在各类赛事中，这些运动员取得了优异的成绩，为学校和基金会赢得了荣誉。同时，运动员的心理素质、文化素养等方面也得到了全面提升，他们更加自信、坚韧、有担当，成为体育事业发展的中坚力量。

2. 优化了运动员培养与选拔体系

体育学院与姚基金的合作，推动了运动员培养与选拔体系的优化和完善。双方共同制定的选拔标准、培养方案等更加科学、规范，确保了选拔工作的公正性和有效性。同时，通过资源整合共享和成效评估反馈等机制，运动员培养与选拔工作的质量和效率得到了显著提升，为体育事业的发展提供了有力的人才保障。

3. 促进了体育学院与姚基金的深度合作与共同发展

体育学院与姚基金的合作不仅提升了运动员培养与选拔工作的水平，也促进了双方的深度合作与共同发展。通过共同开展运动员培养与选拔工作，双方增进了相互了解和信任，建立了长期稳定的合作关系。同时，这种合作也为体育学院和姚基金带来了更多的发展机遇和资源支持，有助于双方在体育事业发展中取得更大的成就。

4. 推动了体育事业的可持续发展

体育学院与姚基金合作中运动员培养与选拔的保障机制的实施，为体育事业的可持续发展注入了新的动力。通过培养更多优秀的运动员，为体育事业的发展提供了源源不断的人才支持。同时，这种合作也提升了体育事业的社会影响力和公众认可度，为体育事业的繁荣发展创造了良好的社会环境。

综上所述，体育学院与姚基金合作中运动员培养与选拔的保障机制是一种有效的合作形式。通过制定科学的选拔标准、实施个性化的培养方案、整合共享资源及建立成效评估与反馈机制等措施，双方共同推动了运动员培养与选拔工作的优化和发展，为体育事业的可持续发展做出了积极贡献。未来，随着合作的深入和拓展，这一机制将为培养更多优秀运动员、推动体育事业发展发挥更大的作用。

六、体育学院与姚基金合作项目的监督与评估机制

体育学院与姚基金合作项目的监督与评估机制，是指为了确保合作项目顺利实施并取得预期效果，双方共同建立的一套系统、科学的监督与评估体系。该机制旨在通过定期或不定期的监督检查和效果评估，确保项目资金使用的合理性、项目进展的顺利性及项目目标的达成度，从而不断优化合作流程，提升合作效果。

（一）合作形式及内容

1. 监督机制的构建

体育学院与姚基金在合作项目启动之初，就明确了监督机制的构建原则和方法。双方共同成立监督小组，由体育学院和姚基金的相关负责人及专家组成，负责监督项目的实施过程。

监督小组的主要职责包括：制订监督计划和方案，明确监督的内容、频率和方法；对项目资金的使用情况进行审查，确保资金使用的透明度和合规性；对项目进展情况进行定期或不定期的现场检查，了解项目的实施情况，发现问题及时提出整改意见；对整改情况进行跟踪检查，确保问题得到有效解决。此外，体育学院与姚基金还建立了信息共享机制，定期交换项目进展

情况、资金使用情况等信息，确保双方对项目的实施情况有清晰的了解。

2. 评估机制的建立

评估机制是体育学院与姚基金合作项目监督与评估机制的重要组成部分。双方共同制定评估标准和指标体系，对项目的效果进行客观、全面的评估。

评估工作主要包括以下几个方面：一是对项目目标的达成度进行评估，分析项目是否达到预期的效果；二是对项目实施的效率进行评估，分析项目在实施过程中是否存在资源浪费、进度滞后等问题；三是对项目的社会影响进行评估，分析项目对体育学院、姚基金及社会体育事业的发展产生的积极影响。

评估工作采用定量和定性相结合的方法，通过问卷调查、访谈、数据分析等手段收集数据和信息，进行综合分析和判断。评估结果将作为双方优化合作流程、提升合作效果的重要依据。

3. 监督与评估结果的反馈与应用

体育学院与姚基金高度重视监督与评估结果的反馈与应用。监督小组将评估结果以书面形式反馈给双方相关负责人，并提出具体的改进意见和建议。双方将根据反馈结果，及时调整项目实施方案，优化资源配置，加强项目管理，确保项目能够取得更好的效果。

同时，体育学院与姚基金还将监督与评估结果作为未来合作项目的重要参考依据，不断完善合作机制，提升合作水平。

（二）合作效果

1. 提升合作项目的执行效率与质量

通过监督与评估机制的实施，体育学院与姚基金的合作项目得到了有效的监管和指导。监督小组定期或不定期的监督检查，确保了项目资金的合理使用和项目进度的顺利推进。评估工作则对项目效果进行了全面、客观的评估，为双方提供了改进和优化的方向。这些措施共同提升了合作项目的执行效率和质量，确保了项目的顺利实施和目标的达成。

2. 增强双方的合作信任与默契

监督与评估机制的实施，使体育学院与姚基金在合作过程中能够相互理解、相互支持。通过信息共享、沟通协商等方式，双方能够及时发现问题、解决问题，避免了因信息不对称或沟通不畅导致的误解和冲突。这种良好的合作氛围和默契关系，为双方未来的深入合作奠定了坚实的基础。

3. 促进合作项目的持续发展与优化

监督与评估机制不仅关注项目的当前效果，还着眼于项目的长远发展。通过定期的评估工作，体育学院与姚基金能够及时了解项目的优点和不足，为项目的持续改进和优化提供了依据。同时，评估结果还可以作为双方未来合作项目的重要参考依据，推动合作项目不断向更高水平、更深层次发展。

4. 提升体育学院与姚基金的社会声誉与影响力

通过合作项目的监督与评估机制，体育学院与姚基金展现出了高度的责任感和使命感。他们不仅关注项目的经济效益，还注重项目的社会效益和长远影响。这种负责任的态度和行动，赢得了社会各界的广泛认可和赞誉，提升了体育学院与姚基金的社会声誉和影响力。

综上所述，体育学院与姚基金合作项目的监督与评估机制是一种有效的合作形式。通过构建监督机制和评估机制，双方能够实现对合作项目的全面监管和客观评估，提升项目的执行效率和质量，增强合作信任与默契，促进合作项目的持续发展与优化，同时提升体育学院与姚基金的社会声誉与影响力。未来，随着合作项目的不断深入和拓展，这种监督与评估机制将在推动体育学院与姚基金的深度合作中发挥更加重要的作用。

七、基于姚基金资源的体育学院学生实习与就业保障机制

基于姚基金资源的体育学院学生实习与就业保障机制，是指体育学院与姚基金合作，依托姚基金的社会资源和影响力，为体育学院学生提供实习机会和就业保障的一种合作形式。该机制旨在通过整合姚基金的优质资源，为体育学院学生搭建实习平台，提供就业指导，促进其顺利就业，从而实现体育学院人才培养与社会需求的有效对接。

（一）合作形式及内容

1. 搭建实习平台，提供实习机会

姚基金拥有丰富的体育行业资源，包括各大体育俱乐部、赛事组织、体育媒体等。体育学院与姚基金合作，可以充分利用这些资源，为学生搭建实习平台，提供丰富的实习机会。姚基金可以根据体育学院的学科特点和学生的专业需求，有针对性地推荐适合的实习岗位，确保学生能够在实习中充分发挥所学，提升实践能力。

此外，姚基金还可以协助体育学院与实习单位建立长期稳定的合作关系，为体育学院学生提供更多的实习机会和职业发展空间。通过实习，学生可以深入了解体育行业的运作模式和市场需求，为未来的就业做好准备。

2. 开展就业指导，提升就业能力

姚基金不仅提供实习机会，还注重对学生的就业指导。通过举办讲座、座谈会等活动，邀请体育行业的专家学者和成功人士分享经验，为学生提供职业规划、求职技巧等方面的指导。同时，姚基金还可以根据学生的个人情况和就业需求，提供个性化的就业咨询服务，帮助学生解决就业过程中遇到的问题。

此外，姚基金还可以与体育学院共同开展职业技能培训和认证工作，提

升学生的职业素养和竞争力。通过培训，学生可以掌握更多的实用技能，提高自己在就业市场中的竞争力。

3. 拓展就业渠道，促进顺利就业

姚基金凭借其在体育行业的广泛影响力，可以为体育学院学生拓展更多的就业渠道。通过与各大体育企业、俱乐部等建立合作关系，姚基金可以为体育学院学生提供更多的就业机会。同时，姚基金还可以利用其自身的社会资源和人脉关系，为学生推荐适合的就业岗位，帮助学生顺利就业。

此外，姚基金还可以协助体育学院开展校园招聘活动，邀请体育行业的用人单位前来招聘，为学生提供更多的就业选择。通过校园招聘活动，学生可以直接与用人单位面对面交流，了解用人单位的需求和期望，从而更好地调整自己的职业规划和发展方向。

（二）合作效果

1. 提高学生实习与就业的质量与成功率

基于姚基金资源的体育学院学生实习与就业保障机制，能够为学生提供更多优质的实习机会和就业渠道。通过实习，学生可以接触到先进的体育理念和技术，提升自己的专业素养和实践能力；通过就业渠道的拓展，学生可以更广泛地了解市场需求和用人单位的期望，从而更有针对性地规划自己的职业生涯。这些措施共同提高了学生的实习与就业质量及成功率。

2. 增强学生的职业竞争力和社会适应能力

姚基金提供的实习机会和就业指导，使学生能够在实践中学习和成长，不断提升自己的职业素养和竞争力。通过实习，学生可以积累宝贵的实践经验，提高自己的专业技能和团队协作能力；通过就业指导，学生可以掌握求职技巧和职业规划方法,更好地适应社会和市场需求。这些经历和能力的提升，使学生更具竞争力，能够更好地适应社会的发展和变化。

3. 促进体育学院与社会的紧密联系与互动

基于姚基金资源的体育学院学生实习与就业保障机制，不仅为学生提供了实习和就业的机会，也促进了体育学院与社会的紧密联系与互动。通过与姚基金的合作，体育学院可以更加深入地了解社会的需求和变化，及时调整人才培养方案和课程设置，提高教育的针对性和实效性。同时，体育学院还可以借助姚基金的资源平台，开展产学研合作、社会服务等活动，推动学院的内涵式发展和社会影响力的提升。

4. 提升体育学院的社会声誉与品牌影响力

通过与姚基金的合作，体育学院的学生实习与就业工作得到了有力的支持和保障，这无疑提升了体育学院的社会声誉和品牌影响力。当学生在优质实习单位和就业岗位中表现出色时，他们的成功也会成为体育学院的一张亮丽名片，吸引更多的优秀学生报考体育学院，进一步推动学院的发展。

综上所述，基于姚基金资源的体育学院学生实习与就业保障机制是一种富有成效的合作形式。它为学生提供了更多的实习机会和就业渠道，提高了学生的职业素养和竞争力，促进了体育学院与社会的紧密联系与互动，同时也提升了体育学院的社会声誉与品牌影响力。未来，随着双方合作的深入发展，这种保障机制将在推动体育学院人才培养和社会服务方面发挥更加重要的作用。

八、体育学院与姚基金合作中的知识产权保护机制

知识产权保护机制，是指为保护智力创造成果和工商业标记而设立的一系列法律、政策、措施及制度。在体育学院与姚基金的合作中，知识产权保护机制尤为重要，它确保了双方在合作过程中产生的创新成果、科研成果、教学资料、品牌标识等得到有效保护，防止了未经授权的复制、使用或传播，从而维护了双方的合法权益，促进了合作的深入发展。

（一）合作形式及内容

1. 明确知识产权归属与权益分配

体育学院与姚基金在合作之初，就明确规定了双方在合作过程中产生的知识产权的归属问题。一般来说，由体育学院独立完成的科研成果、教学资料等，其知识产权应归属于体育学院；而由姚基金提供的资金、资源等支持下的合作项目，其知识产权的归属则应根据双方的具体投入和贡献进行协商确定。同时，双方还就知识产权的权益分配进行了明确约定，确保了在合作过程中产生的经济效益和社会效益能够得到合理分享。

2. 建立知识产权保护制度与流程

为确保知识产权得到有效保护，体育学院与姚基金共同建立了一套完善的知识产权保护制度与流程。这包括知识产权的申请、审查、授权、管理、维护等各个环节。双方设立了专门的知识产权管理部门或委托第三方机构，负责知识产权的日常管理工作，确保各项知识产权得到及时申请和保护。同时，双方还建立了知识产权侵权处理机制，对发现的侵权行为进行及时处理，维护自身的合法权益。

3. 加强知识产权培训与意识提升

体育学院与姚基金重视提升双方人员的知识产权保护意识。通过定期举办知识产权培训活动，邀请知识产权领域的专家进行授课，使双方人员了解知识产权的重要性、相关法律法规及保护措施。此外，双方还通过内部宣传、案例分析等方式，加强知识产权保护意识的普及，确保在合作过程中能够自觉遵守知识产权法律法规，避免侵权行为的发生。

4. 开展知识产权合作与交流

体育学院与姚基金在知识产权保护方面还积极开展合作与交流。双方定期举行知识产权保护工作座谈会，分享在知识产权保护方面的经验和做法，共同探讨解决合作中遇到的知识产权问题。此外，双方还积极参与国内外知识产权保护组织或论坛，加强与业界同行的交流与合作，共同推动知识产权保护工作的进步。

（二）合作效果

1. 保障合作双方的创新成果与经济效益

体育学院与姚基金合作中的知识产权保护机制，有效保障了双方在合作过程中产生的创新成果和经济效益。通过明确知识产权归属与权益分配，双方能够公平合理地分享合作成果带来的经济效益；通过完善的知识产权保护制度与流程，双方的创新成果得到了及时申请和保护，避免了因侵权行为导致的经济损失。这些措施共同促进了合作的深入发展，增强了双方合作的信心和动力。

2. 提升合作双方的品牌形象与市场竞争力

知识产权保护机制的实施，不仅保护了合作双方的创新成果，也提升了双方的品牌形象和市场竞争力。通过加强知识产权保护意识培训和宣传，体育学院与姚基金在业界树立了良好的知识产权保护形象，增强了自身的品牌影响力和社会认可度。同时，拥有自主知识产权的产品或服务，也使双方在市场竞争中更具优势，能够吸引更多的合作伙伴和客户。

3. 促进体育学院科研与教学水平的提升

体育学院通过与姚基金的合作，不仅获得了资金和资源上的支持，也获得了在知识产权保护方面的专业指导。这有助于体育学院提升科研水平和教学质量，培养更多具有创新意识和知识产权保护意识的人才。同时，通过合作中产生的知识产权成果的应用和推广，体育学院还能够将科研成果转化为实际生产力，为社会提供更多优质的体育产品和服务。

4. 推动体育行业知识产权保护的进步

体育学院与姚基金的合作中的知识产权保护机制，不仅为双方的合作提供了有力保障，也为整个体育行业的知识产权保护工作树立了典范。通过双方的共同努力和探索，体育行业的知识产权保护工作得到了进一步推动和完善。这有助于提升体育行业的整体创新能力和竞争力，促进体育产业的健康发展。

综上所述，体育学院与姚基金合作中的知识产权保护机制是一种富有成效的合作形式。它明确了知识产权归属与权益分配，建立了完善的知识产权保护制度与流程，加强了知识产权保护培训与意识提升，并开展了知识产权合作与交流。这些措施共同保障了合作双方的创新成果与经济效益，提升了品牌形象与市场竞争力，促进了体育学院科研与教学水平的提升，并推动了体育行业知识产权保护的进步。未来，随着双方合作的深入发展，这种知识产权保护机制将在促进体育事业发展中发挥更加重要的作用。

九、项目下体育学院风险防控与安全管理机制

体育学院风险防控与安全管理机制是指在体育学院日常教学、训练、竞赛及管理等活动中，为预防和减少各类风险事件的发生，保障师生人身安全和财产安全而建立的一套系统性的预防、应对和处置机制。在体育学院与姚基金的合作中，姚基金不仅为体育学院提供了资金和资源支持，还协助体育学院建立和完善风险防控与安全管理机制，共同提升体育学院的安全管理水平，确保体育学院的各项活动能够安全、有序地进行。

（一）合作形式及内容

1. 风险识别与评估体系的建立

体育学院与姚基金合作，共同构建风险识别与评估体系。姚基金利用其

丰富的行业经验和资源，协助体育学院对教学活动、训练竞赛、场地设施等各个方面进行全面的风险识别。通过定期的风险评估会议，双方共同分析体育学院面临的主要风险点，并制定相应的防范措施。这一体系的建立有助于体育学院及时发现并应对潜在的安全隐患，降低风险事件的发生概率。

2. 安全管理制度的完善与落实

在姚基金的支持下，体育学院对现有的安全管理制度进行了全面梳理和完善。双方共同制定了包括安全责任制度、安全检查制度、应急预案等在内的一系列安全管理制度，并明确了各项制度的执行标准和责任人。同时，姚基金还协助体育学院加强了对制度执行情况的监督和检查，确保各项制度能够得到有效落实。

3. 安全教育培训的开展

安全教育培训是提升师生安全意识、预防风险事件发生的重要手段。体育学院与姚基金合作，定期开展安全教育培训活动。姚基金邀请专业的安全教育讲师，为体育学院师生提供针对性的培训内容，包括消防安全、运动损伤预防、急救知识等。通过培训，师生的安全意识得到了显著提升，能够在遇到突发情况时迅速做出正确反应。

4. 场地设施安全管理与维护

体育学院场地设施的安全状况直接影响到师生的人身安全。在姚基金的支持下，体育学院加强了对场地设施的安全管理与维护工作。双方共同制订了场地设施使用规定和维护保养计划，并定期对场地设施进行检查和维修。此外，姚基金还资助体育学院对部分老旧设施进行更新改造，提升了场地设施的安全性和使用性能。

5. 应急处置能力的提升

为了应对可能发生的突发事件，体育学院与姚基金合作，共同提升了应急处置能力。双方共同制定了应急预案，明确了应急处置流程和责任人。同时，姚基金还协助体育学院建立了应急处置队伍，并提供了必要的应急设备和物资。通过定期的应急演练和培训，体育学院师生的应急处置能力得到了有效提升。

（二）合作效果

1. 降低风险事件发生率，保障师生安全

通过姚基金支持下体育学院风险防控与安全管理机制的建立与实施，体育学院的风险事件发生率得到了有效降低。各项安全管理制度的完善和落实，使体育学院的各项活动能够在更加安全、有序的环境中进行。同时，师生安全意识和应急处置能力的提升，也进一步保障了师生的人身安全。

2. 提升体育学院整体安全管理水平

姚基金的支持不仅帮助体育学院解决了具体的安全管理问题，还推动了体育学院整体安全管理水平的提升。体育学院在风险识别、制度完善、教育培训、设施管理及应急处置等方面都取得了显著进步，形成了一套科学、系统的安全管理体系。这一体系的建立，为体育学院的长远发展奠定了坚实的基础。

3. 增强体育学院的社会信誉和影响力

体育学院风险防控与安全管理机制的完善，不仅提升了学院自身的安全管理水平，也增强了体育学院的社会信誉和影响力。一个安全管理水平高、师生安全意识强的体育学院，更容易获得社会各界的认可和信任。这有助于体育学院吸引更多的优秀学生和师资资源，提升学院的竞争力和影响力。

4. 促进体育学院与姚基金的深度合作与共赢

通过风险防控与安全管理机制的合作，体育学院与姚基金之间的合作关

系得到了进一步深化。双方在合作中相互支持、相互学习，共同推动了体育学院的安全管理工作。这种深度合作不仅有助于提升体育学院的安全管理水平，也为姚基金在体育领域的发展提供了有力支持。双方的合作实现了共赢，为未来的合作奠定了更加坚实的基础。

综上所述，姚基金支持下体育学院风险防控与安全管理机制是一种富有成效的合作形式。它通过风险识别与评估、安全管理制度完善、安全教育培训、场地设施安全管理及应急处置能力提升等多个方面的合作，有效降低了体育学院的风险事件发生率，提升了学院的整体安全管理水平和社会信誉。同时，这种合作也促进了体育学院与姚基金的深度合作与共赢，为双方的未来发展注入了新的动力。

本章小结

本章对体育学院与姚基金的协作情况进行了全面而深入的分析，涵盖了合作内容、合作形式及保障机制等多个方面。通过这一系列的探讨，我们不难发现体育学院与姚基金的合作是富有成效且意义深远的。

一、合作内容丰富多样，促进体育学院全面发展

体育学院与姚基金的合作内容涵盖了教学、训练、竞赛、教研和师资等多个方面，这些合作内容相互关联、相互促进，共同推动了体育学院的全面发展。在教学方面，姚基金为体育学院提供了先进的教学理念和教学方法，使体育学院的教学内容更加丰富多样，学生的学习兴趣和积极性也得到了有效提升。在训练方面，姚基金为体育学院提供了专业的训练指导，体育学院通过与专业教练的交流和合作，学院的师生能够接触到更加先进的训练理念和技术，提高了自身的竞技水平。在竞赛方面，姚基金为体育学院提供了丰富的竞赛资源和平台，帮助学院扩大了竞赛影响力和竞争力。通过参与高水平的竞赛活动，体育学院的师生能够锻炼自己的竞技能力，增强自信心和团队合作精神。在教研方面，姚基金与体育学院共同开展了一系列教研项目，推动了体育学院科研水平的提升。通过合作研究，双方能够共享研究成果和资源，促进了学术交流和合作发展。在师资方面，姚基金平台开拓体育学院教师视野，提升了教学水平和科研能力。

二、合作形式灵活多样，实现资源共享与互补

体育学院与姚基金的合作形式灵活多样，既有项目合作，也有资金支持，还有人才交流等多种形式。这些合作形式不仅实现了资源共享与互补，也促进了双方的合作深度和广度。在项目合作方面，体育学院与姚基金共同策划和实施了一系列合作项目，如共建实验室、联合举办赛事等。这些项目不仅为双方提供了合作平台，也促进了双方在技术和资源方面的互补与融合。在资金支持方面，姚基金为体育学院提供了一定的支教志愿者培训费用及学生支教补贴。在人才交流方面，体育学院与姚基金积极开展人才互访、学术交流等活动。通过这些活动，双方能够了解彼此的发展需求和优势资源，为未来的合作提供了更多的可能性。

三、保障机制健全有效，确保合作顺利进行

体育学院与姚基金的合作之所以能够顺利进行并取得显著成效，离不开健全的保障机制。这些保障机制涵盖了风险防控、安全管理、知识产权保护等多个方面，为合作的顺利进行提供了有力保障。在风险防控方面，体育学院与姚基金共同建立了风险识别与评估体系，定期对合作项目进行风险评估和预警。同时，双方还制定了应急预案和处置流程，确保在突发情况下能够迅速应对并降低风险损失。在安全管理方面，体育学院加强了场地设施的安全管理与维护工作，并定期对师生进行安全教育培训。姚基金也提供了必要的安全管理指导和支持，帮助体育学院提升了整体安全管理水平。

四、体育学院与姚基金合作成效显著，展望未来前景广阔

通过体育学院与姚基金的合作，双方在多个方面都取得了显著成效。这些成效不仅体现在教学、训练、竞赛等具体业务领域的提升上，也体现在整

体办学水平和社会影响力的增强上。展望未来，体育学院与姚基金的合作前景广阔。随着双方合作的不断深入和拓展，相信双方在人才培养、科研创新、社会服务等方面将取得更加丰硕的成果。同时，体育学院也将借助姚基金的资源和平台优势，不断提升自身的办学水平和竞争力，为培养更多优秀的体育人才和推动体育事业的发展做出更大的贡献。

综上所述，体育学院与姚基金的合作是一种富有成效且意义深远的合作模式。通过丰富多样的合作内容、灵活多样的合作形式及健全有效的保障机制，双方共同推动了体育学院的全面发展和提升。展望未来，我们期待体育学院与姚基金能够继续深化合作、拓展领域、提升水平，共同书写更加辉煌的合作篇章。

第四章

姚基金协同助力乡村学校体育的传导模式

第一节
邢台学院体育学院与姚基金协同助力乡村学校体育的互动关系

一、问题的提出

党的二十大报告从“加快构建新发展格局，着力推动高质量发展”“实施科教兴国战略，强化现代化建设人才支撑”“推进文化自信自强，铸就社会主义文化新辉煌”等方面对乡村全面振兴、教育高质量发展和体育强国建设做出重要部署。乡村学校体育作为乡村地区全面实施素质教育的重要载体，将其置于乡村振兴与体育强国战略中考量，是对时代发展的必然回应。2023 年 6 月国家体育总局等十二部委联合印发《关于推进体育助力乡村振兴工作的指导意见》提出：“引导支持社会力量、企事业单位开展送体育下乡活动；实施乡村体育后备力量‘雏鹰计划’，扶持篮球等项目在乡村学校的推广与普及；常态化组织开展乡村青少年体育赛事活动；组织开展体育教育专业大学生支教行动。”进一步召唤高校、社会力量的支持，呼吁它们参与建设体育强国。

随着中国教育水平的显著提高，中国学校体育面临需求日益增长但供给不平衡不充分的矛盾，学生“发展需要”与“教育满足”的矛盾。党的十九大报告与《中共中央关于制定国民经济和社会发展第十四个五年规划和二零三五年远景目标的建议》提出，“建设高质量教育体系”，明确“十四五”时期教育改革发展方向与要求，为我国基础教育改革指明方向。党的十八大以来，学校体育受到的重视程度与日俱增。2012 年《关于加快推进乡村人才振兴的意见》提出，“鼓励体育专业师生参与乡村体育指导志愿服务”。2015 年

《中共中央关于制定国民经济和社会发展第十三个五年规划的建议》指出，“支持慈善事业发展，广泛动员社会力量开展社会救济和社会互助、志愿服务活动”。2019 年《体育强国建设纲要的通知》指出，“建立健全全民健身志愿服务组织体系，将志愿服务纳入体育专业学生考核和体育教师评价内容，鼓励体育专业学生赴欠发达地区进行志愿服务；要精心培育和发展体育公益、慈善和志愿服务文化，培育具有优秀品德和良好运动成绩的体育明星，组织运动队和体育明星开展公益活动”。2020 年中共中央办公厅、国务院办公厅印发的《关于全面加强和改进新时代学校体育工作的意见》明确：“统筹整合社会资源。加强美育的社会资源供给。”2021 年国家体育总局开展了“体教融合走基层”活动，通过高校与乡村对口体育扶贫的方式，灵活有序地将高校体育专业学生派往贫困地区学校开展体育支教。从政策看，乡村教育得到党和国家的高度重视，先后制定了一系列政策鼓励多方力量参与乡村学校体育发展。从鼓励体育专业人才参与乡村体育志愿活动到学校体育工作系列政策、资源倾斜，可以看出志愿服务是实现乡村体育发展的重要手段，社会力量为发展学校体育提供推动力，国家对社会力量与高校有效地将学界和业界的资源融合起来，为学校体育高质量发展提供动力寄予厚望。

随着国家对乡村教育发展的日益重视，乡村学校体育作为促进学生身心健康、培养全面发展人才的重要一环，其地位和作用逐渐凸显。然而，由于历史、地理、经济等多方面原因，乡村学校体育资源与城市相比仍存在较大差距，这严重制约了乡村学校体育的发展。在这一背景下，体育学院与姚基金携手，共同致力于推动乡村学校体育资源的均衡化，具有重要的现实意义和深远影响。

一方面，体育学院作为培养体育专业人才的重要基地，拥有丰富的教学资源和师资力量。而姚基金作为国内知名的公益组织，长期致力于推动青少年体育事业的发展。两者的合作，不仅能够实现资源共享和优势互补，还能够为乡村学校体育的发展提供有力的支持和保障。通过合作，体育学院可以将先进的体育教学理念、方法和手段引入到乡村学校，提升乡村体育教师的教学水平和能力；同时，姚基金可以通过资金支持和项目运作，为乡村学校提供更多的体育设施、器材和活动经费，改善乡村学校的体育硬件条件。这种合作模式不仅有助于缩小城乡学校体育资源的差距，还能够激发乡村学生对体育的兴趣和热情，促进他们的身心健康和全面发展。另一方面，体育学院在推动乡村学校体育资源均衡化中能够发挥重要作用。

首先，提供专业的教学指导和培训。体育学院可以组织专业的体育教师团队，定期到乡村学校进行教学指导和培训。通过现场教学、示范课、讲座等形式，向乡村体育教师传授先进的体育教学理念和方法，帮助他们提高教学水平和能力。同时，还可以针对乡村学生的特点和需求，开发适合他们的体育课程和教材，提高体育教学的针对性和实效性。

其次，开展体育师资交流和合作研究。体育学院可以与乡村学校建立长期的师资交流和合作关系，组织体育教师进行互访、交流和合作研究。通过分享教学经验、探讨教学方法、共同开展课题研究等方式，促进城乡体育教师的相互学习和成长。这种合作模式有助于打破城乡之间的信息壁垒，推动体育教育资源的共享和优化配置。

再次，推广先进的体育技术和器材。体育学院可以积极推广先进的体育技术和器材，为乡村学校提供更多的选择和可能性。例如，可以引进智能化的体育教学设备、开发适合乡村学校的体育器材和设施等。这些先进的技术和器材不仅能够提高体育教学的效率和质量，还能够激发乡村学生的兴趣和热情，促进他们的积极参与和全面发展。

最后，姚基金在推动乡村学校体育资源均衡化中的贡献，一是提供资金支持，改善体育设备。姚基金可以通过设立专项资金、发起募捐活动等方式，为乡村学校提供资金支持。这些资金可以用于购买体育器材、修建运动场地、改善体育设施等，为乡村学生提供更好的体育学习和锻炼环境。通过改善体育设施条件，可以有效激发乡村学生的体育兴趣，培养他们的运动习惯和健康生活方式。二是组织体育活动，丰富校园文化。姚基金可以组织各种形式的体育活动和比赛，如篮球赛、足球赛、运动会等，为乡村学生提供更多的展示和交流平台。这些活动不仅能够丰富学生的校园文化生活，还能够增强他们的团队精神和竞争意识。通过参与体育活动，乡村学生可以结交更多的朋友，拓展自己的视野和社交圈子，提升自信心和综合素质。三是开展公益宣传，提高社会关注度。姚基金可以利用自身的社会影响力和资源优势，开展公益宣传活动，提高社会对乡村学校体育发展的关注度。通过媒体宣传、网络传播等方式，让更多的人了解乡村学校体育的现状和需求，吸引更多的社会力量和资源投入乡村学校体育事业。这种公益宣传有助于营造全社会关心支持乡村学校体育发展的良好氛围。体育学院与姚基金协同推动乡村学校体育资源均衡化的前景展望，体育学院与姚基金携手推动乡村学校体育资源均衡化具有重要的现实意义和深远影响。

姚基金是由姚明发起的公益慈善组织，专注于乡村学校体育发展，是社会力量参与乡村学校体育发展的典型代表。其通过“希望小学篮球季”等项目提供体育设施和专业培训，动员社会各界资源，增强乡村学生的体育兴趣和体质，其创新模式和显著的社会影响力，展现了社会力量在推动乡村学校体育发展中的重要作用。从现有文献分析研究可以看出，目前围绕姚基金的研究较多，主要集中于姚基金希望小学篮球季项目的实施状况与效果评估[1][2]、体育公益组织的运作与社会影响[3]、体育教育对学生发展的影响[4][5]体育慈善项目的创新与路径探索[6][7]、社会力量参与乡村学校体育发展[8]五个维度，但在

---

[1] 危国强，毛丽红．“姚基金希望小学篮球季”项目在江西省实施的现状分析 [J]. 产业与科技论坛，2021, 20 (11): 103–104.

[2] 吴亚娟．姚基金体育慈善模式分析 [J]. 西安体育学院学报，2012, 29 (4): 457–459.

[3] 陈筱霖．社会力量助力乡村学校体育发展的路径研究——以“姚基金希望小学篮球季”项目为例 [J]. 体育视野，2023, (1): 14–16.

[4] 庄园，刘宇翔，谢泽辉．“姚基金希望小学篮球季”助推学校体育发展的机制、维度与展望 [J]. 体育科技文献通报，2023, 31 (12): 174–177.

[5] 陆世敏，陈靖，周美如，等．广西姚基金希望小学体育教育活动和条件研究 [J]. 运动精品，2021, 40 (11) : 39–40.

[6] 陈筱霖．社会力量助力乡村学校体育发展的路径研究——以“姚基金希望小学篮球季”项目为例 [J]. 体育视野，2023 (1): 14–16.

[7] 潘磊，贾恩峰．姚基金希望小学篮球季少年篮球系统化训练的思考 [J]. 当代体育科技，2022, 12 (25): 13–18.

[8] 陈筱霖．社会力量助力乡村学校体育发展的路径研究——以“姚基金希望小学篮球季”项目为例 [J]. 体育视野，2023 (1): 14–16.

“姚基金希望小学篮球季”项目运行中，它离不开对全国各师范或体育院校的资源依赖与协同互动，因此需要深入探讨姚基金与地方院校体育学院之间如何实现资源依赖和协同互动，实现资源共享，助力乡村学校体育振兴，多方共赢，资源依赖理论为解决上述问题提供了有益思路和有效方案。

二、理论框架与案例选取

（一）理论基础与分析框架

1. 资源依赖理论

20 世纪 40 年代资源依赖理论萌芽，代表人物塞尔兹尼克认为组织的存活需要依赖外部资源。资源依赖理论认为，组织间存在着资源相互依赖的关系，更多的是“互动性依赖”的状态。拥有资源的组织会对依赖组织提出符合自身利益的要求，对获取资源的组织产生外部控制。基于此，普费弗与萨兰奇克提出了组织间相互依赖的两种主要模式：竞争性依赖和共生性依赖。资源是组织间相互联系的决定性因素。一个有效的组织将会根据外部环境来不断调整自身的行为，并有效运用市场环境中的各项资源进行依赖，根据环境（其他组织）的需求来作出回应，从而在环境（其他组织）中继续获取生存资源，形成一个良性的资源依赖行为互动模式。普费弗与萨兰奇克认为组织间的资源依赖关系度受三个重要因素影响：第一，该项资源对组织生存所起到的决定性作用；第二，该项资源是否存在可替换性，以及替代资源是否能够获取；第三，组织所能获取到该资源的可能性或者是能够使用该资源的程度。

在“姚基金希望小学篮球季”项目运行中，地方院校体育学院与姚基金之间呈现资源依赖关系主要表现在两方面。一是姚基金与全国各师范、体育院校合作，实现了资源共享与互利共赢。通过志愿者培训计划，地方高校为姚基金的公益项目注入了人力资源，培养了一批热心公益的志愿者。同时，专业教师积极参与乡村学校的体育教学和培训工作，为姚基金的体育教育事业提供了强有力的支持。此外，地方高校的体育教育研究与姚基金的研究项目相结合，共同推动了体育教育的创新和发展。在设施与场地方面，地方高校与姚基金签订了共享协议，为姚基金的活动提供了场地支持。二是姚基金充分利用这些资源和支持，致力于改善乡村学校的体育设施，整合体育教育资源，推广公益项目，并在乡村学校网络中实施支教和体育活动。这些举措不仅帮助乡村学生提升了体质，培养了团队精神，提高了运动技能，还增强了社会公众的公益意识，为社会的进步和发展做出了积极贡献。

姚基金对地方院校体育学院表现出场地共享、人力和知识资源的强索求性，人力与知识资源不仅决定着乡村学校体育支教效果，还决定着“姚基金希望小学篮球季”项目的实施与落地，对“姚基金希望小学篮球季”项目运行起决定性作用。由此可以看出，姚基金对地方院校体育学院呈现强依赖，地方院校体育学院对姚基金呈现选择性依赖。资源依赖理论正为我们理解和解释社会力量姚基金与地方院校体育学院的协同互动路径研究提供适切的理论视角。

2. 案例选取

本研究采取质性研究导向下的案例研究法，选取 2020 年姚基金与邢台学院体育学院携手签订的“姚基金篮球季”项目作为研究的典型案例。选择此案例进行深入剖析，主要基于以下四个维度的考量。一是地理位置与社会背景。邢台市坐落于河北省中南部，横跨黑龙港流域与太行山区，是典型的欠发达地区[1]，受地理环境等因素的影响，教育资源匮乏，特别是在乡村学校体育发展方面，这已成为推动地区教育高质量发展过程中亟待攻克的难题。二是机遇与社会责任。2019 年 4 月，邢台学院抓住教育部“协同提质计划”重点帮扶的宝贵机遇，与教育管理部门、乡村学校以及公益组织等多方力量

---

[1] 赵婧轩．欠发达地区高质量发展的现实困境与路径选择［J］. 闽南师范大学学报（哲学社会科学版），2021, 35 (4): 29–34.

携手合作，共同致力于乡村教育资源的“输血”与“造血”。“协同提质计划”不仅包括高水平师范院校的帮扶，同时也蕴含了与地方基础教育的协同合作及学校内部的协同合作，体现了教师教育一体化机制的创新和发展。[1]作为邢台市唯一一所开设本科体育专业的高等学府，邢台学院体育学院更以实际行动，践行着教育的社会使命，利用其专业与资源优势，为乡村学校体育发展注入活力。三是专业资源与项目实施。地方院校体育学院的人力与知识资源是“姚基金希望小学篮球季”项目成功实施与落地的关键。其专业的、稳定的篮球师资队伍与篮球专业学生能满足“姚基金希望小学篮球季”项目的需求，保障了乡村学校体育支教活动的高效开展，对项目的生存与发展起到了决定性作用。四是项目吸引与社会共赢。姚基金作为一个具有深远社会影响力的公益项目，资源稀缺性与不可替代性对地方院校体育学院具有强大的吸引力。它不仅增强了地方院校的社会责任感和公益形象，而且为支教志愿者提供了宝贵的实践机会，促进专业人才培养。与姚基金的合作不仅丰富了教学资源，拓宽了研究视野，还有助于提升地方院校体育学院的品牌影响力，增加社会知名度和吸引力。此外，“姚基金希望小学篮球季”项目与国家政策高度契合，也为地方院校体育学院带来了政策支持和资源倾斜，有助于地方院校体育学院、姚基金与社会的共赢。研究通过公开渠道收集数据，具体包括地方院校体育学院、姚基金政策、文件等一手数据，以及学术研究和媒体报道等二手数据。

（二）资源依赖理论视角下姚基金与邢台学院体育学院的需求与优势

1. 姚基金需求与优势

姚基金组织发展需求，具有强大的品牌效应，丰富的社会网络资源，支

[1] 陈晓乐，丁坤．协同学视域下师范教育协同提质的内涵特征与实践路径［J］. 教育理论与实践，2024（24）：51−55.

教体系专业完整优势。

姚基金组织发展需求，主要体现在以下两方面：一是积极响应国家号召，搭建公益平台，弥补我国农村地区体育教育师资匮乏、体育教学落后、体育活动缺失的现状，为中国贫困地区孩子提供帮助；二是通过活动开展，扩大公益传播，进行社会的倡导，强化对青少年公益教育的功能。

姚基金具有强大的品牌效应。姚基金抓住了姚明作为篮球赛场名人吸引了 NBA 体育文化发展公司、NIKE 体育公司、中国人寿等公司为其募捐；此外，名人效应一定程度上也增强了社会公众对姚基金的认可和支持。例如，2007 年姚明与 NBA 太阳队球员史蒂夫 · 纳什共同发起了“姚纳慈善赛”，为中国乡村地区的青少年筹款以改善他们的学习与生活条件，当届筹款达 1700 万元；该项慈善活动相继于北京、台北、东莞、上海、福州、香港、大连、南宁、武汉成功举办 10 届。2013 年，该项赛事正式更名为“‘姚基金’慈善赛”，它已成为国内最具影响力的慈善篮球赛事，也是每年各地城市争相承办的热门的“体育 + 公益”的盛会。

姚基金拥有丰富的社会网络资源。姚基金整合多方力量，在“姚基金希望小学篮球季”项目运行中，涉及中国青少年发展基金会、全国的地方青基会、地方团委、政府、地方青基会、高校等相关资源，搭建了自上而下的社会关系网络，短时间内大范围整合资源，并将嵌入在网络中的各种资源转化为社会资本（见图 4-1）。

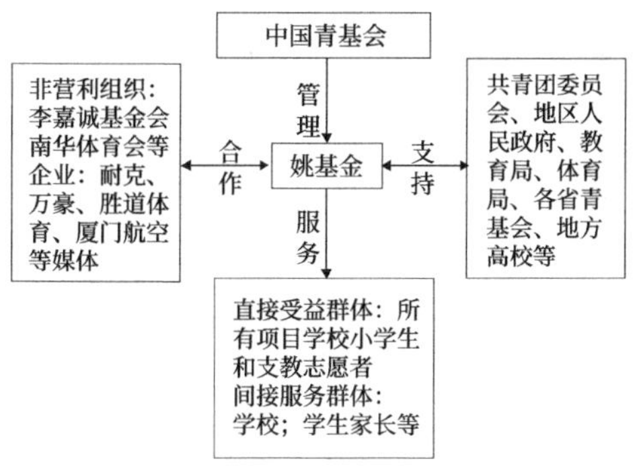

图 4-1　姚基金运行社会关系网

数据来源：韩璐 . 社会资本视域下姚基金运行研究 [D]. 北京：北京体育大学，2019.

姚基金的核心项目“姚基金篮球季”为体育专业学生搭建了专业的社会实践平台，并提供专业完整的支教体系保障。姚基金委托篮球、心理、运动损伤方面的专家及中国篮协的裁判编写了《支教志愿者培训手册》和《支教志愿者执行手册》提出建立志愿者体系、地方活动体系和全国活动参与标准三方面的标准化体系。“姚基金篮球季”项目运行离不开体育专业志愿者支持，通过专业的志愿者支教、体育课教授、篮球训练、集训及联赛等形式将姚基金“以体育人”的理念传达下去，这些均有利于高校体育学院支教在此创生。

2. 邢台学院体育学院的需求与优势

邢台学院体育学院：人才培养与社会服务需求，人才资源优势、学科专业优势、理论和技术优势，以及培养技能人才优势是新时代推进乡村学校体育振兴的重要支撑力量。

邢台市位于河北省中南部，辖区内包括山区、丘陵、冲积平原等各种地形。2019 年，时任河北邢台市市长的董晓宇撰文认为邢台地跨黑龙港流域、太行山区两大贫困带，20 个县（市、区）中有一半贫困县，是典型的欠发达地区[1]，农村人口数量较多，大部分学校集中于偏远的农村地区，受地理环境等因素的影响，教育资源匮乏，关注乡村学校体育发展，也成为推动地区教育高质量发展亟待解决的一大难题。2019 年 4 月邢台学院以教育部重点帮扶为契机，与教育管理部门、乡村学校、公益组织等多方力量联合对乡村教育资源“输血”与“造血”。

邢台学院作为邢台市唯一一所拥有本科体育专业的院校，体育学院既要为知识发现、保存、传播、发展、应用和理解等基本活动而运行与发展，也要在地方性、应用型、开放式的办学定位下，把服务地方社会和经济发展需

[1] 赵婧轩．欠发达地区高质量发展的现实困境与路径选择［J］．闽南师范大学学报（哲学社会科学版），2021, 35(4)：29−34.

要摆在学校高质量发展的重要位置，通过自身的专业知识解决乡村学校体育的实际问题。体育学院拥有人才资源、理论和技术与培养技能人才优势。一方面，丰厚的高校师生数量和质量储备，大量的具有专业背景的、扎实先进的理论基础的体育专业教师活跃在学术前沿，其丰富的研究经验成为取之不尽、用之不竭的知识源泉，也为学生提供从教学内容、教法等方面提供精准指导，发挥体育学院教学科研作用；另一方面，体育学院作为地方体育人才培养基地，学生资源丰富，每年组织学生进行体育教学岗位实习对从师、从业素质和在校学习的教育、教学知识、技能综合运用的规范化实践考察和职业标准要求进行检验[1]，增强学生社会实践能力，提升个人素质，为完成学生向教师角色转换提供契机。

普费弗与萨兰奇克认为组织间的资源依赖关系度受三个重要因素影响。第一，高校体育学院支教学生决定“‘姚基金’希望小学篮球季”项目的末梢实施与落地。高校体育学院拥有专业的、稳定的篮球师资储备。体育篮球专业学生的篮球教学能力更能满足普通基础教学的需要，在“‘姚基金’希望小学篮球季”的招募、培训下保障支教活动高效地开展。这决定着“‘姚基金’希望小学篮球季”项目的实施与落地，该项资源对姚基金生存所起到的决定性作用。第二，姚基金强大有效的资源整合力，稳固的执行体系、优质的社会网络资源以及专业化标准化的篮球教学体系，其具有资源的稀缺性与不可替代性。此外，“姚基金希望小学篮球季”项目拥有专业化、标准化的篮球教学体系。姚基金提供标准化执行手册，授权使用品牌，输出相关资源和公益产品，助力地区青少年体育事业加速发展，这些使姚基金资源呈现稀缺性与不可替代性。第三，“姚基金篮球季”运行是依托于中国青基会希望工程的全国系统，由姚基金、中国青基会和中国篮协共同主持，中国青少年发展基金会与全国的地方青基会共同组成“青基会共同体”，成为一个高

[1] 郭井双，潘宏伟，崔性赫，等．高等院校体育专业实习实践现状分析［J］. 中国教育技术装备，2020（14）：127–128.

效的资源传递系统，撬动各方专业资源在项目运行中提供整体运作支持，青基会起到动员与关系维护的职能；青基会依托“共同体”推荐项目合作高校，并筛选出符合支教条件的小学。它是资源的核心，将地方团委、政府、地方青基会、高校等相关资源整合在一起，起到了关键的资源动员作用。项目高校与姚基金间就“姚基金篮球季”项目展开协同互动，形成了一条上下联动、多方参与的“生态链”（见图 4-2）。本研究围绕“姚基金篮球季”项目分析姚基金与高校体育学院之间的协同互动。

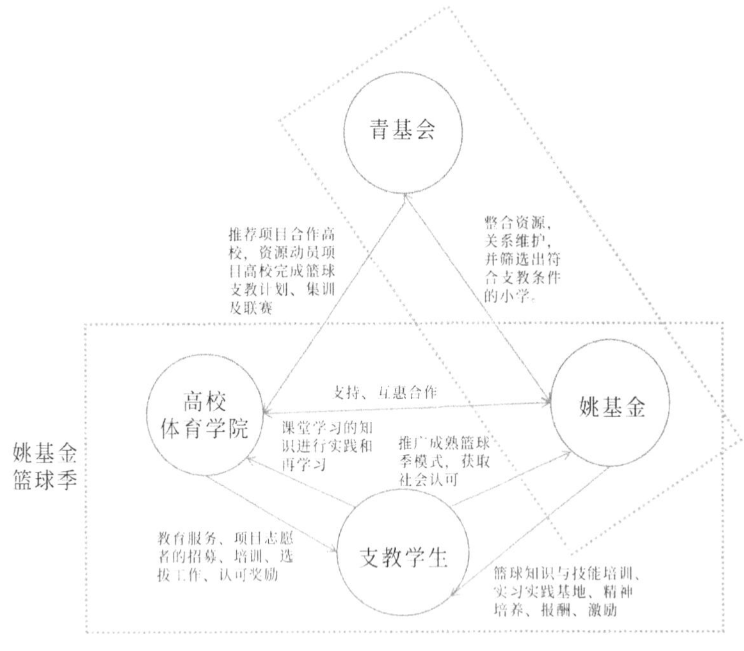

图 4-2　高校体育学院与姚基金之间的互动关系

三、姚基金与地方体育学院资源共享互动关系梳理

在当前社会背景下，乡村学校体育教育的发展面临着诸多挑战与机遇。作为培养体育人才、传播体育精神的重要基地，体育学院与姚基金携手合作，共同致力于乡村学校体育事业的发展，不仅为乡村孩子带来了更多的体育教

育资源，也为乡村学校体育教育注入了新的活力与希望。

体育学院作为高等教育机构，拥有专业的师资力量、丰富的教育资源以及先进的教育理念。在体育教育领域，体育学院不仅拥有先进的教育理念和方法，还具备一批高水平的师资队伍和科研团队。这些专业优势为体育学院与姚基金的深度合作奠定了坚实的基础。通过与姚基金的合作，体育学院可以将这些优势资源转化为实际的教学成果，为乡村学校体育教育提供有力支持。具体来说，体育学院可以通过派遣支教志愿者、开展师资培训、捐赠体育器材等方式，为乡村学校提供专业的体育教学服务，帮助乡村学校提升体育教育水平。如，体育学院可以组织支教团队前往乡村学校开展体育教学工作，通过亲身示范和实践指导，帮助乡村学校的体育老师提升教学水平；同时，体育学院还可以与姚基金共同开展师资培训项目，为乡村学校的体育老师提供系统的培训和学习机会，帮助他们掌握更多的体育教学技能和方法。此外，体育学院与姚基金还可以共同策划和组织各类体育赛事和活动，为乡村孩子提供更多的展示自我、锻炼身体的平台。通过这些活动，不仅可以激发乡村孩子对体育运动的热爱和兴趣，还可以培养他们的团队合作精神和竞争意识，为他们的全面发展打下坚实的基础。

姚基金作为一个专注于青少年体育公益事业的慈善机构，在推动乡村学校体育教育方面发挥着重要的引领作用。首先，姚基金通过资助和扶持乡村学校体育项目，为乡村学校体育教育提供了必要的资金和资源支持。姚基金不仅为乡村学校捐赠体育器材、建设运动场地，还通过设立奖学金、资助体育教师培训等方式，帮助乡村学校解决体育教育资源匮乏的问题。其次，姚基金通过举办各类体育赛事和活动，为乡村孩子提供了展示自我、锻炼身体的平台。这些活动不仅激发了乡村孩子对体育运动的热爱和兴趣，还帮助他们树立了自信心和团队合作精神。通过参与这些活动，乡村孩子能够更好地融入社会，实现个人价值。此外，姚基金还积极倡导和传播先进的体育教育理念和方法，为乡村学校体育教育的创新发展提供了方向和指导。姚基金通过举办研讨会、培训班等形式，将最新的体育教育理念和方法引入乡村学校，帮助乡村体育教师更新教育观念，提升教学水平。

通过与体育学院的合作，姚基金可以充分利用体育学院的专业优势，为乡村学校提供更多的体育教育资源。同时，姚基金还可以借助体育学院的影响力,扩大乡村学校体育教育的社会影响力,吸引更多的社会关注和资金支持。然而，乡村学校体育教育的现状却令人担忧，缺乏专业的师资、教学设施落后等问题制约了其发展。在这样的背景下，姚基金积极寻求与体育学院的合作，以借助其专业优势推动乡村学校体育项目的实施。姚基金与体育学院的协同合作显得尤为重要。姚基金凭借其公益性质和社会影响力，为乡村学校体育教育提供了有力的引领;而体育学院则通过丰富的教育资源和实践经验，为乡村学校体育教育的创新发展提供了坚实的支撑。

体育学院作为培养体育人才、传播体育精神的重要基地，在推动乡村学校体育教育创新发展中发挥着重要的实践作用。首先，体育学院通过派遣支教志愿者、开展实习实训等方式，将专业的体育教育资源引入乡村学校。这些支教志愿者和实习生不仅为乡村学校带来了先进的体育教学理念和方法，还通过亲身示范和实践指导，帮助乡村学校的体育老师提升教学水平。其次，体育学院通过开展科研活动，为乡村学校体育教育的创新发展提供了理论支持和实践指导。体育学院的教师和科研人员深入乡村学校进行调研和实地考察,了解乡村学校体育教育的现状和需求,针对性地开展科研项目和实践活动。这些研究成果不仅为乡村学校体育教育的改革与发展提供了科学依据，还为体育学院自身的学科建设和教学改革提供了有益的参考。此外，体育学院还积极与乡村学校建立合作关系，共同开展体育教学和训练工作。通过与乡村学校的深度合作，体育学院可以更好地了解乡村学校体育教育的实际情况和需求，为乡村学校提供更加精准和有效的支持和帮助。

在体育学院与姚基金的合作过程中，涌现出许多感人的故事和成功的案例。例如，有的体育学院支教志愿者在乡村学校中默默奉献，用自己的专业知识和爱心为孩子们带来了欢乐和成长；有的乡村学校通过参加姚基金组织的体育赛事和活动，逐渐改变了以往对体育教育的忽视和偏见，开始重视并大力发展体育教育；还有的乡村孩子通过参与体育活动，不仅身体素质得到了提升，自信心和社交能力也得到了极大的提高。随着国家对乡村教育发展的重视和支持力度不断加大，乡村学校体育教育也将迎来更多的发展机遇。体育学院与姚基金可以进一步加强合作，共同探索更多的合作模式和创新点，为乡村学校体育教育的发展贡献更多的力量。体育学院与姚基金携手合作，共筑乡村学校体育新篇章，不仅为乡村孩子带来了更多的体育教育资源和发展机会，也为乡村学校体育教育的发展注入了新的活力和希望。体育学院与姚基金的深化合作体现在多个方面：

首先，体育学院为姚基金乡村体育项目提供了专业的师资支持。通过派遣优秀的教师前往乡村学校进行支教，体育学院为乡村学校的体育老师提供了宝贵的教学经验和指导。这些支教老师不仅传授了先进的体育教学理念和方法，还帮助乡村学校的体育老师提升了自身的专业素养和教学能力。

其次，体育学院还为姚基金乡村体育项目提供了丰富的教育资源。体育学院拥有丰富的体育器材、教学设备和场地资源，可以为乡村学校提供必要的体育教学设施。同时，体育学院还可以根据乡村学校的实际需求，量身定制体育教学计划和课程内容，确保体育教学的针对性和实效性。

此外，体育学院还积极与姚基金共同开展体育科研活动。通过深入研究和探索乡村学校体育教育的现状和问题，体育学院为姚基金乡村体育项目提供了科学的理论支持和决策依据。这些研究成果不仅有助于推动乡村学校体育教育的改革与发展，还为体育学院自身的学科建设和教学改革提供了有益的参考和借鉴。

在体育学院与姚基金的深化合作中，双方共同推动了乡村学校体育项目的全面实施。通过提供专业的师资支持、丰富的教学资源和科学的理论指导，体育学院为乡村学校体育教育的发展注入了新的活力和动力。在体育学院的支持下，姚基金乡村体育项目得以顺利开展，取得了显著的成效。一方面，乡村学校的体育教学质量得到了显著提升。在体育学院支教老师的指导下，乡村学校的体育老师逐渐掌握了先进的教学方法和技巧，能够更好地激发学生的体育兴趣和积极性。同时，体育学院提供的教学资源和设施也为乡村学校的体育教学提供了更好的条件和保障。另一方面，乡村学生的身体素质和综合素质也得到了全面提升。通过参与体育活动和锻炼，乡村学生的身体素质得到了明显改善，自信心和团队合作精神也得到了培养和提高。这些变化不仅有利于学生的个人成长和发展，也为乡村社会的整体进步和繁荣做出了积极贡献。

体育学院与姚基金的深化合作不仅推动了乡村学校体育教育的发展，也为双方带来了互利共赢的结果。体育学院通过参与乡村体育项目，不仅提升了自身的社会影响力和声誉，还为培养更多优秀的体育人才提供了实践平台和机会。同时，姚基金也通过借助体育学院的专业优势，更好地实现了其公益目标和使命，为推动我国青少年体育事业的发展做出了积极贡献。体育学院与姚基金的深化合作在推动乡村学校体育教育发展中发挥了重要作用。通过发挥体育学院的专业优势和支持姚基金的乡村体育项目，双方共同助力乡村学校体育事业的蓬勃发展，为推动我国青少年体育事业的进步做出了积极贡献。地方院校体育学院与姚基金资源共享协同互动关系见图 4–3。

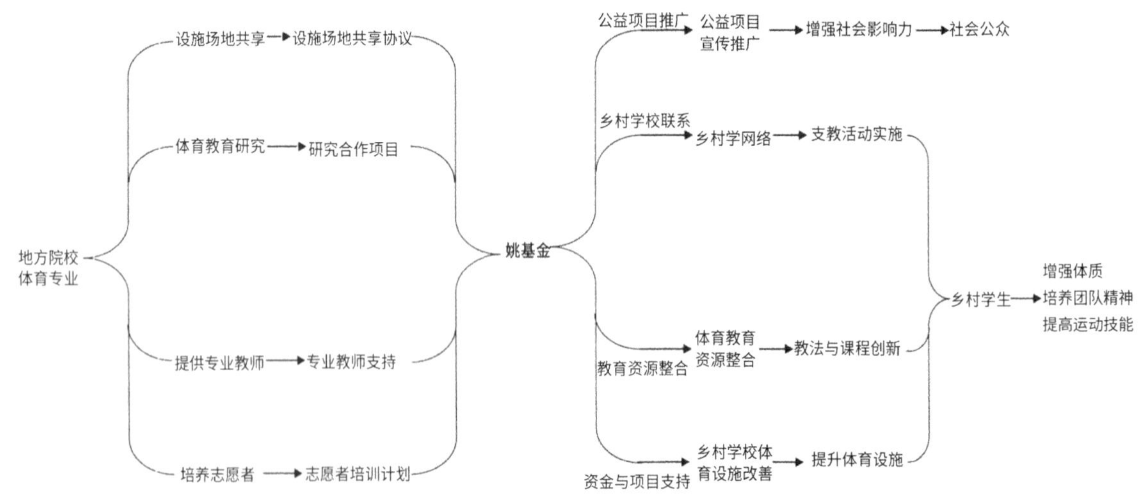

图 4–3　地方院校体育学院与姚基金资源共享互动关系

四、地方院校体育学院与姚基金资源依赖的协同互动分析

资源依赖理论假设没有任何一个组织是自给自足的，所有组织都必须为了生存而与其环境进行交换，获取资源的需求产生了组织对外部环境的依赖。[1]资源作为组织存在和活动的基础，组织为了获取资源需要同它所处的环境进行互动和交换，并从中获取他所需要的资源，以维持自身的生存和发展。地方院校体育学院是成长于特定环境的独特的组织，为特定使命而存在，促进学生成长，实现知识传承与创新，同时完成社会服务使命的一个开放与环境发生相互作用的组织。姚基金是一项致力于助学兴教，促进青少年健康发展的公益组织。在“姚基金希望小学篮球季”项目中姚基金与地方院校体育学院在资源共享互动关系下，二者资源依赖与协同互动主要呈现在成果互相依赖和行为相互依赖上（见图 4–4）。

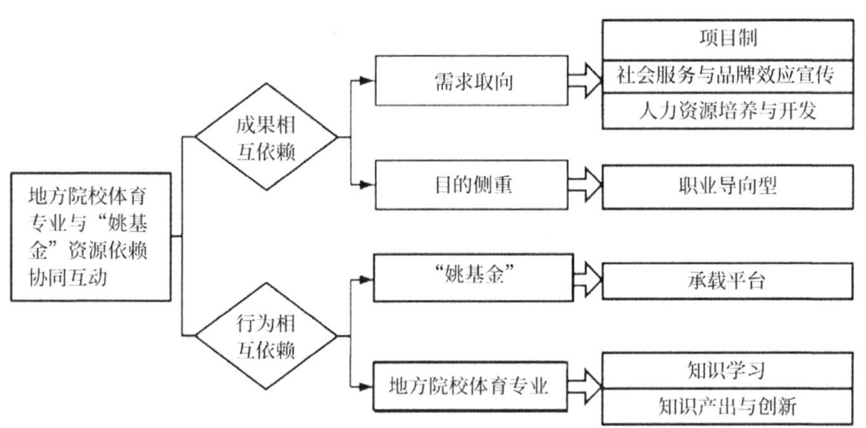

图 4-4　姚基金与地方院校体育学院资源依赖的协同互动分析

[1] 马迎贤．资源依赖理论的发展和贡献评析 [J]. 甘肃社会科学，2005(1)：116–119.

（一）姚基金与地方院校体育学院需求：解决乡村学校体育的实际问题的需求导向

在共生性相互依赖关系下，姚基金与地方院校体育学院资源依赖与协同互动主要表现为项目制、社会服务与品牌效应宣传和人力资源培养与开发三种形态。其中项目制主要通过姚基金与地方院校体育学院签订合作项目为代表，二者均呈现出明确的解决乡村学校体育的实际问题需求特征，实现双方的合作目标。社会服务与品牌效应宣传双方在服务地方、推广体育文化、普及健康方面共同努力，并在“姚基金希望小学篮球季”项目中获得社会认可和增强影响力。人力资源培养与开发双方以乡村学校体育篮球发展需求为导向，整合双方资源，重点培养和开发篮球支教志愿者，为乡村学校体育发展贡献力量。

1. 项目制内容介绍与资源依赖下的协同互动分析

（1）项目制合作内容。2020 年姚基金与邢台学院体育学院签订“姚基金希望小学篮球季”（简称姚基金篮球季）项目合同。地方院校体育学院学生担任项目支教志愿者，帮助项目乡村学校开展体育教学工作、组建学校篮球队，高校体育学院自行成立专业的志愿者培训团队，对志愿者进行不少于 2 周的篮球季志愿者综合培训工作，姚基金向支教高校体育学院支付的一定培训费用及为支教志愿者提供相应的生活补助。“姚基金希望小学篮球季”项目由启动仪式 / 志愿者出征仪式暨校长交流会（动员）、篮球支教计划（支教）和篮球集训及联赛三部分组成，项目制合作见表 4–1。

（2）项目制合作下双方资源依赖和协同互动分析。在“姚基金希望小学篮球季”项目中，地方院校体育学院与姚基金两个参与主体的资源依赖与互动呈现多维度。

姚基金提供支教学校名单为地方院校体育学院提供必要的资金支持（培训费用）和生活补助（志愿者生活补助）、支教计划、篮球集训及联赛，并通过姚基金培训手册和支教志愿者技术手册对合作地方院校体育院校提出要

表 4-1　姚基金与邢台学院体育学院协同合作项目

合作内容	地方院校体育学院	姚基金
资源	人力资源	社会网络资源、支教学校名单、软硬件支持
项目管理	双方共同管理	
合作实践	不少于 2 周的篮球季志愿者综合培训工作	
过程考核	考核分为实践测试和笔试两个部分	
资助	支教志愿者培训团队与支教志愿者生活补助	
支教效果	支教高校培训师、姚基金相关人员和支教学校相关人员采用姚基金希望小学篮球季志愿者评估体系，对支教志愿者培训期间表现、支教期间表现和支教学校反馈三方面成绩相加的方式算出志愿者总成绩，评定支教标准。	

求，地方体育学院依托专业优势，制订专业教学指导方案。从支教志愿者招募、培训以及对外宣传，确保志愿服务体系化运作，保障“姚基金希望小学篮球季”项目支教质量；项目运行中，地方体育学院会选派 1~2 名经验丰富的教师前往支教地点，针对支教学生支教过程中遇到的教学与生活困难进行指导，保证支教活动的顺利进行。此外，姚基金积极整合社会各界资源，积极协调政、社、校各方，携手各地教育局、团委、高校、社会组织、篮协等资源，从政策、机制、信息和资金等方面为姚基金篮球支教提供保障。❶

双方在“姚基金希望小学篮球季”项目中展现出明显的资源依赖；邢台学院体育学院在姚基金的支持下，发挥专业优势，通过优势互补，共同优化资源配置，持续提升项目管理和支教效果，双方形成了互利共赢的关系。双方这种基于资源共享、优势互补的互动模式，不仅加强了地方院校体育学院与姚基金的联系，而且为乡村学校体育教育的发展注入了新的活力，共同促进了乡村学校体育的全面振兴。

❶ 庄园．“姚基金篮球季”促进学校体育发展研究 [D]. 兰州：西北民族大学，2022.

2. 社会服务与品牌效应宣传

（1）社会服务。地方院校体育学院与姚基金在服务地方经济发展、推广体育文化、普及健康理念方面展现出了显著的协同效应和一致的目标追求。“姚基金希望小学篮球季”项目中，双方的合作不仅促进了乡村经济的繁荣，更在深层次上提高了乡村居民的凝聚力和生活质量，实现了教育、经济和社会的多维度共赢。姚基金凭借其优质的社会网络资源，吸引了众多的社会资源和投资，为乡村地区注入了新的活力。通过“姚基金希望篮球季”项目，不仅提升了乡村学校的体育教育水平，还增强了居民的健康意识和体育参与度，从而带动了人们的整体活力和幸福感。

“姚基金希望小学篮球季”项目支教行为的意义不仅在于运动技能的传授，更在于体育精神的培养，体育文化的熏陶。地方院校体育学院在参与“姚基金希望小学篮球季”项目中，支教志愿者以“以球助梦，以体育人”通过专业技术指导、知识宣讲、研讨、体育赛事等活动，向乡村学校师生传播体育精神和文化，不仅把篮球梦想的种子埋进乡村小孩子的心里，提高他们对体育重要性的认识，而且这些活动教会学生如何管理情绪、保持健康的生活习惯，以及如何在运动中预防伤害，培养了学生的健康意识和自我保护能力。同时，地方院校体育学院借助自身资源，如优秀运动员、优秀体育支教生的事迹等，参与乡村学校的体育文化推广活动，这些榜样的力量极大地激励了学生积极参与体育活动，培养了他们对体育的热爱和追求。通过这些活动，学生不仅学习到了体育技能，更在体育精神的熏陶下，学会了团队合作、公平竞争和坚持不懈的精神。

此外，地方院校体育学院与姚基金的合作还为学生提供了实践和展示自我的平台。通过参与“姚基金希望小学篮球季”项目，支教志愿者能够将所学知识和技能应用到实践中，提升了自己的实践能力和自信心。同时，这些活动也为学生提供了展示自我、实现自我价值的机会，激发了他们的潜能和创造力。地方院校体育学院与姚基金的合作，不仅推动了乡村体育教育的发展，更在促进社会全面进步、提高人民生活质量、促进乡村学校体育振兴等方面发挥了重要作用，也展现了体育在社会发展中的重要作用和潜力。

（2）品牌效应宣传。“姚基金希望小学篮球季”项目中能够提升地方院校体育学院的社会影响力和品牌建设。地方院校体育学院通过与姚基金的合作，地方院校体育学院可以展示其在体育教育领域的专业能力和社会责任，增强其在社会上的知名度和认可度。一方面，支教项目中优秀的体育志愿者通过篮球支教活动增强了被支教学校教师、家长和学生对地方院校体育学院的信任与认可，丰富了人们对地方院校品牌的情感深度，也为地方院校体育学院带来更多合作机会，有助于提升地方院校体育学院在体育教育领域的竞争力和品牌价值。另一方面，在姚基金平台下，地方院校体育学院借助姚基金优质社会网络平台，吸引更多的社会关注和支持，进一步扩大了地方院校体育学院的影响力。此外，姚基金定期举办项目经验分享会，彰显对乡村学校青少年体育项目的支教效果与支教志愿者所发挥的积极作用，既获得了业界的荣誉和认可，又引领多方力量共同推动乡村学校体育发展，传播了体育精神和文化，进一步增强“姚基金希望小学篮球季”项目品牌效应。

姚基金与地方院校体育学院在“姚基金希望小学篮球季”项目中成为一个强大的“联合体”，双方通过资源共享和协同互动展现出专业能力和深厚的社会责任，共同推动乡村学校体育发展。地方院校体育学院通过项目平台赢得社会各界的尊重和认可，增强在体育教育领域的竞争力和品牌价值，赢得更广阔的发展空间和社会影响力；而姚基金借助地方院校体育学院资源优势传播体育文化，为体育教育领域的发展做出了积极贡献。

3. 人力资源培养与开发

人力资源培养与开发主要体现在乡村学校体育支教志愿者与被支教学生方面。乡村学校体育教育的核心问题之一是专业师资的缺乏。地方院校体育学院借助“姚基金希望小学篮球季”项目，为乡村教师与支教志愿者提供最新的教育理念、教学方法、知识技能和课程设计等方面的知识。一方面，地方院校体育学院在“姚基金希望小学篮球季”项目运行中，派遣经验丰富的教师到乡村学校进行指导，帮助支教志愿者扩展专业视野，提升教学技巧，增强研究能力和创新教学的能力，帮助支教志愿者在个人和专业层面获得宝贵的成长和发展。另一方面，“姚基金希望小学篮球季”项目，激发了被支教学生的求知欲，篮球支教有助于培养学生沟通和团队协作技能，多元文化体验拓宽了被支教学生的视野，促进了学生的全面发展，增强了自信心和自我价值感。这些经历有助于激励他们追求梦想，积极面对挑战，对学生的长远发展产生了积极且深远的影响。

（二）联合培养的目的侧重职业取向

成果相互依赖关系下，地方院校体育学院与姚基金的另一合作特征是建立战略联盟，主要是职业导向联盟。地方院校体育学院是培养人的活动，体育教育学院的人才培养目标不仅仅是传授学科知识，更重要的是培养学生的教学实践能力，使学生成为一名合格的教师。在联合培养支教志愿者中双方可以助力学生明确职业发展导向。

支教志愿者肩负着乡村体育教师的重任，在体育课授课、篮球训练、篮球联赛中扮演合格体育教师的角色，而“姚基金希望小学篮球季”在 2016 年结合体育教育专业人才培养相关标准，在志愿者培养和选拔过程中，增加教师基本素养。同时，“篮球季支教志愿者技术手册”针对小学体育课教学七大要点、小学篮球技术与战术、常见运动损伤及伤病应急处理流程、运动损伤处理流程对支教志愿者进行体育教学和篮球技能的持续指导，使支教志愿者很好地掌握体育教学的整个过程，并达到较高的教学质量（如表 4–2）。

支教过程中项目学校的环境和教育设施影响支教学生的职业情感；同时，支教志愿者在支教过程中的获得感，有助于提升支教志愿者对教师职业的认同，进而影响其未来职业的选择和发展。一方面，支教中支教志愿者可以通过自我评估、反思教学方法等方式审视体育课程教学效果，并不断改进自身的教学方法和策略，在此过程中，志愿者不断与社会环境发生互动，不仅唤起支教志愿者对教师身份的共鸣，而且激发他们对教师身份构建的深思，在支教过程中完成教师身份的构建。另一方面，双方的合作不仅利于学生实践能力、创新能力和专业素养的提升；尤其对于篮球准选的支教学生来说，姚

表 4-2　支教志愿者培训内容

科目（不分先后）	课程内容	课时（90分钟一课时）
姚基金公益理念	姚基金“以体育人”公益理念和志愿者精神	1
支教志愿者工作要求	支教期间的工作内容、优秀志愿者考核标准、财务制度、自媒体传播要求等	1
篮球	篮球技战术教学	8
校园篮球季	协助学校开展校园篮球活动	2
运动倡导	更好地通过运动赋能女童	1
篮球季规则讲解	姚基金希望小学篮球季规则解读	1
体育课教学	小学体育课教学	8
工作教案	体育课教案、篮球训练教案等相关志愿者手册内容的撰写	1
运动选材	针对篮球运动的特点选择队员的基本原则和挑选方法	1
运动损伤	在训练和比赛中常见的突发运动损伤的预防和处理	2
篮球裁判	篮球规则、执裁过程中的手势、记录单填写	2
支教心理疏导	支教期间常见问题解答、小学生心理发展和沟通方式的讲解、应急问题出现的解决步骤等	1
实践	在小学进行教学观摩和实践，与小学生交流，向小学体育老师学习教学经验	2

基金篮球季更是为支教志愿者创造了与行业专家和社会人士互动的机会，使其能够了解最新的行业动态和发展趋势，这些都贯穿于联合培养的整个过程，与地方院校体育学院篮球专业学生在学校接受更多的篮球专业知识培养及职业取向需要相一致，均是职业取向的一种体现。

（三）姚基金为地方院校体育学院师生提供多元化社会服务平台

在行为相互依赖关系下，地方院校体育学院与姚基金之间的合作是一曲互利共赢的交响乐，其中资源依赖与互动是其和谐旋律的核心。姚基金则以其卓越的社会影响力和资源整合能力，为地方院校体育学院提供了一个广阔的实践平台。从内部看，姚基金依托中国青少年发展基金会的强大支持，构建了一个高效的内部资源传递平台。这一平台通过青基会的全国网络，实现了资源的快速分配和项目的有力推进，确保了“姚基金篮球季”项目能够迅速获得合作高校、支教学校的支持，并动员地方团委组织各级比赛，形成了一个自上而下的动员机制，为“姚基金希望小学篮球季”项目的顺利实施提供了坚实的内部保障。从外部看，姚基金积极拓展外部合作，与非营利组织、企业和媒体建立了广泛的社会资源网络，为“姚基金篮球季”项目顺利运行提供了丰富的外部资源和广泛的社会影响力，确保了项目能够获得更广泛的社会关注与多样化的支持，从而为乡村体育教育的全面发展注入新的活力。

地方院校体育学院凭借其深厚的专业知识和人才储备，为“姚基金希望小学篮球季”项目提供了坚实的人力资源基础。通过精心选拔培训支教志愿者和组织联赛，地方院校体育学院不仅满足了“姚基金希望小学篮球季”项目对乡村学校体育教学和指导的需求，而且在篮球联赛的组织与实施中发挥了关键作用。支教志愿者在这一平台上，全方位参与篮球教学、训练与联赛，提升了支教学生的专业综合技能。此外，地方院校体育学院通过与姚基金的紧密合作，体育专业的师生参与篮球教学、联赛组织和体育文化推广等活动，将体育教学的热情和专业知识传递给乡村学校的孩子们，既丰富了师生的社会实践经验，又实现了教育资源共享和社会责任共担的目标，有效促进了体育专业的高质量发展。

双方基于资源依赖视角下的互动，极大地促进了双方的同向同行。地方院校体育学院依托姚基金的平台，不仅提升了学生的专业技能和社会实践能力，而且增强了专业的社会知名度和吸引力。同时，姚基金也通过与地方院校体育学院的紧密合作，进一步扩大了其在体育教育领域的影响力，为乡村学校体育的发展注入了新的活力。双方的互动不仅推动了乡村学校体育的发展，更为培养篮球运动的后备人才和爱好者创造了有利条件。

（四）地方院校体育学院侧重学生知识产出与创新

在行为相互依赖之下，高校与姚基金资源依赖的协同互动，通过“姚基金篮球季”项目，地方院校体育学院更为强调知识的学习、产出与创新，注重学生教学实践能力的培养。

“姚基金篮球季”项目为地方院校体育学院的知识溢出提供机遇和实践

平台。在“姚基金篮球季”项目中，支教学生首要目标是获取课堂教学知识之外的与岗位相匹配的专业实践知识与技能。支教被视为教育实习的一种形式，是大学生在完成大学课程之前进一步升华教育教学理念、将所学知识运用到实践教学、提升教学设计水平的关键过程，是体育教育专业教学中的重要环节。“姚基金篮球季”项目为学生提供知识重构的过程。学生在支教过程中熟悉实际教学环境和教学流程，通过教学、组织篮球比赛、训练、执裁等环节，强化学生的知识储备，提高运动技能的讲解能力和应变能力，利于提高支教志愿者教学实践能力与创新水平，并进一步认知专业技术技能，提升自身专业核心素养，促进自身专业发展，适应未来体育教学需要。

地方院校体育学院在支教过程中可以重新审视自身专业设置、学科结构、人才培养等方面存在的问题，从而不断调整专业建设的方向，实现内涵式发展；高校发挥自身优势通过人才培养、产业扶持、实践帮扶等方式持续发力振兴乡村学校体育建设。在此过程中，高校知识渗透乡村学校体育，经过实践应用进行改进创新，再反馈到高校教学、科研中完善高校知识体系，进而促进高校教学和科研水平。姚基金与地方院校体育学院协同合作是对体育专业人才专业技能水平提高、社会服务能力的培养和弥补乡村学校体育教学资源缺口，两者之间达到的无缝对接程度是完美的耦合关系，能够相互满足、互为补充。

五、启示与建议

国家政策为姚基金与地方院校体育学院合作提供良好的环境，资源依赖理论为我们理解和解释地方院校体育学院与姚基金的资源依赖和协同互动研究提供适切的理论视角。在“姚基金希望小学篮球季”项目运行中，姚基金对地方院校体育学院呈现一种较强的资源依赖关系，表现为人力资源和知识资源的强索求性，而地方院校体育学院对姚基金则呈现选择性依赖。

地方院校体育学院和姚基金需要建立耦合并进的关系。二者在共同发展理念的基础上，以双向赋能实现耦合并进。地方院校体育学院在目标定位、人才培养等方面要主动融入姚基金主动社会服务的要素，关注乡村学校体育的发展要求，增强对乡村学校体育振兴的理解，将特色资源和发展问题转化为地方院校体育学院发展的生长点，推动学校体育发展，进而提升地方院校体育学院教育知识溢出效应的承接能力。此外，资源依赖理论难以完全解释姚基金与地方院校体育学院之间的互动关系，需要借助耦合理论、社会资本理论等予以补充。

第二节

邢台学院体育学院与姚基金协同助力乡村学校体育的互动影响

一、体育学院与姚基金携手，推动乡村学校体育资源均衡化

随着国家对乡村教育发展的日益重视，乡村学校体育作为促进学生身心健康、培养全面发展人才的重要一环，其地位和作用逐渐凸显。然而，由于历史、地理、经济等多方面原因，乡村学校体育资源与城市相比仍存在较大差距，这严重制约了乡村学校体育的发展。在这一背景下，体育学院与姚基金携手，共同致力于推动乡村学校体育资源的均衡化，具有重要的现实意义和深远影响。

（一）体育学院与姚基金的合作背景与意义

体育学院作为培养体育专业人才的重要基地，拥有丰富的教学资源和师资力量。而姚基金作为国内知名的公益组织，长期致力于推动青少年体育事业的发展。两者的合作，不仅能够实现资源共享和优势互补，还能够为乡村学校体育的发展提供有力的支持和保障。通过合作，体育学院可以将先进的体育教学理念、方法和手段引入乡村学校，提升乡村体育教师的教学水平和能力；同时，姚基金可以通过资金支持和项目运作，为乡村学校提供更多的体育设施、器材和活动经费，改善乡村学校的体育硬件条件。这种合作模式不仅有助于缩小城乡学校体育资源的差距，还能够激发乡村学生对体育的兴趣和热情，促进他们的身心健康和全面发展。

（二）体育学院在推动乡村学校体育资源均衡化中的作用

1. 提供专业的教学指导和培训

体育学院可以组织专业的体育教师团队，定期到乡村学校进行教学指导和培训。通过现场教学、示范课、讲座等形式，向乡村体育教师传授先进的体育教学理念和方法，帮助他们提高教学水平和能力。同时，还可以针对乡村学生的特点和需求，开发适合他们的体育课程和教材，提高体育教学的针对性和实效性。

2. 开展体育师资交流和合作研究

体育学院可以与乡村学校建立长期的师资交流和合作关系，组织体育教师进行互访、交流和合作研究。通过分享教学经验、探讨教学方法、共同开展课题研究等方式，促进城乡体育教师的相互学习和成长。这种合作模式有助于打破城乡之间的信息壁垒，推动体育教育资源的共享和优化配置。

3. 推广先进的体育技术和器材

体育学院可以积极推广先进的体育技术和器材，为乡村学校提供更多的选择和可能性。例如，可以引进智能化的体育教学设备、开发适合乡村学校的体育器材和设施等。这些先进的技术和器材不仅能够提高体育教学的效率和质量，还能够激发乡村学生的兴趣和热情，促进他们的积极参与和全面发展。

（三）姚基金在推动乡村学校体育资源均衡化中的贡献

1. 提供资金支持，改善体育设备

姚基金可以通过设立专项资金、发起募捐活动等方式，为乡村学校提供资金支持。这些资金可以用于购买体育器材、修建运动场地、改善体育设施等，为乡村学生提供更好的体育学习和锻炼环境。通过改善体育设施条件，可以有效激发乡村学生的体育兴趣，培养他们的运动习惯和健康生活方式。

2. 组织体育活动，丰富校园文化

姚基金可以组织各种形式的体育活动和比赛，如篮球赛、足球赛、运动会等，为乡村学生提供更多的展示和交流平台。这些活动不仅能够丰富学生的校园文化生活，还能够增强他们的团队精神和竞争意识。通过参与体育活动，乡村学生可以结交更多的朋友，拓展自己的视野和社交圈子，提升自信心和综合素质。

3. 开展公益宣传，提高社会关注度

姚基金可以利用自身的社会影响力和资源优势，开展公益宣传活动，提高社会对乡村学校体育发展的关注度。通过媒体宣传、网络传播等方式，让更多的人了解乡村学校体育的现状和需求，吸引更多的社会力量和资源投入乡村学校体育事业。这种公益宣传有助于营造全社会关心支持乡村学校体育发展的良好氛围。

体育学院与姚基金的合作模式在推动乡村学校体育资源均衡化方面取得了显著的成效。未来，双方可以继续深化合作，探索更多有效的合作方式和途径。例如，可以进一步扩大合作范围，将更多的乡村学校纳入合作项目中；可以加强师资交流和培训力度，提升乡村体育教师的教学水平和能力；还可以推动体育科研成果的转化和应用，为乡村学校体育的发展提供更多的技术支持和创新动力。

同时，政府和社会各界也应该给予更多的关注和支持。政府可以加大对乡村学校体育的投入力度，制定更加优惠的政策和措施；社会各界可以积极参与公益捐赠和志愿服务活动，为乡村学校体育的发展贡献自己的力量。只有形成全社会共同参与的合力，才能够推动乡村学校体育事业的持续健康发展。

综上所述，体育学院与姚基金携手推动乡村学校体育资源均衡化具有重要的现实意义和深远影响。双方应该继续加强合作，探索更多有效的合作方式和途径，为乡村学校体育的发展注入新的活力和动力。同时，政府和社会各界也应该给予更多的关注和支持,共同推动乡村学校体育事业的繁荣发展。

二、乡村学校体育振兴：体育学院与姚基金的合作模式探索

乡村学校体育作为教育的重要组成部分，对于培养乡村学生的身心健康、全面发展具有重要意义。然而，长期以来，由于资源不足、师资匮乏等问题，乡村学校体育的发展面临着诸多挑战。为了推动乡村学校体育的振兴，体育学院与姚基金携手合作，共同探索一种有效的合作模式。在分析姚基金与高校体育如何作为传导者助力乡村学校体育的传导模式时，我们从传导者、传导对象、接受者三个方面来探讨。

（一）基本概念

传导模式，指高校与社会协同助力乡村学校体育的传导形式。姚基金与高校体育处于传导的起始端，是提供体育资源的主体；乡村学校体育是接受体育资源的客体，处于传导的终端；高校与社会作为主体是因，助力乡村学校体育效果在后是果。传导模式围绕高校与社会机构间如何围绕体育资源输出协作、如何达到有效的乡村学校体育助力进行分析，其中涉及机构间关系以及影响因素。传导主体具体包括：传导者、传导对象、接受者三部分。姚基金与高校体育处于传导的起始端，是提供体育资源的传导者；传导对象包括内容、形式、机制，人员等；乡村学校体育为接受者即传导的终端，也是传导的反馈源，是传导过程中最重要的环节之一。传导者和接受者形成了传导链条的两级。接受者是落实传导对象的的解码者，也是提供最终反馈者，见图 4–5。

（二）高校社会协同助力乡村学校体育发展传导模式分析

1. 传导者

体育学院与姚基金的合作模式构建，以资源共享、优势互补为原则，旨在通过双方的合作，推动乡村学校体育的全面振兴。高校体育与姚基金协作

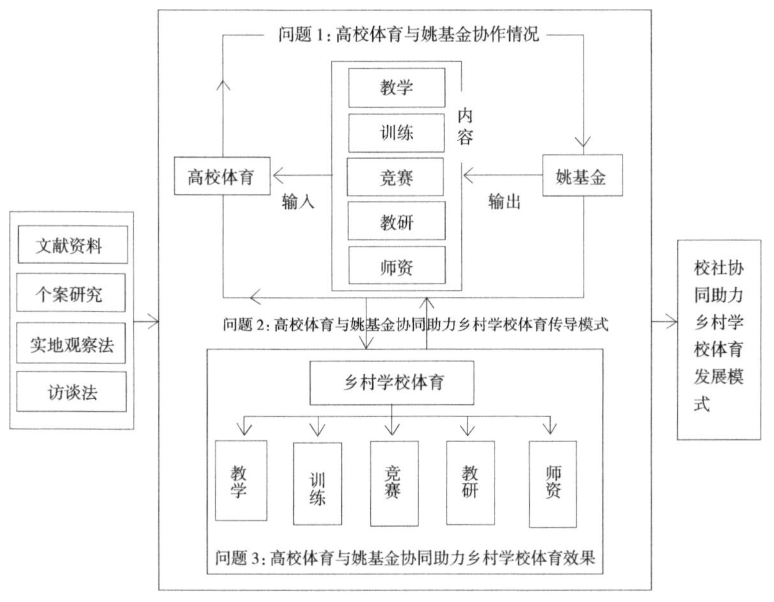

图 4-5　高校社会协同助力乡村学校发展传道模式

视为整体，向乡村学校输送体育教育。在此过程中姚基金与高校体育处于传导的起始端，是提供体育资源的主体，是传导者，高校与社会作为主体是因。在分析姚基金与高校体育如何作为传导者助力乡村学校体育的传导模式时，我们从资源提供与整合、人员培训与派遣、项目设计与实施与协调、反馈与改进几个方面来探讨。

资源提供与整合：作为传导者，姚基金与高校体育首先需要整合资源，以支持乡村学校体育的发展。姚基金与多个组织和机构建立合作关系，包括中国青少年发展基金会、地方政府、教育局、体育局等，以及高校和企业，形成了一个广泛的社会支持网络。在资金筹集方面，利用姚基金的知名度和影响力开展慈善晚宴、拍卖、捐赠和义赛等活动，获取更多的资金支持。在社会资源上，通过慈善赛和篮球季等活动，动员社会力量参与乡村学校体育的发展，并吸引媒体关注有效地动员了社会各界的资源，获取更多的支持，为乡村学校体育设施的建设和体育教育的开展提供保障。此外，姚基金与高校体育学院协作，借助高校体育的教育资源以及人力资源，对参与支教的学生进行专业培训，组织大学生志愿者到乡村学校进行体育教学，提供专业的体育教育和训练，提高乡村学校的体育教学水平。同时，姚基金借助政策倡导，为乡村学校体育发展创造了更有利的政策环境。这些资源整合的实践不仅提升了乡村学校的体育教育质量，也为其他公益组织提供了可借鉴的经验。

人员培训与派遣：传导者需要对参与支教的大学生志愿者进行专业培训，确保支教志愿者具有在乡村学校有效开展体育教学的能力。并组织和派遣支教志愿者到乡村学校进行实地教学。具体流程包括志愿者选拔、培训、支教三个环节。

“姚基金希望小学篮球季”项目依托高校体育教师严格的选拔流程来挑选合适的志愿者。选拔过程通常包括初步筛选、面试、技能测试等环节，确保选中的志愿者具备必要的篮球技能和教学能力。同时，对选拔出的志愿者按照姚基金标准，依据志愿者培训技术手册对志愿者进行系统的培训，培训内容涉及篮球基本技能、教学方法、课堂管理、心理辅导、安全教育等，旨在提升志愿者的教学能力和对乡村教育环境的适应能力，在此过程中还会邀请有经验的教师和教育专家进行授课，分享教学经验和技巧。培训周期一般为两周，也可能会根据项目的具体需求和志愿者的基础酌情延长一段时间。完成培训后，志愿者会被派遣到指定的乡村学校进行支教。在支教期间，姚基金希望小学篮球季项目会提供持续的支持，包括教学资源、心理支持、紧急情况应对指导等，确保志愿者能够顺利完成支教任务。高校也会派经验丰富的教师进行技术指导与帮助。支教结束后，项目组会收集志愿者的反馈，评估支教效果，并根据反馈进行后续的改进和调整。高校体育学院也会依据支教情况对教学以及支教环节进行改进。

项目设计实施与协调：传导者负责设计和实施体育支教项目，“姚基金希望小学篮球季”，确保项目能够满足乡村学校的实际需求，并能够持续有效地进行。姚基金与高校体育需要与乡村学校、地方政府、教育部门等其他社会机构进行合作与协调，以确保体育资源能够顺利传导到乡村学校，并得到有效利用。还需要对体育支教项目的实施效果进行监督和评估，通过定期的检查、反馈和调整，确保项目目标的实现，并及时改进不足之处。除了物质资源和人员支持，传导者还需要传播现代体育文化和教育理念，帮助乡村学校建立正确的体育教学观念，提升学生的体育素养。乡村学校体育作为接受者，会将实施效果和反馈信息传递给传导者。传导者需要根据这些反馈进行持续改进，优化资源配置和项目设计，以更好地满足乡村学校体育的发展需求。此外，还需要考虑如何建立长效机制，确保体育资源的持续供给和乡村学校体育的持续发展，这可能包括建立基金、吸引社会捐助、与企业合作等。

通过上述传导模式的分析，我们可以看出，姚基金与高校体育作为传导者，在助力乡村学校体育发展的过程中，扮演着至关重要的角色。他们不仅提供资源和支持，还通过有效的管理和协调，确保这些资源能够被有效利用，并最终实现乡村学校体育的持续改进和发展。

2. 传导对象

传导对象在姚基金与高校体育助力乡村学校体育的传导模式中，是连接传导者和接受者的关键环节。传导对象包括内容、形式、机制，人员等；乡村学校体育为接受者即传导的终端，也是传导的反馈源，是传导过程中最重要的环节之一。传导内容主要包括体育课程、体育文化、体育资源三个方面。

（1）体育课程。“姚基金篮球季”项目在支教过程中主要对乡村学校体育进行支教，开展篮球培训、集训联赛，同时提供硬件支持，旨在弥补乡村地区体育教育硬件不足、师资匮乏、教学落后、赛事活动缺失的现状，助力学生体质健康和身心发展，让乡村地区孩子因为体育而成长。在志愿者支教中志愿者们化身为知识的传递者和技能的塑造者。传授乡村孩子们篮球的基本技能，如运球、传球、投篮和防守，这些技巧的传授不仅提升了孩子们的体育素养，也让他们体会到了体育竞技的深层魅力。同时，还深入讲解篮球比赛的规则和战术，引导学生们理解体育竞技的精神内涵。篮球作为集体项目，在学习中志愿者精心设计篮球游戏和比赛，加强孩子们之间的沟通与协作，让他们在团队中找到自己的位置，学会相互支持与鼓励，培养学生的团队合作精神。此外，通过体育课程支教，学生的运动能力显著提高，并普及健康知识，教育他们如何预防运动伤害，培养他们终身受益的健康习惯。

（2）体育文化。姚基金篮球季项目利于体育精神的传播，支教中乡村学生在篮球课程学习中学习公平竞争，尊重对手和裁判，这不仅是体育竞技的要求，也是人生的重要课程。通过体育活动，项目促进了不同文化背景学生之间的交流和理解，搭建了一座文化沟通的桥梁。此外，篮球赛事是项目的又一亮点，通过组织校内或校际的篮球比赛，让学生有机会在实战中应用所学技能，体验竞技的乐趣，同时也锻炼了他们的应变能力和团队协作。此外，姚基金利用媒体宣传，提高公众对乡村体育文化的关注，同时与当地社区紧密合作，整合资源，确保项目的持续发展。通过这些综合措施，姚基金希望小学篮球季项目不仅在乡村地区传播了体育文化，还为孩子们的健康成长和社区的体育发展注入了活力。姚基金篮球季项目不仅提升了学生的体育技能，更在精神和文化层面对他们产生了深远的积极影响，为孩子们的成长之路注入了无限活力和希望。

（3）体育资源。包括软件与硬件资源。姚基金希望篮球季项目在支教中投入了丰富的软硬件资源，以确保教育活动的高效和有效。硬件方面，他们为乡村学校提供了篮球场、足球场等体育设施，以及篮球、足球等运动器材，让孩子们能够在专业的环境下进行体育活动。此外，教学设备如黑板、粉笔、投影仪和电脑等也被配备，以支持现代化的教学需求。软件资源方面，姚基金提供教学培训，帮助志愿者掌握有效的教学方法和课程设计技巧，同时开发适合当地学生的课程材料。他们还组织文化交流活动，如篮球文化节，以丰富学生的校园生活，并提供心理健康支持，帮助学生处理情绪和压力。如，姚基金为云南省某乡村小学捐赠图书和教学设备，建立了图书角，极大地丰富了学生的阅读资源和学习环境。在四川省，他们组织了篮球联赛，不仅提供了比赛所需的体育设施和器材，还对参赛学生进行了篮球技能和体育精神的培训。这些举措不仅提升了学生的体育技能，也促进了他们的团队合作和公平竞争意识。通过这些实际行动，姚基金支教项目在硬件和软件两方面都为乡村教育的发展做出了积极贡献。通过这些传导对象的实施，姚基金与高校能够有效地将体育资源和专业知识传递给乡村学校，帮助提升乡村学校的体育教育水平。同时，这些传导对象也需要不断地根据实际情况进行调整和优化，以适应乡村学校体育发展的需求。

3. 接受者

乡村学校体育是接受体育资源的客体，处于传导的终端，处于传道模式的末梢。在高校社会协同助力乡村学校体育的传道模式中，乡村学校体育被视为接受体育资源的客体，也就是说，它们是体育资源和支持的主要接收者，“处于传导的终端”意味着在资源和支持的传递链条中，乡村学校体育是最终的目的地和受益者。这强调了项目资源从发起方（如姚基金）经过一系列中间环节后，最终到达并服务于乡村学校的体育发展。

在姚基金希望小学篮球季项目中，乡村学校作为传导的终端，主要接受以下多方面的资源。首先是设施与教育资源，设施与教育资源主要是体育器材与设备，这包括篮球、篮球架、运动服装、运动鞋等基本的体育器材和设备，以支持学校的体育教学和训练活动；也包括教育资源，如体育教材、教学视频、在线课程等，帮助乡村学校提升体育教育的质量和效果，以及为乡村学校的体育教师和学生提供来自专业篮球教练或体育教育专家的培训，提升他们的篮球技能和体育教学能力。其次是资金资助。项目会提供资金资助，用于改善学校的体育设施、组织体育活动或比赛，以及支持学生和教师的体育发展。再次是交流与展示机会。“姚基金希望小学篮球季”项目通过赛事为乡村学校的学生和教师提供参与篮球比赛、交流会等活动，与其他学校的师生进行互动，展示他们的体育成果，并学习新的技能和经验。乡村学校在姚基金希望小学篮球季项目中作为传导的终端，主要接受体育器材、资金资助、教育资源以及交流与展示机会等多方面的资源，以促进其体育教育和体育发展。

姚基金希望小学篮球季项目中的乡村学校体育，作为接受体育资源的客体，在整个传道模式中处于接受端。这一位置既体现了它们对外部资源和支持的依赖，也彰显了通过项目来促进其体育发展和提升的重要性。

本章小结

在深入探讨体育学院与姚基金协同助力乡村学校体育的传导模式时，我们首先从传导关系的角度入手，分析了双方合作的互动关系对乡村学校体育产生的深远影响。通过这两节内容的阐述，我们可以清晰地看到体育学院与姚基金在推动乡村学校体育发展中所扮演的重要角色及其所发挥的积极作用。

第一节中，我们详细分析了体育学院与姚基金之间的互动关系。体育学院作为专业的体育教育机构，拥有丰富的教育资源和科研实力，而姚基金作为公益组织，具有广泛的社会影响力和资源整合能力。双方的合作基础在于共同的目标和理念，即推动乡村学校体育教育的发展，提高乡村青少年的体育素养和身心健康水平。这种合作动力源于对乡村学校体育教育现状的深刻认识和对未来发展的期待。在合作形式上，体育学院与姚基金通过资源共享、项目合作、人员交流等多种方式，实现了优势互补和互利共赢。

在资源共享方面，体育学院为乡村学校提供了先进的体育教学理念、方法和技术支持，而姚基金则通过资金捐赠、物资援助等方式，为乡村学校体育教育的开展提供了必要的物质保障。在项目合作方面，双方共同策划和实施了一系列针对乡村学校体育教育的公益项目，如体育课程设置与改革、体育教师培训、体育设施建设等，这些项目不仅提高了乡村学校体育教育的质量，也增强了乡村学生的体育兴趣和参与度。在人员交流方面，体育学院与姚基金定期组织人员互访、学术交流等活动，加强了双方之间的沟通与联系，为未来的合作奠定了坚实的基础。

第二节中，我们深入探讨了体育学院与姚基金协同助力乡村学校体育的传导模式。高校与社会协同助力乡村学校体育的传导形式。姚基金与高校体育处于传导的起始端，是提供体育资源的主体，乡村学校体育是接受体育资源的客体，处于传导的终端，高校与社会作为主体是因，助力乡村学校体育效果在后是果。传导模式围绕高校与社会机构间如何围绕体育资源输出协作、如何达到有效的乡村学校体育助力进行分析，其中涉及机构间关系以及影响因素。传导主体具体包括：传导者、传导对象、接受者三部分。姚基金与高校体育处于传导的起始端，是提供体育资源的传导者；传导对象包括内容、形式、机制，人员等；乡村学校体育为接受者即传导的终端，也是传导的反馈源，是传导过程中最重要的环节之一。传导者和接受者形成了传导链条的两级。接受者是落实传导对象的的解码者，也是提供最终反馈者。体育学院与姚基金协同助力乡村学校体育的传导模式是一种有效的合作模式。

在推进体育学院与姚基金协同助力乡村学校体育的过程中，我们还应关注一些潜在的问题和挑战。例如，如何确保合作项目的可持续性和长期效益？如何进一步激发乡村学校体育教师的积极性和创造力？如何更好地整合社会资源，为乡村学校体育教育提供更多的支持？这些问题都需要我们在未来的合作中不断探索和解决。同时，我们也应认识到，体育学院与姚基金的合作只是推动乡村学校体育教育发展的众多力量之一。要实现乡村学校体育教育的全面振兴，还需要政府、学校、社会等多方面的共同努力和配合。只有形成合力，才能为乡村青少年提供更加优质、全面的体育教育服务，促进他们的健康成长和全面发展。展望未来，体育学院与姚基金的合作将继续发挥重要作用，推动乡村学校体育教育的不断发展和创新。我们相信，在双方的共同努力下，乡村学校体育教育的明天一定会更加美好。

第五章

体育学院与姚基金协同助力乡村学校体育的效果

第一节

体育教学：依据实际需求进行教学改革

一、乡村学校体育教学改革：以实际需求为导向的体育教学新模式

随着国家对乡村教育振兴战略的深入实施，乡村学校体育教育逐渐受到越来越多的关注。体育学院与姚基金作为推动乡村学校体育发展的重要力量，通过协同助力，以实际需求为导向，积极探索并实践新的体育教学模式，取得了显著的效果。

以实际需求为导向的教学改革理念。体育学院与姚基金提出以实际需求为导向的教学改革理念，强调体育教学应紧密结合乡村学生的身心特点、生活环境和未来发展需求，制定符合乡村特色的体育教学内容和方法。在教学内容方面，体育学院与姚基金针对乡村学生的实际需求，进行了大胆的创新。他们结合乡村的自然环境和文化特色，设计了丰富多样的体育课程和活动。例如，利用乡村广阔的田野和山地，开展户外拓展训练、定向越野等运动项目，既锻炼了学生的身体素质，又培养了他们的团队协作和解决问题的能力。同时，他们还引入了具有乡村特色的传统体育项目，如跳绳、踢毽子等，让学生在传承文化的同时，享受到体育运动的乐趣。在教学方法方面，体育学院与姚基金同样注重以实际需求为导向。他们摒弃了传统的“填鸭式”教学方式，采用更加灵活多样的教学方法。例如，通过游戏化教学、情景模拟等方式，激发学生的学习兴趣和积极性；通过小组合作、项目式学习等方式，培养学生的自主学习和合作学习能力。这些教学方法的改革，不仅提高了体育教学的效果，也促进了学生的全面发展。教师是实施教学改革的关键。体育学院

与姚基金在推动乡村学校体育教学改革的过程中，注重加强师资队伍建设。他们通过组织培训、交流学习等方式，提高乡村体育教师的专业素养和教学能力。同时，他们还积极引进优秀的体育教师资源，为乡村学校体育教学注入新的活力。这些措施的实施，为以实际需求为导向的体育教学新模式的推广和应用提供了有力保障。教学资源是保障教学质量的重要基础。体育学院与姚基金在协同助力乡村学校体育教学改革的过程中，注重优化教学资源配置。他们通过争取政府支持、社会捐赠等方式，为乡村学校提供必要的体育设施和器材。同时，他们还利用现代信息技术手段，开发数字化教学资源，丰富体育教学的内容和形式。这些教学资源的优化，为以实际需求为导向的体育教学新模式的实施提供了有力支撑。

经过体育学院与姚基金的协同努力，乡村学校体育教学改革取得了显著的效果。首先，学生的体育兴趣和参与度得到了明显提高。新的体育教学模式更加符合学生的实际需求和兴趣特点，使学生在参与体育活动的过程中感受到了更多的乐趣和成就感。其次，学生的身体素质和技能水平得到了有效提升。通过多样化的体育课程和活动，学生的运动能力、协调性和灵活性等方面都得到了很好的锻炼和发展。此外，教学改革还促进了学生的全面发展。通过体育教学与德育、智育等方面的有机结合，学生在身心健康、团队协作、创新思维等方面都得到了全面提升。

同时，体育学院与姚基金协同助力乡村学校体育教学改革的影响也是深远的。它不仅为乡村学校体育教育的发展提供了有益的借鉴和启示，也为推动整个教育领域的改革和创新积累了宝贵的经验。这种以实际需求为导向的体育教学新模式，对于提高乡村学校体育教育的质量和水平、促进学生全面发展具有重要意义。

综上所述，体育学院与姚基金协同助力乡村学校体育教学改革，以实际需求为导向的体育教学新模式取得了显著的效果和深远的影响。这种教学模式不仅符合乡村学生的身心特点和未来发展需求，也符合现代教育的发展趋势和要求。未来，我们期待更多的力量加入乡村学校体育教育改革的行列，共同为乡村青少年的健康成长和全面发展贡献智慧和力量。

二、体育教学改革的乡村实践：满足学生个性化需求的探索

体育教学改革的乡村实践以满足学生个性化需求。随着教育改革的不断深化，乡村学校体育教学改革逐渐成为人们关注的焦点。在这一进程中，体育学院与姚基金积极协同，针对乡村学校的实际情况，进行了一系列体育教学改革的探索与实践，旨在满足学生的个性化需求，促进他们的全面发展。

在探讨体育教学改革的乡村实践之前，我们首先需要了解乡村学校体育教学的现状。长期以来，由于教育资源的不均衡分配，乡村学校的体育教学往往面临着师资力量薄弱、教学设施落后、教学内容单一等问题。这些问题导致乡村学生的体育兴趣和技能得不到有效培养，个性化需求难以得到满足。同时，乡村学生的身心特点和发展需求也具有其独特性。他们生活在广阔的乡村天地，拥有与城市学生不同的生活体验和环境适应能力。因此，乡村学校的体育教学应更加注重结合乡村特色，满足学生的个性化需求，激发他们的学习热情和创造力。

面对乡村学校体育教学的现状与挑战，体育学院与姚基金积极行动起来，协同助力乡村学校体育教学改革。体育学院拥有专业的体育教育资源和师资力量，可以为乡村学校提供有针对性的教学指导和支持；而姚基金则通过其公益平台，为乡村学校体育教育的发展提供了资金和资源上的支持。双方的合作形式多种多样，包括组织体育教师培训、开展体育教学示范活动、捐赠体育器材和设施等。这些举措不仅提升了乡村学校体育教学的水平，也为满足学生的个性化需求奠定了坚实的基础。

在体育学院与姚基金的协同助力下，乡村学校体育教学改革取得了显著成效。其中，满足学生个性化需求的探索成为改革的重要方向。

首先，在教学内容方面，乡村学校开始注重引入多元化、个性化的体育项目。除了传统的田径、篮球等运动项目外，还增加了跳绳、踢毽子等具有乡村特色的传统体育项目，以及攀岩、定向越野等具有挑战性和趣味性的新兴项目。这些项目的引入，不仅丰富了学生的体育生活，也满足了他们多样

化的运动需求。其次，在教学方法方面，乡村学校开始尝试采用更加灵活多样的教学方式。例如，通过小组合作、分层教学等方式，满足不同学生的运动水平和兴趣特点；通过游戏化教学、情境教学等方式，激发学生的学习兴趣和积极性。这些教学方法的改革，使得体育教学更加贴近学生的实际需求，更加符合他们的身心发展规律。此外，乡村学校还注重加强体育课程的个性化指导。体育教师根据学生的兴趣、特长和身体状况，制订个性化的教学计划和训练方案，为学生提供有针对性的指导和帮助。这种个性化的指导方式，使得每个学生都能在体育教学中得到充分的关注和发展。通过体育教学改革的乡村实践，满足学生个性化需求的探索取得了显著效果。一方面，学生的体育兴趣和参与度得到了明显提高。多样化的体育项目和灵活多样的教学方式，使得学生在体育教学中感受到了更多的乐趣和成就感，他们的运动热情和积极性得到了有效激发。另一方面，学生的身体素质和技能水平也得到了显著提升。个性化的教学计划和训练方案，使每个学生都能得到适合自己的锻炼和发展，他们的运动能力和技能水平得到了有效提高。

同时，这种满足学生个性化需求的体育教学改革实践也对乡村学校体育教育的发展产生了深远影响。它推动了乡村学校体育教学的创新和发展，提升了乡村学校体育教育的质量和水平。更重要的是，它为学生提供了更加全面、个性化的体育教育服务，促进了他们的身心健康和全面发展。

虽然体育教学改革的乡村实践在满足学生个性化需求方面取得了一定成效，但仍然存在一些问题和挑战。例如，部分乡村学校的体育师资力量仍然薄弱，缺乏专业的体育教育和训练能力；一些学校的体育教学设施仍然落后，无法满足学生多样化的运动需求。因此，未来我们还需要进一步加大改革力度，完善相关政策措施，加强师资培训和设施建设等方面的工作。同时，我们也应认识到，满足学生个性化需求的体育教学改革是一个长期而复杂的过程。它需要政府、学校、社会等多方面的共同努力和配合。只有形成合力，才能推动乡村学校体育教学的持续发展，为学生的健康成长和全面发展提供更加有力的支持。

综上所述，体育学院与姚基金协同助力乡村学校体育教学改革，在满足学生个性化需求方面进行了有益的探索与实践。这种改革实践不仅提升了乡村学校体育教学的质量和水平，也为学生提供了更加全面、个性化的体育教育服务。未来，我们期待更多的力量加入到这一行列中来，共同推动乡村学校体育教育的繁荣发展。

三、基于乡村学生体质特点的体育教学改革策略

在当前的教育改革大潮中，乡村学校体育教育受到了前所未有的关注。乡村学生的体质特点与城市学生存在一定的差异，这使传统的体育教学方法可能无法满足乡村学生的实际需求。为此，体育学院与姚基金协同助力，基于乡村学生的体质特点，进行了深入的体育教学改革探索，旨在制定出更加符合乡村学生实际情况的教学策略。

乡村学生的体质特点主要受到生活环境、饮食习惯、日常活动等因素的影响。一般来说，乡村学生的生活环境相对开放，日常活动多以体力劳动为主，这使得他们的身体耐力、协调性和灵活性相对较好。然而，由于营养摄入不均衡、缺乏科学锻炼指导等原因，乡村学生在力量、速度和爆发力等方面可能相对较弱。此外，不同地区、不同民族的学生还可能存在体质上的差异性。

针对乡村学生的体质特点，体育学院与姚基金协同制订了以下教学计划。

第一，教学内容的调整与优化。针对乡村学生耐力好、协调性强的特点，体育教学内容应适当增加长跑、接力赛等耐力训练项目，以及跳绳、舞蹈等协调性训练项目。同时，为了弥补乡村学生在力量、速度和爆发力方面的不足，可以引入举重、短跑等力量训练项目。此外，还应注重教学内容的多样性和趣味性，以激发学生的学习兴趣和积极性。

第二，教学方法的创新与改进。在教学方法上，应摒弃传统的“一刀切”模式，采用更加灵活多样的教学方法。例如，通过游戏化教学、情境教学等方式，让学生在轻松愉快的氛围中学习体育知识和技能；通过分层教学、个别指导等方式，满足不同学生的个性化需求。此外，还应注重体育与德育、

智育的结合，通过体育教学培养学生的团队协作精神、创新思维能力等综合素质。

第三，教学评价的完善与科学化。教学评价是检验教学效果的重要手段。基于乡村学生的体质特点，应建立更加科学、全面的教学评价体系。除了传统的体能测试外，还应加入技能测试、态度评价等多元化评价指标，以全面反映学生的学习成果。同时，还应注重评价的反馈作用，及时将评价结果反馈给学生和教师，以便他们了解自己的学习情况和改进方向。

第四，师资队伍的建设与培训。教师是实施教学改革的关键力量。为了确保基于乡村学生体质特点的体育教学改革能够顺利推进，应加强师资队伍建设。一方面，通过引进优秀的体育教师资源，提升乡村学校体育教学的整体水平；另一方面，加强对现有教师的培训和教育，提高他们的专业素养和教学能力。培训内容应涵盖乡村学生体质特点分析、教学改革理念与方法、教学评价技巧等方面。

第五，教学资源的开发与利用。教学资源是保障教学质量的重要基础。针对乡村学校教学资源相对匮乏的问题，应积极开发和利用各种教学资源。例如，利用当地自然资源开展户外拓展训练、定向越野等活动；利用现代信息技术手段开发数字化教学资源，如体育教学视频、在线学习平台等；争取政府和社会各界的支持，为乡村学校提供更多的体育器材和设施。

乡村学校的体育教学取得了显著的效果。学生的体质得到了全面提升，不仅在耐力、协调性等方面有了明显的进步，而且在力量、速度和爆发力等方面也得到了有效的锻炼。同时，学生的学习兴趣和积极性得到了激发，体育课堂氛围更加活跃，师生关系更加融洽。展望未来，基于乡村学生体质特点的体育教学改革仍有很大的发展空间。随着教育改革的不断深入和体育教育理念的不断更新，我们将继续探索更加符合乡村学生实际情况的体育教学策略和方法。同时，我们也将加强与其他国家和地区的交流与合作，借鉴他们的成功经验和做法，为乡村学校体育教育的发展注入新的活力。

综上所述，体育学院与姚基金协同助力乡村学校体育教学改革，基于乡村学生的体质特点制定了切实可行的改革策略。这些策略的实施不仅提升了乡村学校体育教学的质量和水平，也为学生的全面发展和健康成长奠定了坚实的基础。我们期待在未来的日子里，乡村学校体育教育能够迎来更加美好的明天。

四、体育教学改革在乡村学校的实效性研究

随着教育改革的不断深入，乡村学校体育教学的改革也逐渐受到了社会各界的关注。体育学院与姚基金等机构的协同助力，为乡村学校体育教学的改革注入了新的活力。本文旨在探讨体育教学改革在乡村学校的实效性，以期为乡村学校体育教学的进一步发展提供有益的参考。

长期以来，乡村学校的体育教学面临着诸多挑战。首先，教学资源相对匮乏，体育场地、器材等设施不足，难以满足学生的体育锻炼需求。其次，师资力量薄弱，许多乡村学校的体育教师缺乏专业的教育背景和教学经验，教学质量难以保证。此外，教育观念相对落后，部分学校过于注重文化课成绩，忽视了体育教学的重要性，导致学生缺乏体育锻炼的意识和习惯。

针对乡村学校体育教学的现状和挑战，体育学院与姚基金等机构积极协同，推动了一系列的改革措施。一方面，加强教学资源建设：通过捐赠体育器材、建设体育场地等方式，改善乡村学校的体育教学条件，为学生提供更好的锻炼环境。一方面，提升师资力量：组织专业的体育教师培训，提高乡村学校体育教师的教学水平和专业素养，使其能够更好地胜任体育教学工作。另一方面，创新教学方法：引入现代化的教学手段和理念，如游戏化教学、情境教学等，激发学生的学习兴趣和积极性，提高教学效果。

经过一段时间的实施，体育教学改革在乡村学校取得了显著的成效。学生体育锻炼意识提高：通过改革，学生们逐渐认识到体育锻炼的重要性，积极参与各类体育活动，形成了良好的锻炼习惯。教学质量明显提升：随着教学资源的改善和师资力量的提升，乡村学校的体育教学质量得到了明显提高，学生的体育技能和身体素质得到了有效提升。学校体育文化氛围浓厚：体育教学改革不仅提升了学生的体育锻炼意识和技能水平，还促进了学校体育文

化氛围的形成，使得学校体育成为校园文化的重要组成部分。

尽管体育教学改革在乡村学校取得了显著的成效，但仍存在一些问题和不足。例如，部分学校的改革措施落实不到位，教学资源建设仍需加强；部分体育教师的教学理念和方法仍需更新；学生对体育课程的认知和理解仍需深化等。针对这些问题，可以从以下几个方面进行改进。首先，加大改革力度：进一步加强对乡村学校体育教学改革的支持和投入，确保各项改革措施能够得到有效落实。其次，完善教学资源建设：继续加大对乡村学校体育场地、器材等设施的建设力度，为学生提供更好的锻炼环境。加强师资培训：定期组织体育教师参加专业培训和学习活动，提升其教学水平和专业素养。最后，深化教学改革研究：加强对乡村学校体育教学改革的研究和探索，不断总结经验和教训，推动教学改革向纵深发展。

体育学院与姚基金等机构的协同助力为乡村学校体育教学的改革注入了新的活力。通过加强教学资源建设、提升师资力量和创新教学方法等措施的实施，体育教学改革在乡村学校取得了显著的成效。然而，仍存在一些问题和不足需要改进和完善。未来，应继续加大对乡村学校体育教学改革的支持和投入力度，推动其向更高水平发展。

综上所述，体育教学改革在乡村学校的实效性研究具有重要意义。通过深入分析其现状、挑战、实施策略、成效及存在的问题与改进方向等方面内容，可以为乡村学校体育教学的进一步发展提供有益的参考和借鉴。同时，也期望社会各界能够继续关注和支持乡村学校体育教学的改革与发展，共同为乡村学生的健康成长贡献力量。

五、乡村学校体育教学中需求导向型改革的实践与思考

随着我国社会经济的全面发展，教育领域也迎来了深层次的改革。特别是在乡村学校体育教学方面，传统的教育模式已经难以满足学生多样化的体育需求。因此，体育学院与姚基金等社会力量的协同助力，为乡村学校体育教学的需求导向型改革提供了新的动力和实践路径。

乡村学校体育教学长期以来面临着师资力量薄弱、教学设施匮乏、教学方法陈旧等问题。由于乡村地区的经济发展相对滞后，很多学校体育教学的硬件设施和软件资源都难以得到及时更新，这严重影响了体育教学的质量和效果。同时，乡村学生的体育需求也呈现出多样化和个性化的特点，他们渴望接触到更多元、更有趣的体育项目，而现有的体育教学模式往往无法满足这些需求。

体育学院作为专业培养体育人才的摇篮，拥有丰富的教育资源和先进的教育理念。而姚基金作为致力于推动青少年体育发展的公益组织，积累了大量的社会资源和实践经验。二者的协同助力，为乡村学校体育教学的需求导向型改革提供了有力支持。具体来说，体育学院可以通过派遣专业教师、提供教学指导、开发体育课程等方式，帮助乡村学校提升体育教学的专业水平和教学质量。同时，姚基金则可以利用其社会影响力，动员更多社会力量参与到乡村学校体育教学的改善中来，提供资金支持、物资捐赠、志愿服务等多种形式的帮助。第一，实践层面，在乡村学校体育教学中实施需求导向型改革，首先需要深入了解学生的体育需求和兴趣点。这可以通过问卷调查、访谈交流、课堂观察等方式进行。在了解学生需求的基础上，体育教师可以有针对性地设计教学内容和教学方法，引入更多学生喜爱的体育项目，激发学生的学习兴趣和参与热情。同时，乡村学校也应积极争取外部资源的支持，改善体育教学设施，提升教学条件。例如，可以与体育学院或姚基金等组织合作，共建体育场馆、捐赠体育器材等，为学生提供更好的体育锻炼环境。第二，思考层面，需求导向型改革的实施不仅要求乡村学校体育教师在教学实践中做出改变，更需要他们在思想观念上进行转变。教师应该树立以学生为中心的教学理念，关注学生的个性化需求和发展，充分发挥学生的主体作用和教师的主导作用。此外，乡村学校体育教学的需求导向型改革也需要全社会的共同参与和支持。政府应加大对乡村学校体育教学的投入力度，制定相关政策措施，引导和鼓励更多社会力量参与到乡村学校体育教学的改善中来。同时，媒体也应加强对乡村学校体育教学的宣传力度，提高公众对乡村学校体育教学的关注度和认同感。

乡村学校体育教学中需求导向型改革的实践与思考是一个长期而复杂的过程。只有通过体育学院与姚基金等社会力量的协同助力，深入了解学生的体育需求，有针对性地改革教学内容和方法，才能真正提升乡村学校体育教学的质量和效果，促进学生的全面发展。同时，这一改革也对乡村体育教师的专业素养和教学能力提出了更高的要求，需要他们不断学习和进步，以适应新时代乡村体育教学的挑战和需求。

六、体育教学改革助力乡村学校体育发展的路径分析

随着教育改革的不断深化，乡村学校体育教学的改革与发展逐渐成为社会关注的焦点。体育学院与姚基金等机构的协同助力，为乡村学校体育教学的改革提供了重要的支持和动力。本文旨在分析体育教学改革如何助力乡村学校体育发展的路径，以期为乡村学校体育教学的改革与发展提供有益的参考。

乡村学校体育教学长期以来受到多种因素的制约，如师资力量不足、教学设施落后、教学理念陈旧等。这些问题导致乡村学校体育教学难以满足学生的实际需求，影响了学生的身心健康发展。因此，深化体育教学改革，推动乡村学校体育教学的创新发展，具有重要的现实意义。

体育学院作为培养体育专业人才的重要基地，拥有丰富的教学资源和先进的教育理念。姚基金则致力于推动青少年体育事业的发展，为乡村学校体育教学提供了宝贵的资金支持和社会资源。二者的协同助力，为乡村学校体育教学的改革与发展提供了有力的支持。体育学院通过派遣专业教师、开展教学培训、提供课程指导等方式，帮助乡村学校提升体育教学质量和水平。同时，姚基金通过捐赠体育器材、资助体育活动、组织志愿者支教等形式，为乡村学校体育教学提供了物质和精神上的支持。这种协同助力模式，有效地推动了乡村学校体育教学的改革与发展。

体育教学改革助力乡村学校体育发展的路径。

首先，更新教学理念，树立以学生为本的教学观。传统的体育教学理念

往往以教师为中心，忽视了学生的主体地位和个性化需求。因此，乡村学校体育教学改革的首要任务是更新教学理念，树立以学生为本的教学观。体育教师应关注学生的身心发展特点，尊重学生的个性差异，注重激发学生的学习兴趣和积极性，让学生在轻松愉快的氛围中掌握体育知识和技能。

其次，优化课程设置，丰富体育教学内容。乡村学校体育教学的课程设置往往单一、陈旧，难以满足学生的多样化需求。因此，优化课程设置、丰富体育教学内容是教学改革的重要方向。乡村学校应根据学生的年龄、性别、兴趣等特点，设置多样化的体育课程，如篮球、足球、乒乓球、羽毛球等球类运动，以及田径、体操、武术等基础运动项目。同时，还可以引入一些具有地方特色的体育项目，如民族舞蹈、传统武术等，以丰富体育教学内容，满足学生的不同需求。

再次，加强师资建设，提升教师专业素养。教师是体育教学的关键力量，其专业素养和教学能力直接影响到教学质量和效果。因此，加强师资建设、提升教师专业素养是乡村学校体育教学改革的重要任务。乡村学校应加大对体育教师的培训力度，定期组织教师参加各类教学培训和学术交流活动，提高教师的教育教学水平和专业素养。同时，还应积极引进优秀的体育教师，为乡村学校体育教学注入新的活力和动力。

最后，完善教学设施，改善体育教学条件。教学设施是体育教学的重要物质基础，其完善程度直接影响到体育教学的质量和效果。因此，完善教学设施、改善体育教学条件是乡村学校体育教学改革的必要措施。乡村学校应加大对体育设施的投入力度，积极争取政府和社会各界的支持，改善体育场地、器材等硬件设施。同时，还应注重软件资源的建设，如开发体育教学资源库、建立体育教学网络平台等，为体育教学提供更加丰富多样的教学资源。

体育教学改革是推动乡村学校体育发展的重要途径。通过更新教学理念、优化课程设置、加强师资建设和完善教学设施等措施，可以有效地提升乡村学校体育教学的质量和水平，促进学生的身心健康发展。体育学院与姚基金等机构的协同助力为乡村学校体育教学的改革提供了有力的支持和保障。未来，我们应继续深化体育教学改革，探索更多适合乡村学校体育教学发展的路径和模式，为乡村学生的健康成长和全面发展贡献力量。

七、以乡村学校实际需求为基础的体育教学改革路径探索

随着我国教育事业的不断进步，乡村学校体育教学逐渐受到社会各界的广泛关注。然而，由于历史、地理和经济等多重因素的影响，乡村学校体育教学仍然面临诸多挑战。体育学院与姚基金等机构的协同助力，为乡村学校体育教学的改革提供了新的契机。本文将以乡村学校的实际需求为基础，探讨体育教学改革的有效路径，以期为乡村学校体育教学的持续发展提供有益的参考。

（一）乡村学校体育教学的实际需求分析

乡村学校体育教学的实际需求具有多样性和复杂性的特点。首先，由于乡村学校的教学条件相对落后，体育设施和教学器材的匮乏是普遍存在的问题。这使得体育教学在硬件方面存在较大的局限性，难以满足学生的基本锻炼需求。其次，乡村学生的体育兴趣和需求也具有多样性，他们渴望接触到更多元化的体育项目，提升自己的运动技能。然而，由于师资力量和教学方法的限制，乡村学校的体育教学往往难以满足学生的这些需求。此外，乡村学校的体育教学还需要注重学生的身心健康发展和综合素质的提升，这也对体育教学改革提出了新的要求。

（二）以乡村学校实际需求为基础的体育教学改革路径

1. 加强体育设施建设，改善教学条件

针对乡村学校体育设施匮乏的问题，应加大投入力度，加强体育设施建设。这包括修建标准的运动场地、购买必要的体育器材和设备等。同时，还应注重体育设施的维护和管理，确保其能够长期有效地服务于体育教学。此

外，还可以探索与当地社区、企业等合作的方式，共同建设和管理体育设施，实现资源共享和互利共赢。

2. 优化课程设置，满足学生多样化需求

在课程设置方面，应充分考虑乡村学生的体育兴趣和需求。除了传统的体育项目外，还可以引入一些新兴的、具有地方特色的体育项目，如民族传统体育、户外运动等。同时，还应注重课程的层次性和递进性，让学生在不同阶段都能够学到适合自己的体育知识和技能。此外，还可以开设一些选修课程或兴趣小组，满足学生的个性化需求。

3. 加强师资队伍建设，提升教学质量

师资力量是体育教学改革的关键因素之一。因此，应加强乡村学校体育教师的培训和引进力度。一方面，可以通过组织定期的培训和学习活动，提升教师的专业素养和教学能力；另一方面，可以积极引进具有丰富教学经验和先进教学理念的优秀教师，为乡村学校体育教学注入新的活力。同时，还应建立完善的激励机制，鼓励教师积极参与教学改革和创新实践。

4. 创新教学方法和手段，提高教学效果

教学方法和手段的创新是体育教学改革的重要方向。乡村学校体育教师应积极探索适合乡村学生特点的教学方法，如游戏化教学、情景教学等，以激发学生的学习兴趣和积极性。同时，还应充分利用现代信息技术手段，如多媒体教学、网络教学等，丰富教学内容和形式，提高教学效果。此外，还可以开展一些实践教学活动，如组织校内外体育比赛、参与社区体育活动等，让学生在实践中锻炼和提升自己的运动技能。

5. 建立完善的评价体系，促进教学改革持续发展

评价体系的完善是体育教学改革的重要保障。应建立科学、合理的评价体系，对体育教学改革的效果进行客观、全面的评估。这包括对学生的体育

成绩、身体素质、运动技能等方面进行评价，以及对教师的教学质量、教学方法等方面进行评价。同时，还应注重评价的反馈和指导作用，及时发现和解决教学中存在的问题和不足，促进教学改革的持续发展。

（三）体育学院与姚基金的协同助力作用

体育学院与姚基金等机构的协同助力在乡村学校体育教学改革中发挥着重要作用。体育学院拥有丰富的教学资源和专业师资，可以为乡村学校提供有针对性的指导和支持；姚基金等公益组织则可以通过资金援助、项目支持等方式，为乡村学校体育教学改革提供必要的物质保障。二者的协同合作可以形成合力，共同推动乡村学校体育教学的改革与发展。

以乡村学校实际需求为基础的体育教学改革是一项长期而艰巨的任务。通过加强体育设施建设、优化课程设置、加强师资队伍建设、创新教学方法和手段以及建立完善的评价体系等措施，可以有效地推动乡村学校体育教学的改革与发展。同时，体育学院与姚基金等机构的协同助力也为改革提供了有力的支持和保障。未来，我们应继续深化对乡村学校体育教学改革的研究和探索，为乡村学生的健康成长和全面发展贡献更多的力量。

八、体育教学改革的乡村视角：满足学生全面发展需求的策略

乡村学校体育教学改革是促进学生全面发展的重要途径。从乡村视角出发，体育教学改革需要关注乡村学生的实际需求，制定针对性的教学策略，以满足学生全面发展的需求。体育学院与姚基金等机构的协同助力，为乡村学校体育教学改革提供了新的契机和动力。下面从乡村视角出发，探讨体育教学改革满足学生全面发展需求的策略。

（一）乡村学生全面发展需求分析

乡村学生的全面发展需求包括身体健康、心理健康、社会适应能力和综合素质等多个方面。在体育教学过程中，应注重培养学生的运动技能、体育

意识、团队协作能力和创新精神等，以提升学生的综合素质。同时，还需要关注乡村学生的心理健康和社会适应能力，通过体育教学帮助学生建立自信心、培养积极向上的心态，提高社会交往能力和适应能力。

（二）体育教学改革的乡村视角策略

1. 立足乡村实际，制定本土化教学方案

乡村学校的教学条件和资源相对有限，因此，体育教学改革需要立足乡村实际，制定本土化的教学方案。这包括根据乡村学生的特点和需求，选择适合的体育项目和教学内容；利用乡村的自然环境和资源，开展具有地方特色的体育活动；结合乡村文化和生活习惯，设计富有乡土气息的体育教学课程等。通过本土化的教学方案，可以更好地满足乡村学生的全面发展需求。

2. 强化实践教学，提升学生的运动技能

体育教学改革的乡村视角应强调实践教学的重要性。通过组织丰富多样的体育实践活动，如运动训练、比赛、户外拓展等，让学生在实践中学习和掌握运动技能。同时，还可以引入专业教练或体育教师的指导，帮助学生提高运动水平和竞技能力。实践教学不仅能够提升学生的身体素质和运动技能，还能够培养学生的团队协作精神和创新能力。

3. 注重心理健康教育，培养学生的积极心态

在乡村学校体育教学改革中，心理健康教育是不可忽视的一环。乡村学生往往面临着家庭贫困、教育资源匮乏等挑战，容易导致自卑、焦虑等心理问题。因此，体育教学应注重培养学生的自信心和积极心态。教师可以通过设置合理的教学目标、采用激励性的评价方式、组织心理健康讲座等方式，帮助学生建立正确的自我认知和价值观，培养积极向上的心态。

4. 加强师资培训，提升教师的教学水平

教师是体育教学改革的关键力量。在乡村学校，由于条件限制，体育教师的专业素养和教学能力往往有限。因此，加强师资培训、提升教师的教学水平是体育教学改革的重要任务。体育学院可以与乡村学校建立合作关系，为乡村体育教师提供定期的培训和学习机会，帮助他们更新教学理念、掌握先进的教学方法。同时，还可以引入优秀的体育教师或教练到乡村学校进行教学指导，为乡村学校的体育教学注入新的活力。

5. 创新评价机制，促进学生的全面发展

传统的体育教学评价往往侧重于学生的运动成绩和技能水平，忽视了学生其他方面的发展。在乡村学校体育教学改革中，应创新评价机制，促进学生的全面发展。评价机制应综合考虑学生的身体素质、运动技能、心理素质、社会适应能力等多个方面，采用多元化的评价方式和方法。同时，还应注重评价的反馈和指导作用，帮助学生了解自己的优势和不足，制订个性化的学习和发展计划。

（三）体育学院与姚基金的协同助力作用

体育学院与姚基金等机构的协同助力为乡村学校体育教学改革提供了重要的支持和保障。体育学院可以通过派遣专家团队、开展教学培训等方式，为乡村学校提供先进的教学理念和教学方法；姚基金等公益组织则可以通过捐赠体育器材、资助体育活动等方式，为乡村学校提供必要的物质支持。这种协同合作的方式可以有效地推动乡村学校体育教学的改革与发展，满足学生全面发展的需求。

从乡村视角出发的体育教学改革是促进学生全面发展的重要途径。通过制定本土化的教学方案、强化实践教学、注重心理健康教育、加强师资培训以及创新评价机制等策略，可以有效地满足乡村学生的全面发展需求。体育学院与姚基金等机构的协同助力为改革提供了有力的支持和保障。未来，我们应继续深化对乡村学校体育教学改革的研究和探索，为乡村学生的健康成长和全面发展贡献更多的力量。

九、乡村学校体育教学改革与学生实际需求的有效对接

在当前教育背景下，乡村学校体育教学改革已成为促进乡村学生全面发展的重要举措。乡村学校体育教学的改革不仅需要关注教学内容和方法的创新，更要紧密结合学生的实际需求，实现教学改革与学生需求的有效对接。体育学院与姚基金等机构的协同助力，为这一目标的实现提供了有力的支持。本文将从乡村学校体育教学改革与学生实际需求的有效对接角度，进行深入分析阐述。

（一）乡村学校体育教学改革的重要性

乡村学校体育教学改革是适应时代发展和教育进步的必然要求。传统的乡村体育教学往往存在内容单一、方法陈旧等问题，难以满足学生全面发展的需求。因此，进行体育教学改革，创新教学内容和方法，提高教学质量，成为乡村学校体育发展的迫切任务。

（二）学生实际需求的多元性与复杂性

乡村学生的实际需求具有多元性和复杂性的特点。一方面，他们渴望通过体育教学掌握基本的运动技能，提高身体素质；另一方面，他们也希望通过体育教学培养团队合作精神、创新能力等综合素质。此外，不同年龄段、性别、兴趣爱好的学生，其需求也存在差异。因此，乡村学校体育教学改革需要深入了解学生的实际需求，制定针对性的教学策略。

（三）乡村学校体育教学改革与学生实际需求对接的策略

1. 深入调研，全面了解学生需求

要实现乡村学校体育教学改革与学生实际需求的有效对接，首先需要深入调研，全面了解学生的需求。通过问卷调查、访谈等方式，收集学生对体育教学的意见和建议，分析他们的兴趣爱好、学习特点等，为教学改革提供有力依据。

2. 制定针对性强的教学方案

根据学生的实际需求，制定针对性强的教学方案。在教学内容上，注重选择与学生生活紧密相关、具有实用价值的体育项目；在教学方法上，采用多样化、趣味性的教学手段，激发学生的学习兴趣和积极性。

3. 加强师资培训，提升教学能力

教师是教学改革的关键力量。要加强师资培训，提升教师的教学能力，使他们能够更好地理解和满足学生的需求。通过定期的培训和学习活动，帮助教师掌握先进的教学理念和方法，提高教学效果。

4. 创新教学评价机制，注重学生全面发展

传统的体育教学评价往往侧重于学生的运动成绩和技能水平，忽视了学生的全面发展。因此，要创新教学评价机制，注重评价学生的综合素质和发展潜力。通过多元化的评价方式，全面了解学生的进步和成长，为教学改革提供反馈和指导。

5. 加强与家长的沟通与合作

家长是学生学习和成长的重要伙伴。要加强与家长的沟通与合作，共同关注学生的体育学习和发展。通过家长会、家访等方式，向家长介绍体育教

学的改革情况和学生的进步情况，争取家长的理解和支持。

（四）体育学院与姚基金的协同助力作用

体育学院与姚基金等机构的协同助力在乡村学校体育教学改革与学生实际需求对接中发挥着重要作用。体育学院拥有丰富的教学资源和专业师资，可以为乡村学校提供有针对性的指导和支持；姚基金等公益组织则可以通过资金援助、项目支持等方式，为乡村学校体育教学改革提供必要的物质保障。二者的协同合作可以形成合力，共同推动乡村学校体育教学的改革与发展，更好地满足学生的实际需求。

乡村学校体育教学改革与学生实际需求的有效对接是提升乡村体育教学质量、促进学生全面发展的重要途径。通过深入调研、制定针对性强的教学方案、加强师资培训、创新教学评价机制以及加强与家长的沟通与合作等措施，可以实现教学改革与学生需求的有效对接。同时，体育学院与姚基金等机构的协同助力为改革提供了有力的支持和保障。未来，我们应继续深化对乡村学校体育教学改革的研究和探索，不断完善对接机制，为乡村学生的健康成长和全面发展贡献更多的力量。

十、基于乡村学校体育现状的教学改革策略与实施效果研究

乡村学校体育教育一直是我国教育事业中的薄弱环节，其发展水平直接影响到乡村学生的身心健康和全面发展。近年来，体育学院与姚基金等机构的协同助力，为乡村学校体育教学改革提供了新的契机和动力。本文基于乡村学校体育现状，探讨教学改革策略及其实施效果，以期为乡村学校体育教育的进一步发展提供参考。

（一）乡村学校体育现状分析

乡村学校体育教育的现状呈现出基础设施薄弱、师资力量不足、教学内容单一、教学方法陈旧等问题。很多乡村学校缺乏标准的体育场地和器材，

难以满足体育教学的基本需求；同时，专业的体育教师也相对匮乏，部分学校甚至由其他学科教师兼任体育教学，教学质量难以保证。此外，由于教育观念的滞后，乡村学校体育教学内容往往局限于传统的体育项目，缺乏创新和多样性；教学方法也相对单一，难以激发学生的学习兴趣和积极性。

（二）基于乡村学校体育现状的教学改革策略

针对乡村学校体育教育的现状，需要制定一系列有针对性的教学改革策略，以提升教学质量和效果。

加强基础设施建设，改善教学环境：基础设施建设是乡村学校体育教学改革的基础。通过政府和社会各界的共同努力，加大对乡村学校体育设施的投入力度，改善体育教学环境。建设标准的体育场地、购置必要的体育器材，为体育教学提供必要的物质保障。

强化师资队伍建设，提升教学能力：师资队伍建设是乡村学校体育教学改革的关键。加强乡村体育教师的培训和学习，提升他们的专业素养和教学能力。同时，引入优秀的体育教师到乡村学校任教，为乡村学校注入新的活力和动力。

创新教学内容和方法，激发学生的学习兴趣：针对乡村学校体育教学内容单一、方法陈旧的问题，需要创新教学内容和方法，激发学生的学习兴趣。引入更多具有地方特色的体育项目，丰富体育教学内容；采用多样化、趣味性的教学方法，如游戏化教学、情境教学等，提高学生的学习兴趣和参与度。

加强体育文化建设，营造良好的体育氛围：体育文化建设是乡村学校体育教学改革的重要组成部分。通过举办体育比赛、开展体育文化活动等方式，营造浓厚的体育氛围，增强学生对体育的认同感和归属感。同时，加强体育宣传和教育，提高学生和家长对体育教育的重视程度。

（三）教学改革策略的实施效果

经过一系列教学改革策略的实施，乡村学校体育教育取得了显著的成效。

教学质量和效果得到显著提升：通过加强基础设施建设、师资队伍建设以及创新教学内容和方法等措施，乡村学校体育教学的质量和效果得到了显著提升。学生的运动技能、身体素质和综合素质都得到了明显的提高，体育教学在促进学生全面发展中的作用得到了更好的发挥。

学生的体育兴趣和参与度明显提高：教学改革策略的实施使乡村学校的体育教学更加生动、有趣，激发了学生对体育的兴趣和热情。学生参与体育活动的积极性明显提高，体育课堂变得更加活跃和富有生机。

体育文化氛围日益浓厚：随着体育文化建设的加强，乡村学校的体育文化氛围日益浓厚。体育比赛、体育文化活动等丰富多彩的活动让学生更加深入地了解和感受体育的魅力，增强了学生对体育的认同感和归属感。

（四）体育学院与姚基金的协同助力作用

体育学院与姚基金等机构的协同助力在乡村学校体育教学改革中发挥了重要作用。体育学院为乡村学校提供了专业的指导和支持，帮助乡村学校制定针对性的教学改革方案；姚基金等公益组织则为乡村学校体育教学改革提供了必要的资金援助和项目支持，推动了改革措施的顺利实施。二者的协同合作使乡村学校体育教学改革取得了更加显著的成效。

基于乡村学校体育现状的教学改革策略与实施效果研究，为我们提供了一个深入了解和改进乡村体育教育的重要途径。通过加强基础设施建设、师资队伍建设、创新教学内容和方法以及加强体育文化建设等措施的实施，乡村学校体育教育取得了显著的进步。未来，我们应继续深化对乡村学校体育教学改革的研究和探索，为乡村学生的健康成长和全面发展贡献更多的力量。同时，也希望更多的社会组织和机构能够关注和支持乡村学校体育教育的发展，共同推动我国体育事业的进步。

第二节

体育训练：教学实践训练开展情况

一、体育学院助力乡村学校：体育训练体系构建与实施

随着国家对乡村教育重视程度的不断提升，乡村学校体育教育的发展也日益受到关注。体育学院作为专业培养体育人才的机构，在助力乡村学校体育教育方面发挥着不可替代的作用。同时，姚基金等公益组织的加入，为乡村学校体育教育的发展注入了新的活力。下面重点分析体育学院如何助力乡村学校构建与实施体育训练体系，以期为推动乡村学校体育教育的进步提供参考。

（一）乡村学校体育训练体系构建的重要性

乡村学校体育训练体系的构建是提升乡村学生身体素质、促进身心健康发展的重要举措。通过系统的体育训练，不仅可以增强学生的体质，还能培养学生的团队协作精神和竞争意识，有助于学生的全面发展。然而，由于历史、地理等多方面原因，乡村学校的体育教育资源相对匮乏，体育训练体系尚不完善，这制约了乡村学校体育教育的发展。因此，构建科学合理的体育训练体系对于乡村学校体育教育的发展具有重要意义。

（二）体育学院在乡村学校体育训练体系构建中的角色

体育学院作为专业培养体育人才的机构，在乡村学校体育训练体系构建中扮演着重要角色。首先，体育学院拥有丰富的体育教育资源，包括优秀的师资队伍、先进的教学设施和科学的教学方法，这些资源可以为乡村学校提

供有力的支持。其次，体育学院具有深厚的体育教育理论研究和实践经验，可以为乡村学校体育训练体系的构建提供科学的指导。最后，体育学院还可以通过与乡村学校的合作与交流，推动城乡体育教育的均衡发展。

（三）体育学院助力乡村学校体育训练体系构建的具体措施

1. 派遣专业师资支援乡村学校

体育学院可以派遣优秀的体育教师到乡村学校进行支教，帮助乡村学校建立起完善的体育训练体系。这些教师可以将先进的体育教育理念和方法带到乡村学校，提升乡村学校体育教育的质量。同时，他们还可以根据乡村学校的实际情况，制定切实可行的体育训练计划，确保体育训练的科学性和有效性。

2. 提供体育教学资源支持

体育学院可以向乡村学校提供体育教学资源支持，包括教材、教学视频、教学软件等。这些资源可以帮助乡村学校丰富体育教学内容，提高体育教学效果。此外，体育学院还可以与乡村学校共同开发适合乡村学生的体育教材和教学软件，使体育教学更加贴近乡村学生的实际需求。

3. 开展体育教育培训与指导

体育学院可以定期举办体育教育培训班或研讨会，邀请乡村学校的体育教师参加。通过培训和研讨，可以帮助乡村学校的体育教师更新教育观念，提升教学水平。同时，体育学院还可以为乡村学校提供体育教学指导服务，帮助乡村学校解决体育教学中遇到的问题和困难。

（四）乡村学校体育训练体系的实施策略

1. 制订科学的训练计划

乡村学校应根据学生的年龄、性别、身体状况等因素，制订科学合理的体育训练计划。训练计划应包括训练目标、训练内容、训练方法和训练时间等方面的内容，确保体育训练的针对性和有效性。

2. 加强体育教学管理

乡村学校应建立健全的体育教学管理制度，明确体育教师的职责和要求，规范体育教学过程。同时，学校还应加强对体育教学的监督和评估，确保体育教学质量的稳步提升。

3. 营造良好的体育文化氛围

乡村学校应积极开展丰富多彩的体育文化活动，如运动会、体育比赛、体育节等，营造良好的体育文化氛围。通过参与体育活动，学生可以增强体育意识，提高运动技能，培养团队合作精神和竞争意识。

（五）体育学院助力乡村学校体育训练体系实施的效果评估

为了评估体育学院助力乡村学校体育训练体系实施的效果，可以采用多种方式进行综合评价。首先，可以通过对比乡村学校学生在体育训练前后的身体素质和运动技能水平，来评估体育训练体系的实际效果。其次，可以通过调查问卷、访谈等方式，了解乡村学校师生对体育训练体系的满意度和意见建议，以便进一步完善和优化体系。最后，还可以邀请专家对体育训练体系进行专业评估，提出改进建议和发展方向。

体育学院助力乡村学校体育训练体系的构建与实施是一项长期而艰巨的任务。通过派遣专业师资、提供教学资源支持、开展教育培训与指导等措施，体育学院可以为乡村学校体育教育的发展提供有力支持。同时，乡村学校也应积极配合体育学院的工作，加强体育教学管理，营造良好的体育文化氛围，共同推动乡村学校体育教育的进步与发展。

二、姚基金支持下的乡村学校体育训练模式创新

随着国家对乡村教育发展的日益重视，乡村学校体育教育逐渐成为关注的焦点。在这一背景下，姚基金等公益组织的加入为乡村学校体育训练模式的创新提供了有力支持。下面重点分析姚基金支持下乡村学校体育训练模式的创新，以期为乡村学校体育教育的进一步发展提供借鉴与参考。

（一）姚基金支持乡村学校体育训练的必要性

乡村学校体育教育长期以来面临着资源匮乏、师资力量薄弱等问题，制约了体育教育的发展。而体育训练作为提升学生体质、促进学生全面发展的重要手段，在乡村学校中显得尤为重要。姚基金作为专注于青少年体育发展的公益组织，通过支持乡村学校体育训练，不仅有助于改善乡村学校体育教育的现状，还能为乡村青少年提供更多接触体育、享受体育的机会，促进他们的身心健康发展。

（二）姚基金支持下的乡村学校体育训练模式创新点

1. 引入先进的体育训练理念与方法

姚基金积极引进国内外先进的体育训练理念与方法，结合乡村学校的实际情况，进行本土化改造与创新。例如，引入科学的体能训练方法，帮助学生提高身体素质；推广趣味性的运动项目，激发学生的学习兴趣；注重个性化训练，根据学生的特点和需求制订个性化的训练计划。

2. 建立完善的体育训练体系

姚基金支持乡村学校建立完善的体育训练体系，包括课程设置、师资培训、训练计划制定、训练效果评估等方面。通过制定科学合理的训练计划，确保学生在不同阶段都能得到适当的训练；加强师资培训，提升体育教师的专业

素养和教学能力；建立训练效果评估机制，及时了解学生的训练情况，调整训练策略。

3. 加强体育设施与器材建设

针对乡村学校体育设施与器材不足的问题，姚基金积极投入资金，支持乡村学校建设和完善体育设施与器材。例如，修建篮球场、足球场等运动场地，购置体育器材和设施，为学生提供良好的训练环境。同时，姚基金还鼓励乡村学校充分利用现有资源，创新体育设施与器材的使用方式，提高资源利用效率。

4. 搭建体育交流平台，促进城乡体育教育的互动与发展

姚基金通过搭建体育交流平台，促进城乡体育教育之间的互动与发展。一方面，组织城乡学校之间的体育交流活动，让乡村学生有机会接触到更广阔的体育世界，激发他们的学习兴趣和动力；另一方面，邀请城市优秀体育教师和教练到乡村学校进行指导和交流，提升乡村学校体育教育的水平和质量。

（三）姚基金支持下乡村学校体育训练模式创新的效果评估

为了评估姚基金支持下乡村学校体育训练模式创新的效果，可以从以下几个方面进行考察。

1. 学生体质健康水平提升情况

通过对比实施新训练模式前后的学生体质健康测试数据，可以直观地了解到学生的体质健康水平是否有所提升。如果数据显示学生的身体素质、运动能力等方面有所改善，则说明新训练模式在提升学生体质健康方面取得了积极成效。

2. 学生参与体育活动的积极性与兴趣变化

通过观察学生参与体育活动的积极性和兴趣变化，可以判断新训练模式是否激发了学生的学习兴趣和动力。如果学生参与体育活动的频率增加、态

度更加积极，则说明新训练模式在激发学生兴趣方面发挥了积极作用。

3. 体育教师的专业素养与教学能力提升情况

通过考察体育教师在新训练模式下的专业素养和教学能力提升情况，可以评估姚基金在师资培训方面的成效。如果体育教师的教育理念更加先进、教学方法更加科学、教学效果更加显著，则说明姚基金在师资培训方面取得了显著成果。

4. 学校体育文化氛围的营造情况

通过观察学校体育文化氛围的营造情况，可以判断新训练模式是否有助于营造良好的体育氛围。如果学校开展的体育活动更加丰富多样、学生参与体育活动的氛围更加浓厚，则说明新训练模式在营造体育文化氛围方面发挥了积极作用。

姚基金支持下的乡村学校体育训练模式创新为乡村学校体育教育的发展注入了新的活力。通过引入先进的体育训练理念与方法、建立完善的体育训练体系、加强体育设施与器材建设以及搭建体育交流平台等措施，有效提升了乡村学校体育教育的质量和水平。然而，乡村学校体育教育的发展仍面临诸多挑战和问题，需要政府、学校、社会等多方共同努力，推动乡村学校体育教育的持续健康发展。

展望未来，我们期待姚基金等公益组织能够继续加大对乡村学校体育教育的支持力度，探索更多适合乡村学校实际的体育训练模式和方法。同时，我们也希望乡村学校能够充分利用现有资源，发挥自身优势，不断创新和完善体育训练体系，为乡村青少年的健康成长贡献更多力量。

三、乡村学校体育实践教学：成效与挑战分析

随着国家对乡村教育投入的不断增加，乡村学校体育教育也逐渐受到重视。体育学院与姚基金等机构的协同助力，为乡村学校体育实践教学的发展

提供了有力支持。然而，在实践教学的过程中，乡村学校既取得了一系列成效，也面临着诸多挑战。下面对乡村学校体育实践教学的成效与挑战进行深入分析，以期为推动乡村学校体育教育的进一步发展提供参考。

（一）乡村学校体育实践教学的成效

1. 学生体质健康水平提升

通过实践教学，乡村学校学生的体质健康水平得到了显著提升。实践教学注重学生的身体锻炼和运动技能培养，使学生能够在实践中掌握运动技巧，增强身体素质。同时，实践教学还注重培养学生的运动兴趣和习惯，使学生能够积极参与体育活动，享受运动的乐趣。

2. 教师教学能力提升

实践教学对体育教师的教学能力提出了更高的要求。为了更好地指导学生进行实践锻炼，教师需要不断更新教学理念和方法，提高自身的专业素养和教学能力。在实践教学的过程中，教师通过不断尝试和总结，逐渐形成了适合自己的教学风格和方法，提升了教学效果。

3. 学校体育文化氛围浓厚

实践教学促进了乡村学校体育文化氛围的形成。通过丰富多彩的体育活动和实践教学，学校逐渐形成了浓厚的体育氛围，使学生能够在这种氛围中感受到体育的魅力，增强对体育的认同感和归属感。同时，实践教学还为学生提供了展示自我、交流学习的平台，促进了学生之间的友谊和合作。

（二）乡村学校体育实践教学面临的挑战

1. 教学资源匮乏

乡村学校体育实践教学面临着教学资源匮乏的问题。由于经济条件有限，乡村学校的体育设施、器材等往往不够完善，无法满足实践教学的需求。同时，由于缺乏专业的体育教师和教练，乡村学校的体育教学水平普遍较低，难以保证实践教学的质量和效果。

2. 学生参与度不高

由于思想观念、生活习惯等因素的影响，部分乡村学生对体育活动的参与度不高。一些学生认为体育活动是浪费时间，更愿意将时间用于学习文化课程。这种观念导致实践教学的参与度不高，难以形成有效的体育教学氛围。

3. 教师教学理念落后

部分乡村学校的体育教师的教学理念相对落后，难以适应现代体育教育的发展需求。一些教师仍然采用传统的“灌输式”教学方法，忽视了学生的主体地位和实践能力的培养。这种教学理念导致实践教学的效果不佳，难以激发学生的学习兴趣和积极性。

4. 实践教学评价体系不完善

目前，乡村学校体育实践教学的评价体系尚不完善。由于缺乏科学的评价标准和方法，难以对实践教学的效果进行客观、全面的评估。这导致实践教学的质量难以得到保障，也影响了教师的教学积极性和学生的参与热情。

（三）应对挑战的策略与建议

1. 加强教学资源建设

政府和社会各界应加大对乡村学校体育教育的投入力度，加强体育设施、器材等教学资源的建设。同时，积极引进优秀的体育教师和教练，提升乡村学校体育教学水平。此外，还可以通过校企合作、社会捐赠等方式，拓宽教学资源来源渠道。

2. 提高学生参与度

学校应加强对学生的体育教育宣传引导工作，帮助学生树立正确的体育观念和生活习惯。通过举办丰富多彩的体育活动和比赛，激发学生的学习兴趣和积极性。同时，教师也应注重培养学生的运动兴趣和习惯，使学生在实践中感受到体育的魅力。

3. 更新教师教学理念

教师应不断更新教学理念和方法，适应现代体育教育的发展需求。注重学生的主体地位和实践能力的培养，采用启发式、探究式等教学方法，激发学生的学习兴趣和创新能力。同时，加强教师培训和学习交流工作，提升教师的专业素养和教学能力。

4. 完善实践教学评价体系

学校应建立完善的实践教学评价体系，制定科学的评价标准和方法。通过对学生体质健康水平、运动技能掌握情况、参与度等方面的综合评价，客观反映实践教学的效果。同时，将评价结果作为教师绩效考核和学生评优评先的重要依据，激发教师的教学积极性和学生的参与热情。

乡村学校体育实践教学在取得一系列成效的同时，也面临着诸多挑战。政府、学校和社会各界应共同努力，加强教学资源建设、提高学生参与度、更新教师教学理念和完善实践教学评价体系等方面的工作，推动乡村学校体育实践教学的健康发展。只有这样，才能真正发挥实践教学在乡村学校体育教育中的重要作用，为乡村青少年的健康成长贡献力量。

四、体育学院专家团队深入乡村：指导体育训练教学实践

体育学院与姚基金协同助力乡村学校体育的效果显著，其中一个重要的体现就是体育学院专家团队深入乡村，指导体育训练教学实践。这一举措不

仅为乡村学校带来了先进的体育理念和教学方法，也有效地提升了乡村学生的身体素质和体育技能，为乡村学校体育事业的发展注入了新的活力。

（一）体育学院专家团队深入乡村的意义

体育学院专家团队深入乡村，是对乡村学校体育教育的有力支持。这些专家拥有丰富的体育教学经验和深厚的专业理论知识，他们的到来为乡村学校体育事业的发展带来了新的机遇和动力。通过与乡村学校的教师进行深入交流和合作，体育学院专家团队可以将先进的体育教学理念和教学方法传递给乡村教师，帮助他们提高教学水平，提升教学质量。同时，专家团队还可以针对乡村学生的实际情况，制定个性化的教学方案，帮助学生更好地掌握体育技能和知识，培养他们的运动兴趣和习惯。

（二）体育学院专家团队在乡村学校的实践指导

1. 教学理念更新

体育学院专家团队深入乡村后，首先关注的是乡村学校体育教学的理念更新。他们积极向乡村教师传授现代体育教学理念，强调体育教育的全面性和多元化，注重培养学生的身体素质、心理素质和社会适应能力。通过理念更新，乡村教师逐渐认识到体育教育的重要性，开始关注学生的全面发展，更加注重培养学生的综合素质。

2. 教学方法创新

体育学院专家团队在乡村学校指导体育训练教学实践时，注重教学方法的创新。他们根据乡村学生的特点和需求，设计了一系列富有创意的教学活动，如趣味运动会、体育技能比赛等，旨在激发学生的学习兴趣和积极性。同时，专家团队还引入了多媒体教学、线上教学等现代化教学手段，丰富了教学内容和形式，提高了教学效果。

3. 教学内容优化

针对乡村学校体育教学资源匮乏的问题，体育学院专家团队积极优化教学内容。他们结合乡村学生的实际情况和兴趣爱好，选择了适合他们的体育项目和技能进行教授。同时，专家团队还注重培养学生的体育文化素养，通过讲解体育知识、传授体育精神等方式，让学生更好地理解和热爱体育运动。

（三）体育学院专家团队指导下的乡村学校体育训练教学实践成果

1. 教师教学水平提升

在体育学院专家团队的指导下，乡村学校体育教师的教学水平得到了显著提升。他们不仅掌握了先进的体育教学理念和方法，还学会了如何根据学生的实际情况制定个性化的教学方案。这些教师开始更加注重学生的全面发展，关注学生的个体差异，努力提高教学质量。

2. 学生体育素质提高

通过体育学院专家团队的指导和实践教学，乡村学生的体育素质得到了明显提高。他们的身体素质、运动技能和体育文化素养都得到了显著提升。同时，学生们也开始更加热爱体育运动，积极参与各种体育活动和比赛，展现出了良好的精神风貌和团队协作能力。

3. 乡村学校体育事业发展

体育学院专家团队深入乡村指导体育训练教学实践，不仅带来了先进的教学理念和方法，也推动了乡村学校体育事业的发展。乡村学校的体育教学水平得到了提升，体育设施得到了改善，体育活动也得到了丰富和多样化。这些变化为乡村学生的全面发展提供了更好的条件和保障。

（四）体育学院专家团队深入乡村的未来展望

体育学院专家团队深入乡村指导体育训练教学实践是一个长期而持续的

过程。未来，随着乡村学校体育事业的不断发展，体育学院专家团队将继续发挥专业优势，为乡村学校提供更多的支持和帮助。同时，他们还将积极探索更加有效的教学方法和手段，不断提升乡村学校体育教学的质量和水平。此外，体育学院专家团队还将加强与其他社会力量的合作，共同推动乡村学校体育事业的发展。例如，可以与姚基金等公益组织加强合作，共同开展体育支教、体育扶贫等活动；还可以与企业合作，争取更多的资金和资源支持，为乡村学校提供更好的体育设施和教学条件。

总之，体育学院与姚基金协同助力乡村学校体育的效果显著，体育学院专家团队深入乡村指导体育训练教学实践是其中一个重要的体现。这一举措不仅提升了乡村学校的体育教学水平，也推动了乡村学校体育事业的发展。未来，随着更多专家和资源的投入，乡村学校体育事业将迎来更加美好的明天。

五、乡村学校体育训练资源整合与优化配置

乡村学校体育训练资源整合与优化配置是体育学院与姚基金协同助力乡村学校体育发展的重要体现。通过整合和优化乡村学校的体育训练资源，不仅能够有效提升体育教学质量，还能够促进乡村学生的全面发展，进一步推动乡村学校体育事业的蓬勃发展。

（一）乡村学校体育训练资源整合的必要性

乡村学校体育训练资源的整合是提升乡村体育教学质量的关键举措。由于历史、地理和经济等多方面因素的影响，乡村学校的体育训练资源普遍较为匮乏，存在着设施陈旧、师资不足、教材缺乏等问题。这些问题制约了乡村学校体育教学的开展，影响了学生的体育素质和身体健康。因此，整合乡村学校的体育训练资源，实现资源共享和优势互补，对于提升乡村体育教学质量具有重要意义。

（二）乡村学校体育训练资源整合的具体措施

1. 设施资源整合

设施资源是乡村学校体育训练的基础。体育学院和姚基金可以通过捐赠体育器材、改善体育场地等方式，帮助乡村学校改善体育设施条件。同时，可以推动乡村学校之间的设施共享，实现资源的最大化利用。例如，可以建立区域性的体育设施共享平台，让不同学校的体育设施得到充分利用，避免资源的浪费。

2. 师资资源整合

师资资源是乡村学校体育训练的核心。体育学院可以组织专家团队定期到乡村学校进行指导和培训，提升乡村体育教师的教学水平和专业素养。同时，可以推动城乡体育教师的交流互动，让乡村教师学习到更多先进的教学理念和方法。此外，还可以通过建立志愿者支教机制，吸引更多热爱体育事业的人士到乡村学校支教，为乡村学校体育事业注入新的活力。

3. 教学资源整合

教学资源是乡村学校体育训练的重要保障。体育学院和姚基金可以为乡村学校提供丰富的教学资源，如教材、课件、视频等，帮助乡村教师更好地开展体育教学。同时，可以推动乡村学校之间的教学资源共享，实现优势互补。例如，可以建立体育教学资源共享平台，让不同学校的教师可以共享优秀的教学案例和教学资源，提高教学效果。

（三）乡村学校体育训练资源的优化配置

优化配置乡村学校体育训练资源，是实现体育教学效益最大化的关键。在资源整合的基础上，需要根据乡村学校的实际情况和学生的需求，对体育训练资源进行科学合理的配置。

1. 根据学生需求配置资源

学生是体育教学的主体，他们的需求和兴趣是配置体育训练资源的重要依据。因此，在配置资源时，需要充分了解学生的需求和兴趣，确保资源能够满足学生的实际需求。例如，可以根据学生的年龄、性别和体育特长等因素，合理配置不同的体育项目和器材，以满足学生的个性化需求。

2. 注重提高资源利用效率

在配置资源时，需要注重资源的利用效率。要避免资源的浪费和重复建设，确保每一份资源都能够得到充分利用。例如，在配置体育设施时，需要考虑到设施的多功能性和可持续性，使其能够适用于多种体育项目的开展，并能够在长期使用中保持良好的性能。

3. 强化管理与维护

资源配置完成后，还需要加强对体育训练资源的管理和维护。要建立完善的管理制度和维护机制，确保资源能够得到有效利用和保护。同时，还需要定期对资源进行检查和维修，确保其能够保持良好的使用状态。

（四）体育学院与姚基金在资源整合与优化配置中的作用

体育学院与姚基金在乡村学校体育训练资源整合与优化配置中发挥着重要作用。体育学院拥有专业的体育教学团队和丰富的教学资源，可以为乡村学校提供有力的支持和帮助。姚基金则通过资金支持和项目推动等方式，为乡村学校体育事业的发展提供了重要保障。两者协同合作，可以形成合力，共同推动乡村学校体育训练资源的整合与优化配置。

（五）乡村学校体育训练资源整合与优化配置的未来展望

随着国家对乡村教育投入的不断增加和社会对乡村体育事业关注度的提高，乡村学校体育训练资源整合与优化配置将迎来更加广阔的发展前景。未来，我们可以期待更多专业团队和社会力量参与到乡村学校体育事业中来，共同推动资源的整合与优化。同时，随着科技的进步和创新，我们也可以期待更多先进的体育设施和教学方法被引入到乡村学校中来，为乡村学生提供更加优质的体育教学服务。

总之，乡村学校体育训练资源整合与优化配置是提升乡村体育教学质量、推动乡村学校体育事业发展的重要举措。通过整合和优化资源，我们可以为乡村学生提供更好的体育教学环境和服务，促进他们的全面发展。在未来的发展中，我们需要继续加强资源整合与优化配置工作，推动乡村学校体育事业的持续健康发展。

六、基于姚基金项目的乡村学校体育训练实践探索

近年来，随着国家对乡村教育的日益重视，乡村学校体育教育也逐渐成为教育改革的热点。作为体育教育的重要一环，乡村学校体育训练实践的探索，不仅关系到学生体质健康的提升，更关乎乡村孩子全面素质的发展。在这一背景下，姚基金以其独特的项目模式和丰富的实践经验，为乡村学校体育训练实践的探索提供了宝贵的经验和启示。

姚基金自成立以来，一直致力于推动乡村体育教育事业的发展。通过资助乡村学校建设体育设施、培训体育教师、开展体育比赛等方式，姚基金为乡村学校体育教育的普及和提高做出了积极贡献。本文将基于姚基金项目的乡村学校体育训练实践探索，从多个维度分析阐述其效果与意义。

（一）姚基金项目的实践探索

1. 体育设施建设与完善

姚基金通过资助乡村学校建设体育设施，为乡村孩子提供了更好的运动环境。在项目实施过程中，姚基金不仅关注设施的数量和规模，更注重设施的实用性和安全性。通过科学规划和合理布局，乡村学校的体育设施得到了

有效改善，为体育训练实践提供了有力保障。

2. 体育教师队伍建设

体育教师的素质和能力直接关系到体育训练实践的效果。姚基金通过培训体育教师，提高了他们的体育教学水平和专业素养。培训内容包括体育教学理念、教学方法、运动训练技巧等，使体育教师在教学实践中能够更好地指导学生进行体育训练。

3. 体育课程的开发与实施

姚基金结合乡村学校的实际情况，开发了适合乡村孩子的体育课程。这些课程既注重基础技能的训练，又兼顾兴趣和爱好的培养。通过丰富多样的课程内容和形式，激发了学生参与体育活动的积极性和主动性，提高了他们的运动能力和身体素质。

4. 体育比赛与活动的组织

姚基金还积极组织各类体育比赛和活动，为乡村孩子提供了展示自我、锻炼能力的平台。通过比赛和活动，学生们不仅提高了运动技能，还增强了团队意识和合作精神。同时，这些活动也促进了乡村学校体育文化的形成和发展。

（二）实践探索的效果分析

1. 学生体质健康水平提升

通过姚基金项目的实施，乡村学校的体育训练实践得到了有效加强。学生们在参与体育活动的过程中，身体素质得到了明显提高，体质健康水平得到了有效改善。这为学生们的全面发展奠定了坚实的基础。

2. 学生运动兴趣和习惯的培养

姚基金项目的实施，使乡村学校的体育活动更加丰富多样。学生们在参与各类体育比赛和活动的过程中，逐渐培养起了对体育运动的兴趣和爱好。

同时，通过长期的体育训练实践，学生们也养成了良好的运动习惯，为终身健康打下了坚实的基础。

3. 学校体育文化氛围的营造

姚基金项目的实施，不仅改善了乡村学校的体育设施条件，还提高了体育教师的教学水平。这些变化使得学校体育文化氛围日益浓厚，学生们更加关注体育、热爱体育。学校体育文化的形成和发展，为乡村学校体育教育的长远发展提供了有力支撑。

基于姚基金项目的乡村学校体育训练实践探索，取得了显著的效果，是一次有益的尝试和成功的实践。它为我们提供了宝贵的经验和启示，也为我们指明了乡村学校体育教育的发展方向。通过体育设施的建设与完善、体育教师队伍的建设、体育课程的开发与实施以及体育比赛与活动的组织等措施，乡村学校体育训练实践得到了有效加强，学生体质健康水平得到了提升，运动兴趣和习惯得到了培养，学校体育文化氛围得到了营造。

然而，乡村学校体育教育的发展仍面临诸多挑战。未来，我们应继续深化姚基金项目的实施，加大对乡村学校体育教育的投入力度，推动乡村学校体育教育事业的持续发展。同时，还应加强体育教育与其他学科的融合，促进学生全面素质的提升。相信在社会各界的共同努力下，乡村学校体育教育的明天会更加美好。让我们携手共进，为乡村学校体育教育的繁荣发展贡献自己的力量。

七、体育学院与乡村学校联合开展体育教学实践训练案例研究

在我国教育体系中，乡村教育一直是国家和社会关注的焦点。特别是在体育教育领域，由于历史、地理、经济等多种因素的影响，乡村学校体育教育普遍存在着资源不足、师资力量薄弱、教学方法陈旧等问题。为了解决这些问题，体育学院与乡村学校联合开展的体育教学实践训练成为一种有效的途径。下面以体育学院与姚基金协同助力乡村学校体育的实践为例，分析阐

述体育学院与乡村学校联合开展体育教学实践训练的效果和意义。

（一）体育学院与乡村学校联合开展体育教学实践训练的背景

近年来，随着我国体育事业的快速发展，体育教育在培养学生身心素质、促进全面发展方面的重要性日益凸显。然而，乡村学校体育教育的发展却相对滞后，无法满足学生的多元化需求。为了改善这一状况，体育学院与乡村学校的联合开展体育教学实践训练应运而生。这种合作模式不仅能够弥补乡村学校体育教育的不足，还能够为体育学院提供实践教学平台，促进理论与实践的有机结合。

（二）体育学院与姚基金协同助力乡村学校体育的实践案例

体育学院与姚基金协同助力乡村学校体育的实践案例是一个典型的体育学院与乡村学校联合开展体育教学实践训练的例子。姚基金作为国内知名的体育公益组织，一直致力于推动乡村学校体育事业的发展。通过与体育学院的合作，姚基金为乡村学校提供了优质的体育教育资源和师资力量，帮助乡村学校提升体育教学质量。

在这个实践案例中，体育学院的教师和学生们深入乡村学校，与当地的师生共同开展体育教学实践训练。他们结合乡村学校的实际情况和学生的特点，制定了针对性的教学方案，通过丰富多样的教学方法和手段，激发学生对体育的兴趣和热情。同时，他们还注重培养学生的团队协作能力和创新精神，让学生在参与体育活动的过程中不仅能够锻炼身体，还能够提升综合素质。

（三）体育学院与乡村学校联合开展体育教学实践训练的效果

1. 提升乡村学校体育教学质量

通过体育学院与乡村学校的联合开展体育教学实践训练，乡村学校的体育教学质量得到了显著提升。体育学院的教师和学生们为乡村学校带来了先进的教学理念和方法，帮助乡村学校教师更新了教学观念，提高了教学水平。

同时，他们还带来了丰富的体育器材和设施，改善了乡村学校的体育教学条件。这些举措使得乡村学校的体育教学更加科学、规范、有效。

2. 激发学生参与体育活动的热情

体育学院与乡村学校的联合开展体育教学实践训练还激发了学生参与体育活动的热情。体育学院的教师和学生们通过组织各种形式的体育活动和比赛，让学生在轻松愉快的氛围中感受到体育的魅力。这些活动不仅让学生锻炼了身体，还增强了他们的团队意识和集体荣誉感。同时，体育学院的学生们还通过亲身示范和指导，帮助乡村学校的学生掌握正确的运动技能和方法，提高了他们的运动水平。

3. 促进体育学院与乡村学校的交流与合作

体育学院与乡村学校的联合开展体育教学实践训练还促进了双方之间的交流与合作。通过实践活动，体育学院与乡村学校建立了紧密的合作关系，实现了资源共享和优势互补。体育学院为乡村学校提供了优质的体育教育资源和技术支持，而乡村学校则为体育学院提供了实践教学平台和丰富的实践经验。这种合作模式不仅有助于提升双方的教学水平和综合实力，还能够推动乡村学校体育事业的可持续发展。

体育学院与乡村学校联合开展体育教学实践训练是一种有效的合作模式，对于提升乡村学校体育教学质量、激发学生参与体育活动的热情以及促进体育学院与乡村学校的交流与合作具有重要意义。然而，目前这种合作模式仍然存在着一些问题和挑战，如资源分配不均、师资力量不足等。因此，未来需要进一步加强体育学院与乡村学校之间的沟通与协作，完善合作机制，优化资源配置，推动乡村学校体育事业的健康发展。同时，还需要加强对乡村学校体育教育的研究和探索，不断创新教学方法和手段，提高教学效果和质量，为培养更多具有健康体魄和全面素质的人才做出更大的贡献。

综上所述，体育学院与乡村学校联合开展体育教学实践训练是一种具有深远意义的合作模式。通过实践案例的分析和研究，我们可以看到这种模式在提升乡村学校体育教学质量、激发学生参与体育活动的热情以及促进体育学院与乡村学校的交流与合作等方面取得了显著的效果。未来，我们应该继续探索和完善这种合作模式，为推动我国体育教育事业的发展做出更大的贡献。

八、乡村学校体育训练教学实践中的师生互动与效果评估

乡村学校体育教育是我国教育体系中不可或缺的一部分，对于培养学生的身心素质、促进其全面发展具有重要意义。近年来，随着体育学院与公益组织的深入合作，乡村学校体育教育得到了更多的关注和支持。其中，体育学院与姚基金协同助力乡村学校体育的实践案例，为我们提供了宝贵的经验和启示。本文将重点分析乡村学校体育训练教学实践中的师生互动与效果评估，探讨其对于提升乡村学校体育教育质量的重要性。

（一）乡村学校体育训练教学实践中的师生互动

师生互动是教学过程中的重要环节，对于提高学生的学习兴趣、促进其主动学习具有重要作用。在乡村学校体育训练教学实践中，师生互动主要体现在以下几个方面。

1. 教师引导与学生参与

在体育教师的引导下，乡村学校的学生能够积极参与到体育训练中来。教师可以通过讲解、示范、指导等方式，帮助学生了解运动技能的要领和方法，激发学生的学习兴趣。同时，教师还可以通过组织小组活动、比赛等形式，鼓励学生之间的合作与竞争，培养学生的团队协作精神和竞争意识。

2. 学生反馈与教师调整

在教学过程中，学生的反馈是教师调整教学策略的重要依据。乡村学校的学生可以通过观察、体验、实践等方式，对教师的教学内容和方法进行反馈。教师可以根据学生的反馈，及时调整教学策略，改进教学方法，使教学更加

符合学生的实际情况和需求。

3. 情感交流与心理支持

师生互动不仅包括知识技能的传授，还包括情感交流和心理支持。在乡村学校体育训练教学实践中，教师可以通过关心、鼓励、赞美等方式，增强学生的自信心和学习动力。同时，教师还可以通过与学生沟通、交流，了解他们的心理需求和困惑，为他们提供必要的心理支持和帮助。

（二）乡村学校体育训练教学实践中的效果评估

效果评估是检验教学质量和效果的重要手段，对于提升教学质量具有重要意义。在乡村学校体育训练教学实践中，效果评估主要体现在以下几个方面：

1. 技能掌握情况的评估

通过技能测试、动作评分等方式，可以对学生的运动技能掌握情况进行评估。这种评估可以帮助学生了解自己的技能水平，发现自己的不足之处，进而有针对性地进行改进和提高。同时，教师也可以根据评估结果，了解学生对运动技能的掌握情况，为后续教学提供参考和依据。

2. 身体素质变化的评估

身体素质是衡量学生体育训练效果的重要指标之一。通过测量学生的身高、体重、肺活量、力量等身体素质指标，可以评估学生在体育训练中的身体素质变化情况。这种评估可以帮助学生了解自己的身体状况，激发他们参与体育训练的积极性。同时，教师也可以根据评估结果，调整训练计划和方法，以更好地提升学生的身体素质。

3. 学习态度和兴趣变化的评估

学习态度和兴趣是影响学生学习效果的重要因素。通过问卷调查、访谈等方式，可以了解学生对体育训练的态度和兴趣变化情况。这种评估可以帮助教师了解学生对体育训练的认识和感受，进而调整教学策略和方法，提高学生的学习兴趣和参与度。

（三）师生互动与效果评估的相互促进关系

在乡村学校体育训练教学实践中，师生互动与效果评估是相互促进的。一方面，良好的师生互动可以激发学生的学习兴趣和主动性，提高教学效果；另一方面，有效的效果评估可以为师生互动提供反馈和依据，帮助教师更好地调整教学策略和方法。因此，在乡村学校体育训练中，应注重师生互动与效果评估的有机结合，以提升教学质量和效果。

乡村学校体育训练教学实践中的师生互动与效果评估是提升乡村学校体育教育质量的关键环节。通过加强师生互动，可以激发学生的学习兴趣和主动性；通过科学的效果评估，可以了解学生的学习情况和进步程度。未来，我们应继续深入探索乡村学校体育训练教学实践中的师生互动与效果评估机制，为提升乡村学校体育教育质量贡献更多的智慧和力量。同时，我们还应注重将先进的教学理念和方法引入乡村学校体育教育中，推动乡村学校体育事业的持续健康发展。

综上所述，乡村学校体育训练教学实践中的师生互动与效果评估对于提升乡村学校体育教育质量具有重要意义。通过加强师生互动和科学的效果评估，我们可以更好地了解学生的学习情况和需求，调整教学策略和方法，激发学生的学习兴趣和主动性。未来，我们应继续深化这一领域的研究和实践，为乡村学校体育教育的发展注入新的活力和动力。

九、姚基金资助下的乡村学校体育训练教学实践成果展示

乡村学校体育教育一直是我国教育事业发展的重要一环，它不仅关系到学生的身心健康，更是培养国家未来栋梁的关键所在。然而，由于种种原因，乡村学校体育教育长期以来面临着诸多挑战，如师资力量薄弱、教学设施不足等。姚基金的成立及其资助项目的实施，为改善乡村学校体育教育的现状

提供了有力的支持。本文将围绕姚基金资助下的乡村学校体育训练教学实践成果进行展示与分析。

姚基金是由著名篮球运动员姚明发起并设立的公益组织，旨在通过体育的力量帮助贫困地区的学生们获得更好的教育机会。其中，针对乡村学校体育教育的资助项目是其重要内容之一。该项目通过向乡村学校提供体育器材、师资力量和教学指导等方面的支持，帮助学校改善体育教学条件，提高体育教学质量。

（一）体育教学实践的改善与提升

1. 师资力量得到加强

在姚基金的资助下，乡村学校得以引进优秀的体育教师，他们不仅具备专业的体育知识和技能，还具备丰富的教学经验。这些教师的到来，不仅填补了乡村学校体育教师不足的空白，还为学校带来了新的教学理念和方法。他们通过组织各类体育教学活动，激发了学生的运动兴趣，提高了学生的体育素养。

2. 教学设施得到改善

姚基金的资助还使得乡村学校的体育设施得到了显著改善。学校配备了标准化的篮球场、足球场等运动场地，以及各类体育器材。这些设施的完善，为学生们提供了更好的运动环境，使得体育教学得以更加顺利地进行。

（二）体育训练教学实践成果展示

1. 学生体质得到显著提升

在姚基金的资助下，乡村学校的体育训练教学实践取得了显著成果。通过系统的体育训练和锻炼，学生们的体质得到了明显提升。他们的身体素质、运动技能和团队协作能力都得到了显著提高。这不仅有利于学生们的健康成长，也为他们未来的学习和生活奠定了坚实的基础。

2. 体育竞技成绩斐然

姚基金的资助还使得乡村学校的体育竞技水平得到了显著提升。在各类体育比赛中，乡村学校的学生们取得了优异的成绩。这不仅展示了他们的体育才能和实力，也为乡村学校赢得了荣誉和认可。这些成绩的取得，进一步激发了学生们参与体育运动的热情和积极性。

3. 校园文化氛围更加浓厚

姚基金的资助还促进了乡村学校校园文化氛围的营造。通过举办各类体育文化活动，学校营造了一种积极向上、健康活泼的校园文化氛围。学生们在参与体育活动的过程中，不仅锻炼了身体，还陶冶了情操，提升了综合素质。

（三）案例分析

以河北省邢台市隆尧县东王村中心小学为例，该校在姚基金的资助下，引进了专业的体育教师，改善了体育设施，开展了丰富多彩的体育教学活动。经过一段时间的实践，该校学生的体质得到了显著提升，体育竞技成绩也取得了显著进步。同时，学校的校园文化氛围也变得更加浓厚，学生们的学习生活更加丰富多彩。这一案例充分展示了姚基金资助下乡村学校体育训练教学实践的积极成果（见图 5-1）。

图 5-1　学生在体育教师的指导下打篮球

姚基金资助下的乡村学校体育训练教学实践成果显著，不仅改善了乡村学校的体育教学条件，提高了体育教学质量，还促进了学生的身心健康发展。然而，我们也应认识到，乡村学校体育教育仍然面临着诸多挑战和问题。未来，我们需要继续加大投入力度，完善体育教育体系，提高体育教育质量，为培养更多优秀的体育人才做出更大的贡献。

综上所述，姚基金资助下的乡村学校体育训练教学实践成果展示了我们在改善乡村学校体育教育方面所取得的积极进展。但同时，我们也需要继续努力，不断探索和实践更加有效的体育教育方法和手段，为乡村学生的健康成长和全面发展提供更好的支持和保障。

十、体育学院与乡村学校协同推动体育训练教学实践可持续发展

在我国教育体系中，乡村学校体育教育扮演着至关重要的角色。然而，由于资源、师资等多方面的限制，乡村学校体育教育的发展往往滞后于城市，制约了乡村学生的全面发展。体育学院作为培养体育专业人才的重要基地，拥有丰富的教育资源和专业优势。因此，体育学院与乡村学校的协同合作，对于推动体育训练教学实践的可持续发展具有重要意义。

（一）协同合作的基础与意义

体育学院与乡村学校的协同合作，建立在共同的发展目标和互补的资源优势之上。体育学院拥有专业的师资力量、先进的教学理念和丰富的教育资源，而乡村学校则具备独特的地理位置和丰富的体育实践场地。通过协同合作，双方可以共享资源、优势互补，共同推动体育训练教学实践的发展。

这种协同合作的意义在于，一方面可以提升乡村学校体育教育的水平，改善乡村学生的体育学习环境，促进他们的身心健康发展；另一方面，也可以为体育学院师生提供广阔的实践平台，促进理论与实践的结合，提升教学质量和效果。

（二）协同推动体育训练教学实践的路径

1. 教师交流与培训

体育学院可以组织专业教师定期前往乡村学校进行交流与培训，分享先进的教学理念和教学方法，提升乡村学校体育教师的教学水平。同时，乡村学校的教师也可以到体育学院进行学习和进修，吸收新的教学理念和方法，提高自身的专业素养。

2. 资源共享与互补

体育学院可以将自身的教育资源，如体育器材、教学视频等，与乡村学校进行共享。同时，乡村学校也可以利用自身的场地资源进行体育教学实践，为体育学院师生提供实践机会。这种资源共享与互补的方式，可以有效提升体育训练教学实践的效果。

3. 实践教学与科研合作

体育学院可以与乡村学校合作开展实践教学和科研活动。体育学院师生可以在乡村学校进行实践教学，将理论知识应用于实践中，提升教学效果。同时，双方还可以共同开展体育科研项目，探索适合乡村学校体育教育发展的新模式和新方法。

（三）体育训练教学实践可持续发展的保障措施

1. 建立长效机制

为了保障体育学院与乡村学校协同推动体育训练教学实践的可持续发展，双方应建立长效机制。可以签订合作协议，明确合作的目标、内容、方式等，确保合作的顺利进行。同时，双方还应建立定期交流机制，及时了解合作进展和存在的问题，以便及时调整合作策略。

2. 加强政策支持

政府和教育部门应加强对体育学院与乡村学校协同合作的政策支持。可以出台相关政策，鼓励和支持体育学院与乡村学校开展合作，为合作提供资金、人才等方面的保障。同时，还可以建立激励机制，对合作成果突出的单位和个人进行表彰和奖励。

3. 扩大社会参与

体育学院与乡村学校协同推动体育训练教学实践的发展，还需要社会的广泛参与和支持。可以积极争取社会各界的关注和支持，吸引更多的企业和个人参与到合作中来。通过扩大社会参与，可以为合作提供更多的资源和支持，推动合作的深入发展。

（四）协同推动体育训练教学实践可持续发展的效果与展望

通过体育学院与乡村学校的协同合作，体育训练教学实践已经取得了显著的成效。乡村学校的体育教育水平得到了提升，学生们的体育素养和身体素质得到了显著提高。同时，体育学院的教学质量和效果也得到了提升，师生们的实践能力和创新能力得到了锻炼和提高。

展望未来，体育学院与乡村学校协同推动体育训练教学实践可持续发展的前景广阔。随着合作机制的不断完善和合作内容的不断深化，双方的合作将更加紧密和有效。同时，随着社会的不断发展和进步，对体育教育的要求也将越来越高，这为体育学院与乡村学校的合作提供了更多的机遇和挑战。

总之，体育学院与乡村学校协同推动体育训练教学实践可持续发展是一项具有重要意义的工作。通过双方的合作和努力，可以推动乡村学校体育教育的发展，提升体育学院的教学质量和效果，为我国体育事业的发展做出更大的贡献。

第三节
体育竞赛：在姚基金的框架下组建竞赛平台

一、姚基金框架下乡村学校体育竞赛平台的构建与意义

随着我国社会经济的不断发展，体育教育作为促进学生全面发展的重要组成部分，越来越受到重视。然而，在广大乡村地区，由于经济条件和教育资源的限制，体育教育发展相对滞后，缺乏多样化的体育竞赛活动。为此，姚基金与体育学院协同合作，构建乡村学校体育竞赛平台，旨在通过竞赛活动激发乡村学生的体育热情，提升他们的体育素养，促进乡村学校体育教育的可持续发展。

（一）姚基金框架下乡村学校体育竞赛平台的构建

姚基金框架下乡村学校体育竞赛平台的构建，是一个系统工程，涉及多个方面的合作与协调。首先，体育学院与姚基金共同制定竞赛平台的构建方案。体育学院发挥专业优势，提供技术支持和竞赛指导；姚基金则负责筹集资金，为平台的搭建和运营提供物质保障。双方共同确定竞赛平台的组织架构、运作机制、活动内容等，确保竞赛平台的顺利运行。其次，体育学院与乡村学校建立紧密的合作关系。体育学院选派优秀的师生前往乡村学校，指导学校开展体育竞赛活动，提供技术支持和人员培训。同时，乡村学校也积极参与竞赛平台的各项活动，为平台的发展贡献力量。最后，姚基金框架下乡村学校体育竞赛平台还注重与社会各界的合作。通过与企业、媒体等机构的合作，平台能够吸引更多的资源和关注，为乡村学生提供更多的竞赛机

会和展示平台。

（二）姚基金框架下乡村学校体育竞赛平台的意义

姚基金框架下乡村学校体育竞赛平台的构建，对于推动乡村学校体育教育的发展具有重要意义。首先，平台为乡村学生提供了多样化的体育竞赛机会。通过举办篮球、足球、田径等多种项目的比赛，平台让乡村学生有机会展示自己的体育才能，激发他们的体育热情。同时，竞赛活动还能够培养学生的团队协作精神和竞争意识，提升他们的综合素质。其次，平台促进了体育学院与乡村学校的交流合作。体育学院的师生通过参与平台的活动，能够深入了解乡村学校体育教育的现状和需求，为改进教学方法和提升教学质量提供有益的参考。同时，乡村学校的师生也能够从体育学院的师生那里学到先进的体育理念和技能，提升自己的体育素养。再次，平台有助于提升乡村学校体育教育的整体水平。通过竞赛平台的运作，乡村学校的体育教育资源得到了更有效的利用，体育教育的内容和方法也得到了改进和创新。这不仅能够提高乡村学生的体育成绩，还能够培养他们的运动兴趣和习惯，为他们的终身发展奠定基础。最后，平台还对于推动乡村地区的文化建设和经济社会发展具有积极意义。通过体育竞赛活动，平台能够促进乡村地区的文化交流和传播，增强乡村居民的凝聚力和向心力。同时，竞赛平台的发展也能够带动相关产业的发展，为乡村地区的经济社会发展注入新的活力。

（三）姚基金框架下乡村学校体育竞赛平台的未来发展

姚基金框架下乡村学校体育竞赛平台已经取得了显著的成效，但仍需继续努力，不断完善和发展。首先，平台应进一步扩大覆盖范围，让更多的乡村学校和学生受益。通过加强与地方教育部门和学校的合作，平台可以将更多的学校纳入其中，让更多的学生有机会参与到竞赛活动中来。其次，平台应不断丰富竞赛内容和形式，满足学生的多样化需求。除了传统的体育项目外，还可以引入一些新兴的体育项目或趣味性的体育活动，以吸引更多的学生参与。最后，平台还应加强与社会各界的合作，争取更多的支持和资源。

通过与企业、媒体等机构的合作，平台可以获得更多的赞助和宣传支持，为乡村学生提供更多的竞赛机会和展示平台。

综上所述，姚基金框架下乡村学校体育竞赛平台的构建与发展意义重大。通过这一平台，乡村学生能够获得更多的体育竞赛机会，提升自己的体育素养；体育学院与乡村学校之间的交流合作也得到了加强；乡村学校体育教育的整体水平也得到了提升。未来，随着平台的不断完善和发展，相信它将在推动乡村学校体育教育的发展中发挥更大的作用。

二、体育竞赛平台：姚基金助力乡村学校体育发展的新举措

在我国乡村教育体系中，体育教育一直扮演着举足轻重的角色。然而，由于历史、地理和经济等多重因素的制约，乡村学校的体育教育发展相对滞后，缺乏足够的资源和平台来提升学生的体育素养和竞技水平。近年来，姚基金积极投身乡村教育事业，通过构建体育竞赛平台，为乡村学校体育教育的发展注入了新的活力。下面详细阐述体育竞赛平台作为姚基金助力乡村学校体育发展的新举措的意义、实施过程以及取得的成效。

（一）体育竞赛平台作为新举措的意义

1. 激发乡村学生的体育热情

体育竞赛平台为乡村学生提供了展示自己才能的舞台，让他们能够在竞技中感受到运动的魅力，从而激发对体育的热爱和兴趣。通过参与比赛，学生们能够体验到胜利的喜悦和挫折的磨砺，培养坚韧不拔的意志和勇往直前的精神。

2. 提升乡村学生的体育素养

体育竞赛平台不仅注重竞技成绩，更重视学生的体育素养培养。通过专业的训练和比赛，学生们能够学习到正确的运动技能和方法，提高身体素质

和运动能力。同时，比赛中的团队合作和规则意识也能帮助他们形成良好的体育道德风尚。

3. 促进乡村学校体育教育的改革与创新

体育竞赛平台的构建推动了乡村学校体育教育的改革与创新。通过引入先进的竞赛理念和模式，乡村学校能够更新教育观念，改进教学方法，提升体育教育的质量和水平。同时，平台还能为乡村学校提供资源共享和经验交流的机会，促进体育教育的均衡发展。

（二）体育竞赛平台的实施过程

1. 搭建竞赛框架与制定规则

姚基金与体育学院紧密合作，共同搭建起体育竞赛平台的框架，并制定了详细的竞赛规则。这些规则既保证了比赛的公平性和公正性，又充分考虑了乡村学生的实际情况和需求。

2. 组织开展各类体育竞赛活动

在竞赛平台的框架下，姚基金积极组织开展了各类体育竞赛活动。这些活动包括篮球、足球、田径等多个项目，既有校际间的友谊赛，也有区域性的锦标赛。通过这些比赛，乡村学生有了更多展示自己的机会，也能够在竞技中不断提升自己的水平。

3. 提供专业指导和技术支持

为了确保比赛的顺利进行和乡村学生的安全参与，姚基金还邀请了体育学院的专家和教师为比赛提供专业的指导和技术支持。他们不仅为参赛学生提供训练指导，还在比赛现场提供医疗和安全保障，确保比赛的顺利进行。

4. 加强宣传推广与社会参与

为了扩大体育竞赛平台的影响力，姚基金还加强了宣传推广工作。通过媒体宣传、网络传播等多种渠道，姚基金让更多的人了解并关注乡村学校体育教育的发展。同时，姚基金还积极争取社会各界的支持和参与，为竞赛平台提供更多的资源和帮助。

（三）体育竞赛平台取得的成效

1. 乡村学生的体育成绩和素养显著提高

通过参与体育竞赛平台的活动，乡村学生的体育成绩和素养得到了显著提高。他们在比赛中展现出了良好的竞技水平和精神风貌，赢得了社会各界的赞誉和认可。同时，学生们的身体素质和运动能力也得到了明显的提升，为他们未来的学习和生活打下了坚实的基础。

2. 乡村学校体育教育得到改革与创新

体育竞赛平台的构建推动了乡村学校体育教育的改革与创新。乡村学校开始注重体育教育的全面性和实效性，加强对学生体育素养的培养和提升。同时,学校还积极引入新的教学方法和手段,提高体育教育的趣味性和实效性,让学生在轻松愉快的氛围中学习和成长。

3. 社会各界对乡村学校体育教育的关注度提升

通过体育竞赛平台的宣传推广和社会参与，社会各界对乡村学校体育教育的关注度得到了提升。越来越多的人开始关注和支持乡村学校体育教育的发展，为乡村学生提供了更多的机会和资源。同时，这也为乡村学校体育教育的未来发展奠定了坚实的基础。

体育竞赛平台作为姚基金助力乡村学校体育发展的新举措，已经取得了显著的成效。然而，我们仍需认识到乡村学校体育教育的发展仍面临着诸多挑战和困难。未来，姚基金将继续深化与体育学院的合作，进一步完善体育竞赛平台的构建和运营机制，为乡村学校体育教育的发展提供更有力的支持。同时，我们也期待更多的社会力量能够加入到这个行列中来，共同为乡村学校体育教育的发展贡献智慧和力量。

综上所述，体育竞赛平台作为姚基金助力乡村学校体育发展的新举措，不仅激发了乡村学生的体育热情，提升了他们的体育素养，还推动了乡村学校体育教育的改革与创新。未来，随着这一举措的深入实施和完善发展，相信乡村学校体育教育将会迎来更加美好的明天。

三、乡村学校体育竞赛平台的运作机制与姚基金的支持作用

随着国家对乡村教育的重视与投入，乡村学校体育教育也逐渐受到社会各界的关注。乡村学校体育竞赛平台的建立与运作，不仅为乡村学生提供了展示自我、锻炼体魄的机会，也为乡村学校体育教育的发展注入了新的活力。在这一过程中，姚基金作为社会力量的代表，发挥了重要的支持作用。本文将详细阐述乡村学校体育竞赛平台的运作机制与姚基金的支持作用，以期为推动乡村学校体育教育的进一步发展提供参考。

（一）乡村学校体育竞赛平台的运作机制

1. 组织架构与管理体系

乡村学校体育竞赛平台通常采用多级组织架构，包括省级、市级、县级、乡级等多个层级。各层级之间通过竞赛组织委员会或类似机构进行协调与管理，确保竞赛活动的顺利开展。同时，各学校也设立相应的体育竞赛管理部门，负责本校体育竞赛的组织与实施。

在管理体系方面，乡村学校体育竞赛平台注重规范化、制度化建设。通过制定竞赛规程、管理制度等文件，明确各方职责与权利，规范竞赛活动的流程与标准。此外，还建立了完善的监督机制与评价体系，对竞赛活动进行

全程跟踪与评估，确保竞赛活动的公平、公正与公开。

2. 竞赛项目与赛制安排

乡村学校体育竞赛平台涵盖了多个体育项目，包括田径、篮球、足球、乒乓球等。各项目根据年龄、性别、技能水平等因素设置不同的组别与赛制，以满足不同学生的参与需求。同时，还注重与乡村特色文化的结合，开发具有地方特色的体育竞赛项目，丰富竞赛内容。

在赛制安排方面，乡村学校体育竞赛平台通常采用循环赛、淘汰赛等形式进行比赛。通过多轮次的较量，选拔出优秀的运动员与团队，激发他们的竞技热情与团队精神。此外，还定期举办各类体育节、运动会等活动，为乡村学生提供展示自我、交流学习的平台。

3. 资源保障与支持措施

为确保乡村学校体育竞赛平台的顺利运作，需要投入大量的人力、物力与财力。在这方面，政府、学校及社会各方都给予了大力支持。政府通过设立专项资金、提供场地设施等方式，为乡村学校体育竞赛提供必要的物质保障；学校则加强体育师资队伍建设，提高体育教学质量，为竞赛活动提供人才保障；社会各界也积极参与到乡村学校体育竞赛的组织与支持中来，为乡村学生提供更多的发展机会与资源。

（二）姚基金的支持作用

1. 资金援助与物资支持

姚基金作为知名的公益组织，长期致力于支持乡村教育事业的发展。在乡村学校体育竞赛平台的建设与运作中，姚基金提供了大量的资金援助与物资支持。通过设立专项基金、捐赠体育器材、改善场地设施等方式，帮助乡村学校改善体育教育的硬件条件，提高竞赛活动的水平与质量。

2. 专业指导与培训支持

除了资金与物资支持外，姚基金还积极为乡村学校体育竞赛提供专业的指导与培训支持。通过组织专家团队深入乡村学校进行实地考察与指导，帮助学校完善竞赛组织管理体系、提高竞赛活动的规范化与专业化水平。同时，还定期举办体育师资培训班、裁判员培训班等活动，提升乡村体育教师的专业素养与执教能力。

3. 社会宣传与资源整合

姚基金在支持乡村学校体育竞赛的过程中，还充分发挥了其社会影响力与资源整合能力。通过广泛宣传乡村学校体育竞赛的意义与价值，吸引更多的社会关注与支持；同时，积极整合政府、企业、媒体等各方资源，为乡村学校体育竞赛的发展提供强大的后盾与支持。

乡村学校体育竞赛平台的运作机制与姚基金的支持作用共同推动了乡村学校体育教育的发展。通过完善组织架构、丰富竞赛项目、强化资源保障等措施，乡村学校体育竞赛平台为乡村学生提供了展示自我、锻炼体魄的机会；而姚基金的资金援助、专业指导与社会宣传等支持作用则进一步提升了竞赛活动的质量与水平。

展望未来，乡村学校体育竞赛平台与姚基金等社会力量的合作将更加紧密与深入。随着国家对乡村教育的持续投入与社会各界对乡村体育教育的关注度不断提高，相信乡村学校体育竞赛将迎来更加广阔的发展前景。同时，我们也期待更多的社会力量加入这一事业中来，共同为乡村学生的健康成长与全面发展贡献力量。

四、姚基金框架下体育竞赛平台对乡村学生体质提升的促进作用

在乡村振兴战略的大背景下，体育教育作为提升乡村学生综合素质的重要途径，日益受到社会各界的关注。姚基金作为致力于青少年体育教育的公

益组织，通过搭建体育竞赛平台，为乡村学生提供了展现自我、增强体质的宝贵机会。下面探讨姚基金框架下体育竞赛平台对乡村学生体质提升的促进作用，以期为乡村体育教育的发展提供参考。

（一）姚基金框架下体育竞赛平台的构建与特点

姚基金自成立以来，始终以推动青少年体育教育事业为己任，通过搭建体育竞赛平台，为乡村学生提供多元化的体育参与机会。这些平台不仅涵盖了篮球、足球、田径等多个项目，还注重与地方文化的融合，形成了具有地方特色的体育竞赛体系。

姚基金体育竞赛平台的特点主要体现在以下几个方面：一是广泛参与性，平台面向全国范围内的乡村学校，鼓励学生积极参与；二是公平性，平台采用科学的竞赛规则和公正的评判标准，确保每位学生都能在公平的环境下展现自己的实力；三是互动性，平台注重培养学生的团队协作能力，通过比赛加强学生之间的交流与互动；四是教育性，平台不仅关注学生的比赛成绩，更重视通过比赛培养学生的体育精神和健康的生活方式。

（二）体育竞赛平台对乡村学生体质提升的促进作用

1. 激发运动兴趣，提高参与热情

姚基金体育竞赛平台为乡村学生提供了展示自我、挑战自我的舞台，激发了他们的运动兴趣。通过参与比赛，学生们能够感受到运动的快乐，进而提高对体育活动的参与热情。这种积极的参与态度有助于培养他们的终身体育意识，形成良好的运动习惯。

2. 增强身体素质，提升运动能力

体育竞赛平台上的比赛项目往往需要学生们具备一定的身体素质和运动能力。为了取得好成绩，学生们会在日常训练中加强锻炼，提高自己的体能水平。这种有针对性的训练有助于增强学生们的身体素质，提升他们的运动

能力。同时，比赛中的激烈对抗也能锻炼学生们的意志品质和抗压能力。

3. 培养团队协作，增强集体荣誉感

体育竞赛平台注重培养学生的团队协作能力，通过比赛加强学生之间的交流与互动。在比赛中，学生们需要相互协作、共同面对挑战，这种经历有助于培养他们的团队意识和协作能力。同时，取得比赛胜利后的喜悦和荣誉感也能增强学生们的集体意识，促进班级、学校之间的团结与和谐。

4. 推广健康生活方式，提升健康素养

姚基金体育竞赛平台不仅关注学生的比赛成绩，更重视通过比赛培养学生的体育精神和健康的生活方式。在比赛中，学生们能够学习到正确的运动技巧和方法，了解运动对身体健康的益处。同时，平台还会开展健康知识讲座和宣传活动，帮助学生树立健康的生活观念，提升他们的健康素养。

（三）案例分析与经验总结

以姚基金希望小学篮球季为例，该活动作为姚基金的核心项目之一，已经在全国范围内成功举办了多届。通过搭建篮球竞赛平台，为乡村学生提供了展示篮球才华的机会，同时也促进了他们体质的提升。在比赛中，学生们积极投入、奋力拼搏，不仅展现出了良好的竞技水平，还表现出了积极向上的精神风貌。通过参与比赛，学生们的身体素质得到了明显提高，团队协作能力也得到了锻炼。

总结姚基金框架下体育竞赛平台对乡村学生体质提升的促进作用，我们可以得出以下几点经验：一是要注重激发学生的运动兴趣，提高他们的参与热情；二是要加强有针对性的训练，提升学生的身体素质和运动能力；三是要培养学生的团队协作能力和集体荣誉感；四是要推广健康生活方式，提升学生的健康素养。

姚基金框架下体育竞赛平台对乡村学生体质提升的促进作用显著，不仅激发了学生的运动兴趣，提高了他们的参与热情，还通过有针对性的训练和比赛锻炼了学生的身体素质和运动能力。同时，平台还注重培养学生的团队协作能力和集体荣誉感，推广健康生活方式，提升了学生的健康素养。

展望未来，姚基金应继续完善体育竞赛平台的构建与运营，进一步拓展比赛项目和覆盖范围，为更多乡村学生提供参与体育竞赛的机会。同时，还应加强与地方政府的合作，争取更多的政策支持和资源投入，推动乡村体育教育事业的持续发展。此外，还可以通过开展体育文化交流活动等形式，促进城乡之间的体育交流与融合，为乡村振兴贡献更多的力量。

综上所述，姚基金框架下体育竞赛平台对乡村学生体质提升的促进作用显著且深远。通过搭建多样化的体育竞赛平台，我们可以为乡村学生提供更多的体育参与机会，激发他们的运动兴趣，提高他们的身体素质和运动能力，培养他们的团队协作精神和健康生活方式。这些举措将有助于推动乡村体育教育事业的发展，为乡村振兴注入新的活力。

五、乡村学校体育竞赛平台的特色活动及姚基金的参与情况

随着国家对乡村教育振兴战略的深入推进，乡村学校体育作为提高学生综合素质、促进学生身心健康发展的重要途径，日益受到社会各界的关注。体育学院与姚基金作为体育教育领域的专业力量，通过协同助力乡村学校体育，为乡村学生提供了丰富多彩的体育竞赛平台。下面探讨乡村学校体育竞赛平台的特色活动及姚基金的参与情况，以期为乡村体育教育的持续发展提供借鉴与参考。

（一）乡村学校体育竞赛平台的特色活动

乡村学校体育竞赛平台在立足乡村实际、结合学生特点的基础上，开展了一系列具有地方特色、富有创新性的体育竞赛活动。这些活动不仅丰富了学生的课余生活，也有效提升了学生的体质和体育技能。

1. 地方特色体育项目竞赛

乡村学校体育竞赛平台充分挖掘和利用地方体育资源，开展了一系列具有地方特色的体育项目竞赛。例如，一些地区结合当地的民族文化和传统体育活动，举办了摔跤、舞龙、舞狮等竞赛项目。这些活动不仅展现了乡村地区的文化魅力，也让学生在参与中感受到了传统文化的魅力。

2. 趣味运动会

为了激发学生的参与热情，乡村学校体育竞赛平台还举办了趣味运动会。这类活动通常包括跳绳、拔河、滚铁环等简单易行、趣味性强的项目。学生在轻松愉快的氛围中参与比赛，既锻炼了身体，又增强了团队协作能力。

3. 校园体育节

校园体育节是乡村学校体育竞赛平台的又一重要活动。在这一时期，学校会组织丰富多彩的体育活动，如篮球赛、足球赛、田径赛等。通过比赛，学生们能够展示自己的体育才能，同时也能够在比赛中学习到团结协作、拼搏进取的精神。

（二）姚基金的参与情况

姚基金作为致力于青少年体育发展的公益组织，在助力乡村学校体育竞赛平台方面发挥了重要作用。姚基金通过资金支持、专业指导、资源整合等多种方式，积极参与乡村学校体育竞赛平台的搭建与运营。

1. 资金支持

姚基金为乡村学校体育竞赛平台提供了必要的资金支持，用于购置体育器材、改善运动场地、举办赛事等。这些资金的投入有效保障了体育竞赛平台的顺利运行，为乡村学生提供了更好的体育参与条件。

2. 专业指导

姚基金还邀请了体育学院的专业教师和教练，为乡村学校体育竞赛平台提供专业指导。这些专家和教练通过举办培训班、现场指导等方式，帮助乡村学校的体育教师和教练提升教学水平，更好地指导学生参与体育竞赛。

3. 资源整合

姚基金积极整合社会资源，为乡村学校体育竞赛平台引入更多的合作伙伴和赞助商。通过与地方政府、企业等机构的合作，姚基金为乡村学校体育竞赛平台争取到了更多的支持和资源，进一步推动了乡村体育教育事业的发展。

（三）协同助力效果分析

体育学院与姚基金的协同助力，使乡村学校体育竞赛平台得以顺利开展并取得显著成效。一方面，特色活动的举办丰富了学生的课余生活，提高了学生参与体育活动的积极性和兴趣；另一方面，姚基金的参与为乡村学校体育竞赛平台提供了有力的支持和保障，使得平台能够持续、稳定地运行。通过参与体育竞赛平台的活动，乡村学生的体质得到了有效提升，体育技能也得到了锻炼和提高。同时，学生们在比赛中学会了团结协作、拼搏进取的精神，这些品质将对他们的未来发展产生积极的影响。此外，体育学院与姚基金的协同助力还促进了城乡体育教育的交流与融合。通过举办乡村学校体育竞赛平台的活动，城乡之间的体育教育资源得到了共享和优化配置，为乡村学生提供了更多展示自己的机会和平台。

乡村学校体育竞赛平台的特色活动及姚基金的参与情况表明，体育学院与公益组织的协同助力对于推动乡村学校体育事业的发展具有重要意义。未来，我们应继续加强体育学院与公益组织之间的合作与交流，探索更多有效的合作模式和途径，为乡村学生提供更加优质、丰富的体育教育资源和平台。

同时，我们还应注重提升乡村学校体育教师的专业素养和教学能力，加强对学生体育兴趣和爱好的培养与引导，让更多乡村学生享受到体育带来的快乐与成长。相信在全社会的共同努力下，乡村学校体育事业将迎来更加美好的明天。

综上所述，乡村学校体育竞赛平台的特色活动及姚基金的参与情况展现了体育学院与公益组织在助力乡村学校体育发展方面的积极作用。通过深入分析和总结这些经验做法，我们可以为乡村体育教育的持续发展提供有益的借鉴和参考。

六、姚基金如何通过竞赛平台推动乡村学校体育教育的创新

姚基金通过竞赛平台推动乡村学校体育教育的创新，是一项具有深远意义的社会公益行动。它不仅有助于提升乡村学校体育教育的质量和水平，还能促进乡村学生的全面发展，为他们的健康成长和未来发展奠定坚实基础。以下就姚基金如何通过竞赛平台推动乡村学校体育教育的创新进行阐述。

（一）竞赛平台的搭建与运营

姚基金充分认识到竞赛在推动乡村学校体育教育创新中的重要作用，因此致力于搭建一个公平、公正、公开的竞赛平台。这个平台不仅为乡村学校提供了展示自身实力和风采的机会，还为他们提供了一个学习交流、共同进步的舞台。在平台搭建方面，姚基金注重技术投入和资源整合，确保平台的稳定性和安全性。同时，平台的设计也充分考虑了用户体验和互动性，使得乡村学校能够轻松参与其中，享受竞赛带来的乐趣和收获。在平台运营方面，姚基金制定了一系列严格的规则和流程，确保竞赛的公平性和公正性。同时，还建立了一支专业的运营团队，负责平台的日常维护和更新，以及竞赛的组织和管理工作。

（二）竞赛内容的创新与丰富

为了更好地推动乡村学校体育教育的创新，姚基金在竞赛内容的设置上

进行了大胆的探索和尝试。他们不仅注重传统体育项目的竞赛，还积极引入新兴体育项目和文化元素，使竞赛内容更加丰富多彩、更具吸引力。

例如，姚基金在竞赛中加入了篮球、足球、乒乓球等传统体育项目，同时也引入了街舞、轮滑等新兴体育项目。这些项目不仅能够锻炼乡村学生的身体素质，还能培养他们的团队协作精神和创新意识。此外，姚基金还注重将文化教育融入竞赛中，通过举办主题讲座、文化展览等活动，让乡村学生在参与竞赛的同时，也能感受到中华优秀传统文化的魅力。

（三）竞赛机制的完善与优化

竞赛机制是竞赛平台能否发挥实效的关键所在。姚基金在推动乡村学校体育教育创新的过程中，不断完善和优化竞赛机制，以激发乡村学校的参与热情和积极性。

首先，姚基金建立了科学的评价体系和激励机制。他们根据乡村学校的实际情况和竞赛表现，设立了一系列奖项和荣誉，以表彰在竞赛中取得优异成绩的乡村学校和个人。这些奖项和荣誉不仅是对乡村学校体育教育成果的肯定，也是对乡村学校师生辛勤付出的认可。其次，姚基金注重竞赛过程的公平性和透明性。他们通过制定严格的竞赛规则和流程，确保每个乡村学校都能在公平、公正的环境中参与竞赛。同时，姚基金还建立了有效的监督机制，对竞赛过程进行全程跟踪和监管，确保竞赛结果的公正性和准确性。此外，姚基金还积极推广竞赛成果和经验。他们通过举办成果展示会、经验交流会等活动，将优秀的竞赛成果和先进的教育经验进行推广和传播，为其他乡村学校提供借鉴和学习的机会。

（四）教育资源的整合与共享

姚基金深知教育资源在推动乡村学校体育教育创新中的重要性，因此积极整合各方资源，为乡村学校提供丰富多样的教育支持。

一方面，姚基金与多家体育院校、专业团队建立合作关系，邀请他们为乡村学校提供师资培训、技术指导等服务。这些专业的师资力量和先进的技术支持，为乡村学校体育教育的创新提供了有力的保障。另一方面，姚基金还通过线上线下的方式，搭建了一个教育资源共享平台。在这个平台上，乡村学校可以获取到丰富的教学资料、视频课程等教育资源，与其他学校进行交流和合作。这种资源共享的模式，不仅拓宽了乡村学校的教育视野，也提高了他们的教育水平。

（五）社会影响力的扩大与提升

姚基金通过竞赛平台推动乡村学校体育教育的创新，不仅取得了显著的教育成果，还产生了广泛的社会影响力。

一方面，姚基金的竞赛活动吸引了众多媒体和社会各界的关注和支持。这些关注和支持为乡村学校体育教育的发展提供了更多的资源和机会，也提高了乡村学校在社会中的知名度和影响力。另一方面，姚基金的竞赛活动还激发了更多社会力量参与乡村学校体育教育的热情和积极性。越来越多的企业和个人加入到这个公益事业中来，为乡村学校体育教育的发展贡献自己的力量。

总之，姚基金通过竞赛平台推动乡村学校体育教育的创新是一项具有深远意义的社会公益行动。它不仅促进了乡村学校体育教育的发展和创新，也提高了乡村学生的身体素质和综合素质,为他们的未来发展奠定了坚实基础。同时，这一行动还产生了广泛的社会影响力，推动了社会对乡村学校体育教育的关注和支持。相信在姚基金的持续努力下，乡村学校体育教育的未来将更加美好和光明。

七、乡村学校体育竞赛平台在姚基金支持下取得的成果与影响

乡村学校体育竞赛平台在姚基金的大力支持下，近年来取得了显著的成果与广泛的影响。这些成果不仅体现在乡村学校体育教育水平的提升上，更在于对乡村学生身心健康的促进以及对乡村教育整体发展的推动作用。

（一）乡村学校体育竞赛平台的构建与发展

在姚基金的支持下，乡村学校体育竞赛平台得以成功构建并逐步发展壮大。该平台不仅为乡村学校提供了展示自身体育实力的舞台，更为他们创造了一个交流学习、共同提高的机会。通过平台的运作，乡村学校之间的体育交流日益频繁，体育教育水平也得到了显著提升。

（二）竞赛活动的丰富与多样化

姚基金对乡村学校体育竞赛平台的支持，使竞赛活动得以丰富和多样化。除了传统的田径、篮球、足球等项目外，还引入了更多适合乡村学生的新兴体育项目，如趣味运动会、民族传统体育等。这些多样化的竞赛项目不仅激发了乡村学生的参与热情，也让他们在比赛中感受到了体育运动的魅力。

（三）体育教育资源的整合与优化

姚基金通过整合各方资源，为乡村学校体育竞赛平台提供了丰富的教育资源。这包括优秀的体育教练、先进的体育设施以及丰富的体育教学内容等。这些资源的引入，使得乡村学校的体育教育水平得到了显著提升，学生的体育素养也得到了全面提高。

（四）乡村学生身心健康的促进

乡村学校体育竞赛平台的成功运作，对乡村学生的身心健康产生了积极影响。通过参与竞赛活动，学生们的身体素质得到了锻炼和提高，同时也培养了他们的团队合作精神和竞争意识。此外，竞赛活动还为学生们提供了一个展示自我、实现价值的舞台，有助于培养他们的自信心和自尊心。

（五）乡村教育整体发展的推动

乡村学校体育竞赛平台的成果与影响不仅局限于体育教育领域，更对乡村教育的整体发展起到了推动作用。通过体育竞赛这一载体，乡村学校的教育理念得到了更新和升级，教育质量也得到了提升。同时，竞赛活动还促进了乡村学校与社会各界的交流与合作，为乡村教育的发展注入了新的活力。

（六）社会影响力的扩大与提升

姚基金对乡村学校体育竞赛平台的支持，使得这一活动在社会上的影响力逐渐扩大。越来越多的企业和个人开始关注乡村学校的体育教育问题，并愿意为乡村学校体育事业的发展提供支持和帮助。这种社会关注度的提升，不仅有助于推动乡村学校体育教育的进一步发展，也为乡村教育的整体提升奠定了坚实的基础。

（七）成功案例的示范与引领

在姚基金的支持下，乡村学校体育竞赛平台涌现出了一批成功案例。这些案例不仅展示了乡村学校体育教育的成果和特色，也为其他学校提供了可借鉴的经验和做法。通过这些成功案例的示范和引领，乡村学校体育教育的发展将更加科学、规范和高效。

（八）持续发展的动力与保障

姚基金对乡村学校体育竞赛平台的持续支持，为平台的长期发展提供了动力与保障。通过定期的资金投入、技术指导和人才培养等措施，姚基金确保了平台的稳定运行和持续发展。这种长期的支持与关注，使得乡村学校体育竞赛平台能够在未来的发展中不断壮大和完善。

综上所述，乡村学校体育竞赛平台在姚基金的支持下取得了显著的成果与广泛的影响。这些成果不仅提升了乡村学校体育教育的水平，也促进了乡村学生的身心健康和全面发展。同时，竞赛平台的发展还推动了乡村教育的整体进步和社会关注度的提升。未来，在姚基金的持续支持下，乡村学校体育竞赛平台有望取得更加辉煌的成果和更广泛的影响。

在阐述这些内容时，我们深入分析了乡村学校体育竞赛平台在姚基金支持下的多个方面，包括平台的构建与发展、竞赛活动的丰富与多样化、体育教育资源的整合与优化等。同时，我们也关注到了这一平台对乡村学生身心健康、乡村教育整体发展以及社会影响力的积极作用。通过这些分析，我们可以清晰地看到乡村学校体育竞赛平台在姚基金支持下所取得的显著成果和深远影响。

八、基于姚基金框架的乡村学校体育竞赛平台可持续发展策略

随着乡村教育的不断发展和体育教育改革的深入推进，乡村学校体育竞赛平台作为推动乡村体育教育创新发展的重要力量，其可持续发展策略显得尤为重要。姚基金作为长期致力于支持乡村教育事业的公益组织，为乡村学校体育竞赛平台的可持续发展提供了坚实的框架和支持。下面基于姚基金的框架，探讨乡村学校体育竞赛平台的可持续发展策略。

（一）明确发展目标与定位

乡村学校体育竞赛平台的可持续发展首先需要明确其发展目标与定位。姚基金框架强调以乡村学生为主体，以提升乡村学校体育教育水平为核心目标。因此，竞赛平台应紧紧围绕这一目标，定位为一个集教育、竞赛、交流、展示为一体的综合性平台。通过明确目标与定位，竞赛平台能够更有针对性地开展工作，确保发展的方向性和实效性。

（二）加强资源整合与共享

资源是乡村学校体育竞赛平台发展的重要保障。姚基金框架注重资源整合与共享，通过搭建资源平台，促进优质教育资源的流通与共享。竞赛平台应充分利用姚基金的资源优势，积极整合体育教育资源，包括优秀的体育教练、先进的体育设施、丰富的体育教学内容等。同时，加强与其他教育机构和社会组织的合作，实现资源共享和优势互补，为乡村学校体育竞赛平台的可持续发展提供有力支持。

（三）完善竞赛机制与规则

竞赛机制与规则是乡村学校体育竞赛平台健康发展的重要保障。姚基金框架强调竞赛的公平、公正、公开原则，注重激发乡村学校的参与热情和积极性。因此，竞赛平台应建立完善的竞赛机制与规则，确保竞赛活动的规范性和有效性。这包括制定科学的竞赛标准、严格的评审制度、公正的奖惩机制等。同时，加强竞赛活动的宣传与推广，提高乡村学校的参与度和竞争意识，推动乡村学校体育教育的普及和提高。

（四）强化师资培训与指导

师资是乡村学校体育竞赛平台发展的关键因素。姚基金框架注重师资培训与指导，通过提供专业的培训和指导服务，提升乡村学校体育教师的专业素养和教学能力。竞赛平台应充分利用姚基金的师资资源，定期组织师资培训活动，邀请专业的体育教练和教育专家为乡村学校的体育教师提供指导和帮助。同时，建立师资交流平台，促进教师之间的经验分享和教学研讨，提升乡村学校体育教育的整体水平。

（五）推动创新与发展

创新是乡村学校体育竞赛平台可持续发展的动力源泉。姚基金框架鼓励创新与发展，支持乡村学校在教育理念、教学方法、竞赛形式等方面的创新实践。竞赛平台应积极响应这一号召，推动乡村学校体育教育的创新与发展。这包括探索新的竞赛项目和形式，引入现代科技手段提升竞赛活动的趣味性和互动性，开展特色体育教育项目等。通过创新实践，激发乡村学生的体育兴趣和潜能，培养他们的创新精神和实践能力。

（六）建立长效评估与反馈机制

长效评估与反馈机制是确保乡村学校体育竞赛平台可持续发展的重要环节。姚基金框架强调建立科学的评估体系，定期对竞赛平台的发展情况进行评估和总结。竞赛平台应建立长效评估与反馈机制，定期对竞赛活动的效果进行评估和分析，了解乡村学校体育教育的需求和问题，及时调整和完善平台的发展策略。同时，加强与社会各界的沟通与联系，听取他们的意见和建议，不断改进和提升平台的服务质量和水平。

（七）拓展资金来源与渠道

资金是乡村学校体育竞赛平台可持续发展的物质基础。姚基金虽然为平台提供了重要的资金支持，但长期发展仍需要多元化的资金来源。竞赛平台应积极拓展资金来源与渠道，包括争取政府部门的资金支持、与企业合作开展项目、发动社会捐赠等。通过多元化的资金来源，确保竞赛平台的稳定运营和持续发展。

综上所述，基于姚基金框架的乡村学校体育竞赛平台可持续发展策略需要从多个方面入手，包括明确发展目标与定位、加强资源整合与共享、完善竞赛机制与规则、强化师资培训与指导、推动创新与发展、建立长效评估与反馈机制以及拓展资金来源与渠道等。这些策略的实施将有助于推动乡村学校体育竞赛平台的健康发展，为乡村学生的体育教育提供更加优质的支持和服务。同时，这也需要政府、社会、学校等多方面的共同努力和协作，形成合力推动乡村体育教育事业的繁荣与进步。

九、姚基金框架下体育竞赛平台对乡村学校体育文化建设的贡献

在乡村教育振兴的大背景下，乡村学校体育文化建设成为推动乡村教育全面发展的重要一环。体育学院与姚基金协同构建的体育竞赛平台，不仅为乡村学生提供了展示自我的舞台，更为乡村学校体育文化建设注入了新的活力。下面从多个维度探讨姚基金框架下体育竞赛平台对乡村学校体育文化建设的深远贡献。

（一）激发乡村学生的体育热情，塑造积极向上的体育文化氛围

体育竞赛平台通过举办形式多样的体育竞赛活动，激发了乡村学生的体育热情。学生们在参与竞赛的过程中，不仅锻炼了身体，更培养了团队协作、竞争意识和拼搏精神。这些积极向上的体育精神在校园里得到了广泛传播，塑造了乡村学校积极、健康、向上的体育文化氛围。这种氛围有助于引导学生们树立正确的体育观念，形成良好的体育锻炼习惯，为乡村学生的全面发展奠定了坚实基础。

（二）丰富乡村学校体育课程内容，提升体育教学质量

体育竞赛平台的运作促进了体育学院与乡村学校的交流与合作，为乡村学校体育课程内容的丰富提供了有力支持。体育学院的专业教师将先进的体育教学理念和教学方法引入乡村学校，帮助乡村教师提升教学水平。同时，体育竞赛平台还推动了体育课程的创新与发展，引入了更多适合乡村学生的体育项目和教学方法，使得乡村学校的体育课程内容更加丰富多彩、贴近学生实际。这些举措有效提升了乡村学校体育教学质量，为学生们提供了更加优质的体育教育服务。

（三）促进校园体育设施建设，改善体育硬件条件

体育竞赛平台的成功运作离不开良好的体育设施支持。为了保障竞赛活动的顺利进行，乡村学校纷纷加大对体育设施建设的投入力度，改善了体育硬件条件。姚基金也通过捐赠体育器材、修建运动场地等方式，为乡村学校体育设施建设提供了有力支持。这些设施的完善不仅为体育竞赛活动提供了更好的条件，也为乡村学生日常体育锻炼提供了更多便利。学生们可以在更加安全、舒适的环境中参与体育活动，享受体育带来的乐趣。

（四）加强校际交流与合作，推动乡村学校体育文化的交流与传播

体育竞赛平台为乡村学校之间的校际交流与合作提供了重要契机。通过参加竞赛活动，乡村学校有机会与其他地区的学校进行交流与合作，共同分享体育教育的经验和成果。这种交流与合作不仅有助于提升乡村学校的体育教育水平，也促进了乡村学校体育文化的交流与传播。在这个过程中，乡村学校可以学习借鉴其他学校的先进经验和做法，不断丰富和完善自己的体育文化内涵。同时，乡村学校的体育文化也可以通过竞赛平台得到更广泛的展示和宣传，提高乡村学校体育文化的知名度和影响力。

（五）培养乡村学生的综合素质，助力全面发展

体育竞赛平台在推动乡村学校体育文化建设的过程中，还注重培养学生的综合素质。通过参与竞赛活动，学生们不仅提高了身体素质和运动技能，还培养了团队协作、沟通交流、创新思维等多方面的能力。这些能力对于乡村学生的全面发展具有重要意义。同时，体育竞赛平台还为乡村学生提供了展示自我、实现价值的舞台，有助于培养他们的自信心和自尊心，激发他们的潜能和创造力。

（六）推动乡村学校体育文化与社会文化的融合

姚基金框架下的体育竞赛平台不仅关注校园内的体育文化建设，还致力于推动乡村学校体育文化与社会文化的融合。通过组织校外的体育文化交流活动，如邀请专业运动员来校指导、参与社区体育活动等，乡村学校得以与社会各界建立更紧密的联系。这种融合不仅丰富了乡村学校体育文化的内涵，也提升了其在社会文化中的地位和影响力。乡村学校的体育文化成为连接学校与社会的桥梁，有助于推动乡村教育的整体发展和社会文化的进步。

综上所述，姚基金框架下的体育竞赛平台对乡村学校体育文化建设产生了深远的贡献。通过激发乡村学生的体育热情、丰富体育课程内容、促进校

园体育设施建设、加强校际交流与合作、培养乡村学生的综合素质以及推动乡村学校体育文化与社会文化的融合等方面的努力，体育竞赛平台为乡村学校体育文化的发展注入了新的活力，推动了乡村教育的全面进步。未来，随着体育竞赛平台的不断完善和发展，相信其对乡村学校体育文化建设的贡献将更加显著。

十、乡村学校体育竞赛平台与姚基金协同发展的未来展望

随着国家对乡村教育振兴战略的深入推进，乡村学校体育作为提升学生综合素质、促进学生全面发展的关键领域，正日益受到社会各界的广泛关注。体育学院与姚基金协同构建的体育竞赛平台，作为推动乡村学校体育发展的重要力量，已经取得了显著成效。展望未来，乡村学校体育竞赛平台与姚基金的协同发展将呈现出更加广阔的前景和深远的意义。

（一）深化合作机制，实现资源共享与互补

体育学院与姚基金在未来的合作中，将进一步深化合作机制，实现资源共享与互补。体育学院将依托其专业的师资力量、丰富的教学经验和科研能力，为乡村学校体育竞赛平台提供持续的技术支持和专业指导。同时，姚基金将发挥其资金优势和社会影响力，为平台的发展提供稳定的资金支持和广泛的社会资源。通过双方的紧密合作，将形成优势互补、协同发展的良好局面，为乡村学校体育竞赛平台的可持续发展奠定坚实基础。

（二）拓展竞赛项目，丰富活动内容

未来，乡村学校体育竞赛平台将不断拓展竞赛项目，丰富活动内容，以满足不同年龄段、不同兴趣爱好的学生的需求。除了传统的田径、篮球、足球等项目外，还将引入更多具有乡村特色的体育项目，如民族传统体育项目、趣味运动项目等。同时，平台还将开展形式多样的体育活动和赛事，如校园体育节、体育文化交流活动等，以吸引更多学生参与其中，激发他们的体育

兴趣和热情。

（三）加强师资培训，提升教学水平

体育学院将加大对乡村学校体育教师的培训力度，通过举办培训班、开展线上教学等方式，为乡村教师提供专业的体育知识和技能培训。同时，姚基金也将资助优秀教师到乡村学校支教或开展短期教学活动，为乡村学校体育教育注入新的活力。通过加强师资培训，将有效提升乡村学校体育教师的教学水平和专业素养，推动乡村学校体育教育的创新发展。

（四）完善设施建设，优化运动环境

在未来的发展中，乡村学校体育竞赛平台将注重完善体育设施建设，优化运动环境。通过争取政府和社会各界的支持，加大对乡村学校体育设施的投入力度，改善运动场地和器材条件。同时，平台还将推动体育设施的智能化、科技化改造，引入现代化的运动器材和设施，为乡村学生提供更加安全、舒适的运动环境。

（五）推动乡村学校体育文化建设，提升社会影响力

乡村学校体育竞赛平台与姚基金将共同致力于推动乡村学校体育文化建设，提升乡村学校体育的社会影响力。通过举办具有乡村特色的体育文化活动、开展体育知识普及和宣传等活动，引导乡村学生树立正确的体育观念和价值观，培养他们的体育精神和文化素养。同时，平台还将积极与媒体合作，加强对外宣传和交流，让更多的人了解和支持乡村学校体育事业的发展。

（六）创新合作模式，探索可持续发展之路

体育学院与姚基金将不断探索新的合作模式，以创新引领乡村学校体育竞赛平台的可持续发展。例如，双方可以共同研发适用于乡村学校的体育教学资源和课程体系，推动体育教育的普及和提高；可以开展跨区域的体育交流与合作项目，促进不同地区乡村学校体育事业的共同发展；还可以引入市

场机制和社会资本，推动平台的市场化运作和产业化发展，实现经济效益和社会效益的双赢。

（七）注重人才培养，打造专业化团队

乡村学校体育竞赛平台与姚基金的协同发展，离不开专业化的人才支撑。因此，双方将注重人才培养和团队建设，打造一支具备专业素养和创新能力的团队。通过选拔和培养优秀的体育人才，加强团队建设和协作能力，提高平台的管理水平和运营效率。同时，还将加强与国内外优秀体育组织和机构的交流与合作，引进先进的管理经验和运营模式，不断提升平台的专业化水平和国际影响力。

综上所述，乡村学校体育竞赛平台与姚基金的协同发展将展现出更加广阔的前景和深远的意义。通过深化合作机制、拓展竞赛项目、加强师资培训、完善设施建设、推动文化建设、创新合作模式以及注重人才培养等多方面的努力，双方将共同推动乡村学校体育事业的快速发展，为乡村学生的健康成长和全面发展贡献更多力量。

第四节

体育教研：在高校、姚基金和乡村小学之间进行教研

一、高校引领下的乡村学校体育教研新模式探索

在推进乡村教育振兴的进程中，乡村学校体育作为提升学生综合素质、促进学生全面发展的重要途径，受到了广泛关注。然而，受限于资源、师资等方面的不足，乡村学校体育教研水平普遍较低，制约了学校体育事业的发展。为此，高校作为教育资源丰富、科研实力雄厚的机构，应当在乡村学校体育教研中发挥引领作用，探索新的教研模式，推动乡村学校体育教研水平的提升。

（一）高校引领乡村学校体育教研的必要性

高校作为培养体育专业人才、开展体育科学研究的重要基地，拥有先进的体育教学理念、丰富的教研经验和优秀的师资队伍。通过高校引领，可以将这些优质资源引入乡村学校体育教研中，为乡村学校提供技术支持和专业指导，帮助其解决在体育教学中遇到的难题，提高体育教学水平。同时，高校引领还可以推动乡村学校体育教研的创新和发展，形成具有乡村特色的体育教研体系，为乡村学校体育事业的可持续发展提供有力支撑。

（二）高校引领下的乡村学校体育教研新模式构建

1. 建立高校与乡村学校的合作机制

高校与乡村学校应建立稳定的合作关系，通过签订合作协议、建立联合

教研基地等方式，明确双方的权利和义务，确保合作的顺利进行。同时，双方还应建立定期交流机制，定期举办座谈会、研讨会等活动，分享教研成果和经验，共同解决教研中遇到的问题。

2. 开展针对性的体育教研培训

高校应根据乡村学校体育教师的实际需求，制定针对性的培训方案。通过举办培训班、开展线上教学等方式，为乡村教师提供专业的体育知识和技能培训。培训内容可以包括体育教学理念、教学方法、运动训练等方面的知识，帮助乡村教师提高教学水平，更新教学观念。

3. 实施联合教研项目

高校与乡村学校可以共同申报教研项目，针对乡村学校体育教学中的实际问题开展研究。通过项目实施，双方可以共同制定教研方案、开展实验研究、总结教研成果，形成具有实用价值的教研成果。这些成果不仅可以为乡村学校体育教学提供指导，还可以为高校体育教学改革提供借鉴和参考。

4. 共享体育教育资源

高校可以将其丰富的体育教育资源与乡村学校共享，包括体育器材、场地设施、教学课件等。通过资源共享，可以帮助乡村学校改善体育教学条件，提高体育教学质量。同时，高校还可以将乡村学校的体育教学案例和经验纳入教学资源库，为今后的体育教学和研究提供素材和参考。

（三）高校引领下的乡村学校体育教研新模式实施效果

1. 提升乡村学校体育教师的教研能力

通过高校引领下的体育教研培训和联合教研项目的实施，乡村学校体育教师的教研能力得到了显著提升。他们不仅掌握了先进的体育教学理念和方法，还学会了如何开展教研活动、总结教研成果。这些能力的提升为乡村学校体育教学的改进和创新提供了有力保障。

2. 改善乡村学校的体育教学条件

高校与乡村学校的资源共享使得乡村学校的体育教学条件得到了显著改善。乡村学校可以借助高校的体育器材、场地设施等资源，开展更加丰富多样的体育活动和赛事。这些条件的改善为乡村学生提供了更好的体育锻炼机会，促进了他们的身心健康发展。

3. 形成具有乡村特色的体育教研体系

在高校引领下，乡村学校体育教研逐渐形成了具有乡村特色的教研体系。这一体系注重结合乡村学校的实际情况和特色，开展具有针对性的教研活动。同时，它还注重将教研成果转化为教学实践，推动乡村学校体育教学的改进和创新。这一体系的形成为乡村学校体育事业的可持续发展提供了有力支撑。

（四）高校引领下的乡村学校体育教研新模式展望

未来，高校引领下的乡村学校体育教研新模式将继续深化和完善。一方面，高校将进一步加大对乡村学校体育教研的支持力度，提供更多的优质资源和专业指导；另一方面，乡村学校也将更加积极地参与到教研活动中来，不断提升自身的教研水平和教学能力。同时，随着信息技术的不断发展，高校与乡村学校之间的合作将更加便捷和高效，为乡村学校体育教研的开展提供更多的可能性。

综上所述，高校引领下的乡村学校体育教研新模式是提升乡村学校体育教研水平、推动乡村学校体育事业发展的重要途径。通过构建合作机制、开展针对性培训、实施联合教研项目、共享教育资源等措施，可以推动乡村学校体育教研的创新和发展，为乡村学生的健康成长和全面发展提供了有力保障。

二、姚基金助力：高校与乡村小学体育教研深度融合

在当前教育改革的背景下，乡村小学体育教研工作面临着诸多挑战，其中最为突出的是资源匮乏、师资力量薄弱以及教研模式陈旧等问题。而高校作为教育资源丰富、科研实力雄厚的机构，具有推动乡村小学体育教研发展的巨大潜力。姚基金作为社会公益力量，其在助力高校与乡村小学体育教研深度融合方面发挥着不可或缺的作用。下面探讨姚基金如何助力高校与乡村小学体育教研的深度融合，并分析其意义和影响。

（一）姚基金助力乡村小学体育教研的背景与意义

乡村小学体育教研工作的现状不容乐观，普遍存在着教育资源不足、师资力量薄弱、教学方法落后等问题，这些问题严重制约了乡村小学体育教学质量的提升和学生体质健康的发展。而高校作为培养体育专业人才、开展体育科学研究的重要基地，具有引领和推动乡村小学体育教研发展的责任和能力。姚基金作为专注于青少年体育事业发展的公益组织，通过资助项目、搭建平台等方式，为乡村小学体育教研提供了有力的支持。

姚基金的助力对于高校与乡村小学体育教研深度融合具有重要意义。首先，它有助于解决乡村小学体育教研资源不足的问题，通过引入高校的教育资源和科研力量，提升乡村小学体育教研的水平和质量。其次，姚基金的助力可以促进高校与乡村小学之间的交流与合作，推动双方在体育教研领域的互补与共赢。最后，这种深度融合有助于形成具有乡村特色的体育教研体系，推动乡村学校体育事业的可持续发展。

（二）姚基金助力高校与乡村小学体育教研深度融合的策略与途径

1. 资源共享与优化配置

姚基金通过搭建资源共享平台，促进高校与乡村小学在体育教研领域的

资源共享。高校可以将先进的体育教学理念、教学方法以及优秀的体育教育资源引入乡村小学，帮助乡村小学提升体育教学水平。同时，乡村小学也可以将自身的特色和实践经验反馈给高校，为高校的体育教研提供宝贵的素材和参考。通过这种资源共享与优化配置的方式，可以实现高校与乡村小学体育教研的相互促进和共同发展。

2. 教师培训与能力提升

姚基金资助开展针对乡村小学体育教师的专业培训活动，邀请高校体育专家进行授课和指导。通过培训，乡村小学体育教师能够接触到最新的体育教学理念和方法，提升自身的专业素养和教学能力。同时，高校专家还可以与乡村教师进行面对面的交流和指导，解决他们在教学中遇到的实际问题。这种培训与指导相结合的方式，有助于提升乡村小学体育教师的整体水平，为体育教研的深度融合打下坚实基础。

3. 联合教研项目与合作研究

姚基金支持高校与乡村小学共同申报和开展体育教研项目，推动双方在体育科研领域的深度合作。通过联合教研项目，高校与乡村小学可以共同研究乡村体育教学中的实际问题，探索适合乡村学生的体育教学方法和手段。同时，这种合作研究还可以促进双方在科研资源和成果方面的共享与交流，推动体育科研成果的转化和应用。

（三）姚基金助力下高校与乡村小学体育教研深度融合的实践与成效

在姚基金的助力下，高校与乡村小学体育教研深度融合的实践已经取得了一定成效。一方面，通过资源共享和教师培训等措施，乡村小学体育教学水平得到了显著提升，学生的体质健康状况也得到了明显改善。另一方面，通过联合教研项目和合作研究等方式，高校与乡村小学在体育科研领域取得了丰硕的成果，为乡村学校体育事业的发展提供了有力支撑。

展望未来，姚基金在助力高校与乡村小学体育教研深度融合方面仍有巨大的潜力和空间。建议姚基金继续加大对乡村小学体育教研的支持力度，拓展资助范围和方式，为更多的乡村小学提供优质的体育教育资源和服务。同时，姚基金还可以进一步加强与高校和乡村小学之间的沟通与协作，建立更加紧密的合作关系，推动双方在体育教研领域的深度融合与共同发展。此外，高校和乡村小学也应积极响应姚基金的助力行动，充分利用姚基金提供的资源和平台，加强自身的体育教研工作。高校可以进一步发挥自身的科研优势和教育资源，为乡村小学提供更多的技术支持和专业指导；乡村小学则应积极参与到联合教研项目和合作研究中来，不断提升自身的教研水平和教学能力。

总之，姚基金助力高校与乡村小学体育教研深度融合是一项具有重要意义的工作。通过资源共享、教师培训、联合教研等多种方式，可以推动高校与乡村小学在体育教研领域的深度合作与共同发展，为乡村学校体育事业的可持续发展注入新的活力和动力。

三、高校体育专家团队对乡村小学体育教学的创新指导

随着教育改革的不断深入，乡村小学体育教学逐渐受到社会各界的广泛关注。然而，由于资源匮乏、师资力量薄弱等因素的制约，乡村小学体育教学在教学方法、教学内容等方面仍存在着诸多问题。为了改善这一现状，高校体育专家团队对乡村小学体育教学进行创新指导显得尤为重要。本文旨在探讨高校体育专家团队如何对乡村小学体育教学进行创新指导，并分析其意义和影响。

（一）高校体育专家团队对乡村小学体育教学创新指导的必要性

乡村小学体育教学作为培养学生身心健康、全面发展的重要途径，其教学质量直接关系到学生的成长和发展。然而，由于历史、地理等多方面原因，乡村小学体育教学普遍存在着教学方法陈旧、教学内容单一、师资力量薄弱

等问题。这些问题严重制约了乡村小学体育教学质量的提升，也影响了学生的体育兴趣和锻炼习惯的培养。

高校体育专家团队作为体育教育领域的领军人物，具有丰富的教学经验和深厚的学术造诣。他们掌握着先进的体育教学理念和方法，能够针对乡村小学体育教学的实际问题，提出切实可行的解决方案。因此，高校体育专家团队对乡村小学体育教学进行创新指导，不仅有助于解决当前乡村小学体育教学面临的问题，还能够推动乡村小学体育教学的改革与发展。

（二）高校体育专家团队对乡村小学体育教学创新指导的策略与方法

1. 深入调研，了解实际情况

高校体育专家团队在对乡村小学体育教学进行创新指导前，应首先进行深入调研，了解乡村小学体育教学的实际情况。通过实地走访、观察教学、与教师和学生交流等方式，收集第一手资料，分析乡村小学体育教学存在的问题和不足。同时，还要了解乡村小学体育教师的需求和期望，为后续的创新指导提供有针对性的建议。

2. 制定针对性的指导方案

根据调研结果，高校体育专家团队应制定有针对性的指导方案。方案应包括教学目标、教学内容、教学方法、教学评价等方面的创新指导。例如，针对乡村小学体育教学方法陈旧的问题，可以引入游戏化教学、情境教学等先进的教学方法，激发学生的学习兴趣；针对师资力量薄弱的问题，可以开展教师培训和交流活动，提升教师的教学水平。

3. 开展实地指导与示范教学

高校体育专家团队应定期前往乡村小学开展实地指导与示范教学。通过现场观摩、点评指导、示范演示等方式，帮助乡村小学体育教师更好地理解和应用创新的教学方法。同时，还可以组织乡村小学体育教师参与高校的教学观摩和研讨活动，拓宽他们的教学视野和思路。

4. 建立长效合作机制

为了确保创新指导的持续性和有效性，高校体育专家团队应与乡村小学建立长效合作机制。可以通过签订合作协议、建立联合教研基地等方式，明确双方的权利和义务，确保合作的顺利进行。同时，还应建立定期交流机制，定期举办座谈会、研讨会等活动，分享教研成果和经验，共同解决教研中遇到的问题。

（三）高校体育专家团队对乡村小学体育教学创新指导的实践与成效

在实践中，高校体育专家团队对乡村小学体育教学的创新指导取得了显著的成效。首先，通过创新教学方法和内容，乡村小学体育教学的趣味性和实效性得到了显著提升，学生的体育兴趣和锻炼习惯得到了有效培养。其次，通过教师培训和交流活动，乡村小学体育教师的教学水平和专业素养得到了提升，为乡村小学体育教学的改革与发展提供了有力保障。最后，通过建立长效合作机制，高校与乡村小学之间的交流与合作更加紧密，形成了资源共享、优势互补的良好局面。

（四）高校体育专家团队对乡村小学体育教学创新指导的反思与展望

虽然高校体育专家团队对乡村小学体育教学的创新指导取得了显著成效，但仍存在一些需要改进和完善的地方。首先，应进一步加强与乡村小学之间的沟通与协作，深入了解乡村小学体育教学的实际需求和困难，提供更加有针对性的指导方案。其次，应注重创新指导的实效性和可持续性，确保创新成果能够在乡村小学体育教学中得到广泛应用和长期保持。最后，还应积极探索更加多元化和高效的合作方式，为乡村小学体育教学提供更多的支持和帮助。展望未来，高校体育专家团队对乡村小学体育教学的创新指导将继续发挥重要作用。随着教育改革的不断深入和社会对乡村教育的关注度不断提高，相信高校体育专家团队将能够为乡村小学体育教学带来更多的创新成果和实践经验，推动乡村小学体育教学的持续发展和进步。

综上所述，高校体育专家团队对乡村小学体育教学的创新指导具有重要意义和价值。通过深入调研、制定针对性指导方案、开展实地指导与示范教学以及建立长效合作机制等方式,可以推动乡村小学体育教学的改革与发展，提升乡村小学体育教学质量和水平，为学生的健康成长和全面发展奠定了坚实的基础。

四、乡村小学体育教研实践：高校与姚基金的合作案例

在当前的教育背景下，乡村小学体育教研面临着诸多挑战，如资源匮乏、师资力量薄弱、教研方法落后等。为了改善这一现状，高校与公益组织如姚基金之间的合作显得尤为重要。下面结合具体的合作案例，探讨高校与姚基金在乡村小学体育教研实践中的合作方式与成效。

（一）合作背景与初衷

乡村小学体育教研作为提升乡村学生体质健康、促进学生全面发展的关键环节，其重要性不言而喻。然而，由于历史、地理等多方面原因，乡村小学在体育教研方面普遍存在着资源不足、方法落后等问题。同时，高校作为培养体育专业人才、开展体育科研的重要基地，具有丰富的教育资源和科研实力，能够为乡村小学体育教研提供有力支持。姚基金作为专注于青少年体育事业发展的公益组织，致力于通过资助项目、搭建平台等方式，推动乡村学校体育事业的发展。基于这样的背景，高校与姚基金展开了深度合作，旨在通过资源共享、师资培训、联合教研等方式，提升乡村小学体育教研水平，推动乡村学校体育事业的可持续发展。

（二）合作内容与实施

1. 资源共享与优化配置

高校与姚基金的合作首先从资源共享开始。高校利用其丰富的教育资源，为乡村小学提供体育教学器材、教材、教学视频等物资支持。同时，姚基金通过其公益项目，为乡村小学引入先进的体育教学理念和方法，帮助乡村小学提升体育教学水平。这种资源共享的方式，有效缓解了乡村小学体育教研资源不足的问题，为乡村小学体育教研的开展提供了有力保障。

2. 教师培训与能力提升

针对乡村小学体育教师师资力量薄弱的问题，高校与姚基金合作开展了系列教师培训活动。高校体育专家团队通过线上线下的方式，为乡村小学体育教师提供专业培训，帮助他们掌握先进的体育教学理念和方法。同时，姚基金还为乡村小学体育教师提供了参与全国性的体育教研活动的机会，让他们能够与同行交流学习，拓宽教学视野。这些培训活动有效提升了乡村小学体育教师的专业素养和教学能力，为乡村小学体育教研的深入开展奠定了坚实的基础。

3. 联合教研与项目合作

高校与姚基金还通过联合教研和项目合作的方式，共同推动乡村小学体育教研的发展。双方共同申报和开展体育教研项目，针对乡村小学体育教学中存在的实际问题进行深入研究。同时，高校体育专家团队还定期前往乡村小学开展实地调研和指导工作，与乡村小学体育教师共同探讨教学问题、分享教学经验。这种联合教研和项目合作的方式，不仅促进了高校与乡村小学之间的交流与合作，还为乡村小学体育教研的创新发展提供了有力支持。

（三）合作成效与影响

通过高校与姚基金的合作，乡村小学体育教研实践取得了显著的成效和影响。首先，乡村小学体育教学水平得到了显著提升。通过资源共享和教师培训等措施，乡村小学体育教师掌握了先进的体育教学理念和方法，教学质量得到了明显提升。学生的体质健康状况也得到了改善，参与体育活动的积极性和兴趣得到了激发。其次，乡村小学体育教研氛围更加浓厚。高校与姚基金的合作推动了乡村小学体育教研的深入开展，教师们更加关注体育教学研究，积极参与教研活动，形成了良好的教研氛围。这种氛围的形成有助于推动乡村小学体育教研的持续发展。最后，高校与乡村小学之间的交流与合作更加紧密。通过联合教研和项目合作等方式，高校与乡村小学建立了长期稳定的合作关系，双方在体育教研领域的互补与共赢得到了充分体现。这种合作关系的建立有助于推动高校与乡村小学之间的深度合作与交流，促进教育资源的共享与优化。

（四）案例分析与经验总结

以某乡村小学为例，该小学在高校与姚基金的合作支持下，开展了体育特色课程建设和体育文化活动。高校体育专家团队为该小学设计了符合乡村学生特点的体育教学方案，并提供了相应的教学器材和教材支持。同时，姚基金还为该小学引入了篮球、足球等体育项目的专业教练，帮助学生提升运动技能。通过这些措施的实施，该小学的体育教学水平得到了显著提升，学生的体质健康状况也得到了明显改善。

从这一案例中，我们可以总结出以下几点经验：一是高校与公益组织的合作是推动乡村小学体育教研发展的重要途径；二是资源共享和教师培训是提升乡村小学体育教学水平的关键措施；三是联合教研和项目合作是促进高校与乡村小学深度合作的有效方式。

展望未来，高校与姚基金在乡村小学体育教研实践中的合作仍有巨大的潜力和空间。建议双方继续深化合作内容，拓展合作领域，为更多的乡村小学提供优质的体育教研支持。同时，还应加强合作机制建设，确保合作的稳定性和持续性。此外，还可以探索更多的合作模式和创新点，为乡村小学体育教研的发展注入新的活力和动力。

总之，高校与姚基金在乡村小学体育教研实践中的合作案例充分展示了合作的力量和成效。通过资源共享、教师培训、联合教研等方式，双方共同推动了乡村小学体育教研的发展和创新。未来，双方应继续深化合作，为乡村小学体育教研的持续发展贡献更多力量。

五、高校体育教育资源在乡村小学体育教研中的有效应用

随着我国教育改革的深入推进，乡村小学体育教研工作逐渐受到社会各界的广泛关注。然而，由于资源有限、师资力量薄弱等因素，乡村小学体育教研工作仍然面临诸多挑战。在这一背景下，高校体育教育资源的有效应用显得尤为重要。下面探讨高校体育教育资源在乡村小学体育教研中的有效应用，分析其重要性、实施策略及实践成效，以期为乡村小学体育教研工作提供有益的参考。

（一）高校体育教育资源在乡村小学体育教研中的重要性

高校体育教育资源包括体育师资、体育设施、体育教学方法与手段等多方面内容，具有丰富性、先进性和实用性等特点。将高校体育教育资源有效应用于乡村小学体育教研中，对于提升乡村小学体育教研水平、推动乡村学校体育事业发展具有重要意义。

首先，高校体育教育资源的应用有助于提升乡村小学体育教师的专业素养和教学能力。高校体育师资力量雄厚，拥有丰富的体育教学经验和先进的教学理念。通过邀请高校体育专家进行讲座、培训等方式，乡村小学体育教师能够接触到最新的体育教学理念和方法，从而提升自身的教学水平。

其次，高校体育教育资源的应用有助于改善乡村小学体育设施条件。许多乡村小学由于缺乏资金和技术支持，体育设施条件较差。高校可以利用其

资源优势，为乡村小学提供体育器材、场地建设等方面的支持，改善乡村小学的体育设施条件，为体育教学和教研工作提供更好的物质保障。

最后，高校体育教育资源的应用有助于推动乡村小学体育教学方法的创新。高校体育教育领域不断探索新的教学方法和手段，以适应时代发展的需要。将这些新的教学方法和手段引入乡村小学体育教研中，有助于激发学生的学习兴趣和积极性，提高体育教学效果。

（二）高校体育教育资源在乡村小学体育教研中的有效应用策略

1. 建立高校与乡村小学的合作机制

高校与乡村小学应建立长期稳定的合作关系，明确双方在体育教研中的责任与义务。通过签订合作协议、建立联合教研组等方式，形成资源共享、优势互补的合作机制，确保高校体育教育资源能够得到有效利用。

2. 开展有针对性的师资培训活动

针对乡村小学体育教师的实际需求，高校应组织专门的师资培训活动。培训内容应涵盖最新的体育教学理念、教学方法、教学技巧等方面，以提升乡村小学体育教师的专业素养和教学能力。同时，还可以邀请乡村小学体育教师参与高校的教研活动，与高校体育专家进行面对面的交流与学习。

3. 提供体育设施与器材支持

高校可以利用其资源优势，为乡村小学提供体育设施与器材支持。这包括捐赠体育器材、协助建设体育场地、提供技术指导等方式。通过改善乡村小学的体育设施条件，为体育教学和教研工作提供更好的物质保障。

4. 推广先进的体育教学方法与手段

高校体育教育领域不断探索新的教学方法和手段，以适应时代发展的需要。高校应将这些新的教学方法和手段引入乡村小学体育教研中，通过举办讲座、观摩教学、教学研讨等方式，向乡村小学体育教师传授先进的体育教学方法与手段，激发他们的创新意识和实践能力。

（三）高校体育教育资源在乡村小学体育教研中的实践成效

通过实施上述有效应用策略，高校体育教育资源在乡村小学体育教研中取得了显著的实践成效。首先，乡村小学体育教师的专业素养和教学能力得到了显著提升。他们掌握了更多的体育教学知识和技能，能够更好地指导学生进行体育锻炼和竞赛活动。同时，他们的创新意识和实践能力也得到了提高，能够针对学生的实际情况开展有针对性的体育教学和教研工作。其次，乡村小学的体育设施条件得到了明显改善。高校提供的体育器材和场地建设支持使得乡村小学的体育设施更加完善、先进，为体育教学和教研工作提供了更好的物质保障。最后，乡村小学体育教学效果得到了显著提高。新的教学方法和手段的应用使得体育教学更加生动、有趣，学生的学习兴趣和积极性得到了激发。同时，体育教学也更加注重学生的个体差异和全面发展，使得学生的体质健康状况得到了明显改善。

高校体育教育资源在乡村小学体育教研中的有效应用对于提升乡村小学体育教研水平、推动乡村学校体育事业发展具有重要意义。通过建立合作机制、开展师资培训、提供设施支持、推广先进教学方法等手段，可以实现高校体育教育资源与乡村小学体育教研的有机结合，促进乡村小学体育教育的可持续发展。展望未来，随着教育改革的不断深入和社会对乡村教育的关注度不断提高，高校体育教育资源在乡村小学体育教研中的应用将更加广泛和深入。同时，也需要进一步探索和完善合作机制、培训模式、教学方法等方面的创新与实践，以更好地发挥高校体育教育资源在乡村小学体育教研中的优势和作用。

总之，高校体育教育资源在乡村小学体育教研中的有效应用是一项长期而艰巨的任务，需要高校、乡村小学、政府部门等多方面的共同努力和协作。只有通过不断创新和实践，才能实现乡村小学体育教育的跨越式发展，为培养更多优秀的体育人才做出积极贡献。

六、姚基金支持下乡村小学体育教研水平的提升策略

随着国家对乡村教育投入的不断增加，乡村小学体育教研工作逐渐受到社会各界的关注。然而，由于历史、地理等多方面原因，乡村小学在体育教研方面仍面临着诸多挑战。姚基金作为专注于青少年体育事业发展的公益组织，通过资助项目、搭建平台等方式，积极支持乡村小学体育教研工作。下面探讨在姚基金的支持下，乡村小学体育教研水平的提升策略，以期为乡村小学体育教育的可持续发展提供有益的参考。

（一）姚基金支持下的乡村小学体育教研现状分析

在姚基金的支持下，乡村小学体育教研工作取得了一定的进展。姚基金通过资助体育器材、场地建设等方式，改善了乡村小学的体育设施条件；同时，还通过组织师资培训、开展体育文化交流等活动，提升了乡村小学体育教师的专业素养和教学能力。然而，乡村小学体育教研工作仍存在一些问题，如教研意识不强、教研方法落后、教研成果转化率低等，这些问题制约了乡村小学体育教研水平的提升。

（二）姚基金支持下乡村小学体育教研水平的提升策略

1. 强化教研意识，明确教研目标

首先，要提升乡村小学体育教师的教研意识，让他们认识到教研工作对于提高教学质量、促进学生全面发展的重要性。姚基金可以通过组织专题讲座、分享成功案例等方式，激发乡村小学体育教师参与教研的积极性。其次，要明确教研目标，结合乡村小学体育教育的实际情况，制定切实可行的教研计划，确保教研工作有的放矢。

2. 加强师资培训，提升教研能力

针对乡村小学体育教师师资力量薄弱的问题，姚基金可以加大师资培训

力度。通过邀请体育专家、优秀体育教师进行授课，为乡村小学体育教师提供系统的体育教学理念和方法培训；同时，还可以组织体育教师参与全国性的体育教研活动，拓宽他们的教学视野，提升他们的教研能力。

3. 推广先进教研方法，促进教研创新

姚基金可以积极推广先进的体育教研方法，如行动研究、案例研究等，引导乡村小学体育教师运用科学的方法进行教研工作。同时，鼓励乡村小学体育教师结合当地实际情况，开展具有特色的体育教研活动，促进教研创新。通过推广先进教研方法和鼓励创新，可以激发乡村小学体育教师的教研热情，提高他们的教研水平。

4. 建立教研合作机制，共享教研资源

姚基金可以建立高校、教研机构与乡村小学之间的合作机制，通过资源共享、师资交流等方式，促进乡村小学体育教研水平的提升。例如，可以组织高校体育专家前往乡村小学进行实地指导，帮助乡村小学体育教师解决教学中的实际问题；同时，还可以搭建线上教研平台，让乡村小学体育教师能够随时随地进行学习和交流。

5. 加大经费投入，保障教研工作顺利开展

经费是保障教研工作顺利开展的重要条件。姚基金可以加大对乡村小学体育教研工作的经费投入，为乡村小学提供必要的教研设备和场地建设支持。同时，还可以设立专项基金，用于奖励在体育教研工作中取得突出成绩的乡村小学和教师，激发他们的教研积极性。

（三）姚基金支持下乡村小学体育教研水平提升的预期成效

通过实施上述策略，姚基金支持下的乡村小学体育教研水平将得到显著提升。首先，乡村小学体育教师的教研意识和能力将得到增强，他们将能够更加主动地参与到教研工作中来，形成浓厚的教研氛围。其次，乡村小学体

育教研方法将更加科学、先进，教研成果将更加丰富、实用，为提升乡村小学体育教学质量提供有力支持。最后，乡村小学体育教育的整体水平将得到提升，学生的体质健康状况将得到明显改善，为培养全面发展的新时代青少年奠定坚实基础。

姚基金作为支持乡村小学体育教研工作的重要力量，通过强化教研意识、加强师资培训、推广先进教研方法、建立教研合作机制以及加大经费投入等策略，可以有效提升乡村小学体育教研水平。然而，乡村小学体育教研工作的提升是一个长期而复杂的过程，需要姚基金、乡村小学、政府部门以及社会各界共同努力和协作。展望未来，随着国家对乡村教育的持续关注和投入增加，以及姚基金等公益组织的不断支持和推动，乡村小学体育教研工作将迎来更加广阔的发展前景。同时，我们也应清醒地认识到，乡村小学体育教研工作仍面临着诸多挑战和困难，需要不断探索和创新，以更好地适应时代发展的需要和满足学生的成长需求。

总之，姚基金支持下的乡村小学体育教研水平提升策略是一个系统而复杂的工程，需要多方面的共同参与和努力。只有通过不断的实践探索和经验总结，我们才能逐步找到适合乡村小学体育教研工作的发展道路，为培养更多优秀的体育人才和推动乡村教育的全面发展做出积极贡献。

七、高校、姚基金与乡村小学体育教研合作机制构建

在当前教育改革的大背景下，乡村小学体育教研工作逐渐受到社会各界的关注。然而，由于资源有限、师资力量薄弱等因素，乡村小学在体育教研方面仍面临着诸多挑战。为了提升乡村小学体育教研水平，构建高校、姚基金与乡村小学之间的体育教研合作机制显得尤为重要。本文将围绕这一主题，阐述合作机制构建的必要性、合作内容、实施策略以及预期成效，以期为乡村小学体育教研工作的推进提供有益参考。

（一）高校、姚基金与乡村小学体育教研合作机制构建的必要性

高校、姚基金与乡村小学在体育教研方面的合作，能够充分发挥各方优势，实现资源共享和优势互补。高校拥有丰富的体育教育资源和先进的教学理念，能够为乡村小学提供理论指导和技术支持；姚基金作为专注于青少年体育事业发展的公益组织，具有强大的资金支持和项目运作能力，能够为乡村小学体育教研提供必要的经费和物资保障；乡村小学则具有贴近实际、了解学生需求的优势，能够为高校和姚基金提供真实的教学场景和反馈。通过合作，三方可以共同推动乡村小学体育教研工作的深入开展，提升乡村小学体育教育质量。

（二）高校、姚基金与乡村小学体育教研合作的主要内容

1. 体育教学资源共享

高校可以向乡村小学提供体育教材、教学视频、课件等教学资源，帮助乡村小学丰富体育教学内容和形式；姚基金可以资助乡村小学购买体育器材、建设体育场地等，改善体育教学条件；乡村小学则可以分享当地体育教学经验和实践案例，为高校和姚基金提供第一手资料。

2. 体育教师培训与交流

高校可以组织专家团队前往乡村小学开展体育教师培训活动，提升乡村小学体育教师的专业素养和教学能力；姚基金可以设立体育教师奖学金或培训基金，鼓励乡村小学体育教师参加各类培训和交流活动；乡村小学则可以派遣体育教师前往高校进行访学或参与教研项目，拓宽教学视野。

3. 体育教研项目合作

高校与乡村小学可以共同申报体育教研项目，针对乡村小学体育教学中的实际问题开展研究；姚基金可以资助符合条件的教研项目，提供必要的经

费支持；通过项目合作，三方可以共同推动乡村小学体育教学改革的深化和拓展。

（三）高校、姚基金与乡村小学体育教研合作机制的实施策略

1. 建立合作协调机制

成立由高校、姚基金和乡村小学代表组成的合作协调小组，负责合作事宜的沟通和协调；制定合作章程和协议，明确各方职责和权益；建立定期交流机制，加强信息沟通和资源共享。

2. 实施精准帮扶措施

根据乡村小学的实际需求和特点，制定个性化的帮扶措施；高校和姚基金可以派遣专家团队前往乡村小学进行实地考察和调研，了解当地体育教学现状和问题；针对问题制定具体的帮扶方案，如提供教学资源、开展教师培训、资助教研项目等。

3. 加强合作成果推广

及时总结和分享合作成果和经验做法，通过举办研讨会、交流会等形式进行宣传推广；将合作成果转化为教学资源或教材，供更多乡村小学借鉴和使用；通过媒体宣传和网络平台推广，扩大合作机制的影响力和示范效应。

（四）高校、姚基金与乡村小学体育教研合作机制构建的预期成效

通过构建高校、姚基金与乡村小学体育教研合作机制，预期将取得以下成效。

1. 提升乡村小学体育教研水平

通过合作，乡村小学将获得更多优质的教学资源和培训机会，体育教师的专业素养和教学能力将得到显著提升；同时，通过参与教研项目和交流

活动，乡村小学将逐渐形成良好的教研氛围和机制，推动体育教研工作的深入开展。

2. 促进乡村小学体育教学改革

合作机制将引入先进的教学理念和方法，推动乡村小学体育教学改革的深化和拓展；通过实践探索和经验总结，乡村小学将逐渐形成符合当地实际和学生需求的体育教学模式和特色。

3. 提高乡村小学体育教育质量

合作机制将有效改善乡村小学的体育教学条件和环境，提升学生的学习兴趣和积极性；同时，通过加强体育教师培训和交流，提高教师的教学水平和能力，进而提高乡村小学体育教育的整体质量。

构建高校、姚基金与乡村小学体育教研合作机制是一项具有重要意义的工作。通过合作，三方可以充分发挥各自优势，实现资源共享和优势互补，共同推动乡村小学体育教研工作的深入开展。然而，合作机制的构建和实施也面临着诸多挑战和困难，需要各方共同努力和协作。

展望未来，随着国家对乡村教育的持续关注和投入增加，以及社会各界对青少年体育事业发展的重视和支持，高校、姚基金与乡村小学体育教研合作机制将迎来更加广阔的发展前景。我们期待通过不断的探索和实践，逐步完善合作机制的内容和形式，为乡村小学体育教育的可持续发展做出更大的贡献。

八、乡村小学体育教研的困境与高校、姚基金的联合破解之道

在当前的教育体系中，乡村小学体育教研工作的发展面临着诸多困境，这些困境不仅制约了乡村小学体育教学质量的提升，也影响了乡村学生身心健康的全面发展。然而，高校和姚基金作为教育资源的重要提供者和公益事业的推动者，具有与乡村小学合作开展体育教研的潜力和优势。下面深入剖析乡村小学体育教研的困境，并探讨高校与姚基金如何联合破解这些困境，

为乡村小学体育教研工作的发展提供有益的思路和策略。

（一）乡村小学体育教研的困境分析

师资力量薄弱，教研能力不足：乡村小学普遍面临体育教师师资力量薄弱的问题，许多教师缺乏专业的体育教育背景和教学经验，导致教研能力不足。这使得乡村小学在体育教学方法、教学内容以及教学评价等方面难以进行有效的探索和创新。

教学资源匮乏，教研条件受限：乡村小学往往缺乏充足的体育教学资源，如体育器材、场地设施等，这直接影响了体育教学和教研活动的开展。同时，由于缺乏必要的教研经费和支持，乡村小学体育教师在开展教研工作时也面临着诸多困难。

教研意识淡薄，教研氛围不浓：由于历史、地理等多方面原因，乡村小学普遍对体育教研工作重视不足，教研意识淡薄。这导致许多教师缺乏参与教研的积极性和主动性，教研氛围不浓厚，难以形成有效的教研团队和合作机制。

（二）高校与姚基金联合破解乡村小学体育教研困境的策略

1. 加强师资培训，提升教研能力

高校可以发挥自身的教育资源优势，为乡村小学体育教师提供系统的培训和指导。通过举办培训班、开设在线课程等方式，帮助乡村小学体育教师提升专业素养和教学能力，增强他们的教研意识和能力。同时，姚基金可以设立专项基金，为乡村小学体育教师提供必要的培训经费和支持。

2. 共享教学资源，改善教研条件

高校可以与乡村小学建立资源共享机制，将先进的体育教学理念、方法和资源引入乡村小学。通过捐赠体育器材、建设体育场地等方式，改善乡村小学的体育教学条件。此外，姚基金可以发挥公益组织的优势，积极筹集资

金和资源，为乡村小学体育教研提供必要的物质保障。

3. 建立合作机制，促进教研交流

高校与乡村小学可以建立稳定的合作关系，共同开展体育教研项目。通过定期举办研讨会、交流会等活动，促进双方教师之间的交流和合作，形成有效的教研团队。姚基金可以发挥桥梁和纽带作用，推动高校与乡村小学之间的合作与交流，为双方提供必要的协调和支持。

（三）联合破解之道的实施效果与意义

通过高校与姚基金的联合破解之道，乡村小学体育教研的困境将得到有效缓解。首先，乡村小学体育教师的教研能力和专业素养将得到显著提升，他们将能够更好地开展体育教学和教研活动，提高乡村小学体育教学的质量和水平。其次，乡村小学的体育教学条件将得到明显改善，学生们将能够在更好的环境中进行体育锻炼和学习。最后，通过高校与乡村小学的合作与交流，双方将形成紧密的合作关系和教研团队，共同推动乡村小学体育教研工作的发展和创新。

乡村小学体育教研的困境是一个复杂而紧迫的问题，需要高校、姚基金等多方力量的共同关注和努力。通过加强师资培训、共享教学资源、建立合作机制等策略，我们可以有效破解乡村小学体育教研的困境，推动乡村小学体育教学质量的提升和学生身心健康的全面发展。展望未来，我们期待高校与姚基金能够继续深化与乡村小学的合作与交流，探索更多有效的破解之道。同时，我们也呼吁更多的社会力量关注和支持乡村小学体育教研工作的发展，共同为乡村教育的繁荣和进步贡献力量。

在构建社会主义和谐社会的大背景下，乡村小学体育教研工作的发展不仅关系到乡村学生的健康成长，也关系到整个社会的和谐稳定。因此，我们必须高度重视乡村小学体育教研工作的发展，并采取切实有效的措施加以推进。相信在高校、姚基金和社会各界的共同努力下，乡村小学体育教研工作将迎来更加美好的明天。

九、基于高校与姚基金资源的乡村小学体育教研创新实践

随着教育改革的不断深入，乡村小学体育教研工作逐渐受到社会各界的关注。然而，由于资源有限、师资力量薄弱等因素，乡村小学在体育教研方面仍面临着诸多挑战。为了提升乡村小学体育教研水平，创新实践成为了一个重要的途径。高校和姚基金作为教育资源的重要提供者和公益事业的推动者，具有丰富的资源和经验，可以为乡村小学体育教研创新实践提供有力的支持。下面详细阐述基于高校与姚基金资源的乡村小学体育教研创新实践。

（一）高校与姚基金资源的优势分析

高校作为教育资源的聚集地，拥有先进的体育教学理念、丰富的教研经验和优秀的师资队伍。通过与高校的合作，乡村小学可以获取到最新的体育教学信息、教学方法和教学案例，从而拓宽教学视野，提升教学质量。

姚基金作为专注于青少年体育事业发展的公益组织，具有强大的资金支持和项目运作能力。通过姚基金的支持，乡村小学可以获得必要的经费和物资保障，改善体育教学条件，推动体育教研工作的深入开展。

（二）基于高校与姚基金资源的乡村小学体育教研创新实践策略

1. 构建资源共享平台

高校与姚基金可以共同搭建一个资源共享平台，将先进的体育教学资源、教研成果和成功案例等上传至平台，供乡村小学免费或低成本获取。通过平台的构建，乡村小学可以方便地获取到所需资源，提升体育教研工作的效率和质量。

2. 开展联合教研项目

高校与乡村小学可以针对乡村小学体育教学中的实际问题，共同申报教研项目，开展联合研究。通过项目的实施，乡村小学可以获得高校的专业指

导和技术支持，解决教学中的难题，提升教学质量。同时，高校也可以从乡村小学的教学实践中获取到宝贵的一手资料，丰富教研内容。

3. 实施师资培训与交流计划

高校可以组织专家团队前往乡村小学开展体育教师培训活动，提升乡村小学体育教师的专业素养和教学能力。同时，乡村小学也可以派遣教师前往高校进行访学或参与教研项目，拓宽教学视野，提升教研水平。通过师资培训与交流计划的实施，可以形成有效的师资互动机制，促进双方教师的共同成长。

4. 创新体育教学方法与手段

基于高校与姚基金的资源支持，乡村小学可以积极尝试新的体育教学方法和手段。例如，引入信息化教学手段，利用多媒体教学设备开展体育教学；开展体验式、游戏化教学，激发学生的学习兴趣和积极性；注重个性化教学，针对学生的不同特点和需求制定个性化的教学方案等。通过教学方法和手段的创新，可以提升乡村小学体育教学的吸引力和实效性。

（三）基于高校与姚基金资源的乡村小学体育教研创新实践意义

基于高校与姚基金资源的乡村小学体育教研创新实践具有重要的现实意义。首先，它有助于提升乡村小学体育教研水平，推动乡村小学体育教育的改革和发展。通过引入先进的体育教学理念和方法，乡村小学可以逐步摆脱传统的教学模式束缚，形成符合当地实际和学生需求的体育教学模式和特色。

其次，基于高校与姚基金资源的乡村小学体育教研创新实践有助于促进城乡教育均衡发展。通过资源共享和合作交流，乡村小学可以获得更多的教育资源和支持，缩小与城市学校之间的差距，实现教育公平和均衡发展。

最后，基于高校与姚基金资源的乡村小学体育教研创新实践也有助于提升乡村学生的身心健康水平。通过改善体育教学条件和创新教学方法，乡村学生可以享受到更好的体育教育服务，提升身体素质和运动技能水平，促进身心健康发展。

基于高校与姚基金资源的乡村小学体育教研创新实践是一项具有重要意义的工作。通过构建资源共享平台、开展联合教研项目、实施师资培训与交流计划以及创新体育教学方法与手段等策略，我们可以有效提升乡村小学体育教研水平，推动乡村小学体育教育的改革和发展。同时，这一实践也有助于促进城乡教育均衡发展和提升乡村学生的身心健康水平。展望未来，我们期待高校、姚基金和乡村小学能够进一步加强合作与交流，深入挖掘和整合各方资源，共同推动乡村小学体育教研创新实践的深入发展。同时，我们也希望更多的社会力量能够关注和支持乡村小学体育教研工作的发展，共同为乡村教育的繁荣和进步贡献力量。

在全面推进素质教育的今天，乡村小学体育教研工作的创新实践显得尤为重要。让我们携手共进，共同开创乡村小学体育教研工作的新局面，为乡村学生的健康成长和全面发展奠定坚实的基础。

十、高校、姚基金与乡村小学体育教研合作的成效与展望

随着国家对乡村教育投入的增加和社会各界对乡村小学体育教育的关注度提升，高校、姚基金与乡村小学之间的体育教研合作逐渐成为推动乡村体育教育发展的重要力量。这种合作模式不仅为乡村小学带来了先进的体育教学理念和方法，也促进了高校科研成果的转化和公益事业的深入发展。下面从成效与展望两个方面，详细阐述高校、姚基金与乡村小学体育教研合作的重要性与意义。

（一）高校、姚基金与乡村小学体育教研合作的成效

1. 提升乡村小学体育教学水平

高校与乡村小学合作开展体育教研活动，为乡村小学带来了先进的体育教学理念和方法。高校体育专家通过实地指导、专题讲座等形式，向乡村小

学体育教师传授新的教学理念和教学方法，帮助他们更新教学观念，提升教学能力。同时，高校还为乡村小学提供了丰富的体育教学资源，包括教材、教具、多媒体教学资源等，改善了乡村小学的体育教学条件。

姚基金通过资助乡村小学体育设施建设、购买体育器材等方式，为乡村小学体育教学提供了必要的物质保障。此外，姚基金还组织了一系列体育公益活动，如体育支教、体育比赛等，激发了乡村小学生对体育的兴趣和热情，促进了他们的身心健康发展。

2. 促进高校科研成果的转化与应用

高校在体育科研方面积累了丰富的成果和经验，但这些成果往往难以直接应用于乡村小学体育教学实践中。通过与乡村小学的合作，高校可以将科研成果转化为实际的教学案例和教学方法，为乡村小学提供更具针对性和实用性的体育教学指导。同时，高校还可以通过合作研究，深入了解乡村小学体育教学的实际需求和问题，为未来的科研工作提供更为明确的方向和目标。

3. 推动公益事业的发展与社会责任的履行

姚基金作为专注于青少年体育事业发展的公益组织，通过与高校和乡村小学的合作，不仅推动了乡村小学体育教育事业的发展，也履行了自身的社会责任。姚基金的资助和支持使得更多的乡村小学能够享受到优质的体育教育服务，缩小了城乡教育差距，促进了教育公平。同时，姚基金还通过组织公益活动、宣传体育精神等方式，提升了社会对乡村小学体育教育的关注度和认可度。

（二）高校、姚基金与乡村小学体育教研合作的展望

1. 深化合作内容与形式

未来，高校、姚基金与乡村小学之间的体育教研合作应进一步深化内容和形式。高校可以进一步加大对乡村小学体育教师的培训力度，提高他们的

专业素养和教学能力；同时，还可以开展更多的联合教研项目，针对乡村小学体育教学中的实际问题进行深入研究和实践。姚基金可以继续加大对乡村小学体育设施和器材的投入力度，改善体育教学条件；此外，还可以探索更多的公益活动形式，如举办体育文化交流活动、开展体育志愿者服务等，丰富乡村小学生的体育文化生活。

2. 拓展合作领域与范围

除了体育教学方面的合作外，高校、姚基金与乡村小学还可以拓展合作领域与范围。例如，可以开展体育科研方面的合作，共同申报和承担科研项目，推动体育科研成果的转化与应用；还可以开展体育文化交流活动，促进城乡之间的文化交流与融合。此外，还可以探索与其他社会力量的合作，如与企业合作开展校园体育赛事、与政府机构合作推动乡村体育教育政策制定等，形成多方联动、共同推动乡村小学体育教育发展的良好局面。

3. 加强合作机制与制度建设

为确保高校、姚基金与乡村小学体育教研合作的顺利进行和持续发展，需要加强合作机制与制度建设。可以建立定期沟通与交流机制，确保各方之间的信息畅通和合作顺畅；同时，还可以建立成果共享与激励机制，促进各方之间的资源共享和互利共赢。此外，还可以制定相关的政策和法规，为合作提供必要的制度保障和支持。

高校、姚基金与乡村小学体育教研合作是一项具有重要意义的工作。通过合作，不仅提升了乡村小学体育教学水平，促进了高校科研成果的转化与应用，还推动了公益事业的发展与社会责任的履行。未来，我们应进一步深化合作内容与形式、拓展合作领域与范围、加强合作机制与制度建设，共同推动乡村小学体育教育事业的繁荣发展。同时，我们还应积极呼吁更多的社会力量关注和支持乡村小学体育教育工作，共同为乡村孩子的健康成长和全面发展贡献力量。

第五节

体育教师：师资水平得到大幅提高，师资队伍得到更新

一、体育学院与姚基金携手，乡村体育教师专业能力显著提升

随着国家对乡村教育投入的增加和社会各界对乡村学校体育教育的关注度提升，体育学院与姚基金携手合作，共同致力于提升乡村体育教师的专业能力，取得了显著成效。这种合作模式不仅为乡村体育教师带来了先进的教学理念和方法，也促进了他们个人素质和教学水平的提高，进一步推动了乡村学校体育教育的蓬勃发展。

体育学院作为培养体育教育人才的重要基地，拥有丰富的教育资源和先进的教学理念。通过与姚基金的合作，体育学院得以将自身的优势资源引入乡村学校体育教育领域，为乡村体育教师提供了宝贵的学习机会和成长平台。体育学院的专业教师和学者通过举办培训班、研讨会等形式，向乡村体育教师传授最新的体育教学理念、教学方法和教学手段，帮助他们更新教学观念，提升教学技能。

姚基金作为专注于青少年体育事业发展的公益组织，在推动乡村学校体育教育方面发挥着重要作用。姚基金通过资助乡村学校体育设施建设、提供体育教学器材等方式，改善了乡村学校体育教学的硬件条件。同时，姚基金还积极组织体育支教活动，邀请优秀的体育教练和运动员前往乡村学校进行指导和交流，为乡村体育教师提供了与专业人士学习和交流的机会。

在体育学院与姚基金的协同助力下，乡村体育教师的专业能力得到了显著提升。

首先，他们的教学理念得到了更新。传统的体育教学往往注重技能和体能的培养，而忽视了对学生兴趣和个性的关注。通过与体育学院和姚基金的合作，乡村体育教师开始注重学生的全面发展，关注学生的个体差异和兴趣爱好，更加注重培养学生的体育兴趣和运动习惯。

其次，乡村体育教师的教学技能得到了提升。体育学院的专业教师和姚基金的体育支教人员为乡村体育教师提供了丰富的教学案例和实践经验，帮助他们掌握了更多的教学方法和手段。乡村体育教师开始运用多媒体教学资源、游戏化教学手段等方式，使体育教学更加生动有趣，激发了学生的学习兴趣和积极性。

最后，乡村体育教师的个人素质也得到了提高。通过与体育学院和姚基金的合作，乡村体育教师不仅学习了先进的教学理念和方法，还拓宽了视野，增强了自我学习和自我提升的能力。他们开始更加注重自身的专业发展，积极参加各种培训和学术交流活动，不断提升自己的专业素养和教学水平。

综上所述，体育学院与姚基金携手合作，为乡村体育教师提供了宝贵的学习机会和成长平台，显著提升了他们的专业能力。这种合作模式不仅促进了乡村学校体育教育的发展，也推动了乡村教育整体水平的提升。未来，我们期待体育学院与姚基金能够继续深化合作，为乡村体育教育事业注入更多的活力和动力，让更多的乡村孩子享受到优质的体育教育服务。

二、师资水平跃升：体育学院资源助力乡村学校体育教师成长

师资水平跃升：体育学院资源助力乡村学校体育教师成长

近年来，随着国家对教育均衡发展的高度重视，乡村学校体育教育的质量提升逐渐成为社会关注的焦点。在这一背景下，体育学院凭借其丰富的教育资源和专业优势，积极投身于乡村学校体育教师的培养与成长之中，显著提升了乡村学校体育教师的师资水平，为乡村体育教育的蓬勃发展注入了强大的动力。

体育学院作为体育教育领域的领军机构，拥有雄厚的教育资源，包括先

进的教学设施、丰富的教学资料以及一批具有丰富教学经验和深厚理论素养的专业教师。这些资源为乡村学校体育教师的成长提供了坚实的物质基础和专业指导。通过资源共享、师资交流等方式，体育学院将这些优质资源引入乡村学校，为乡村体育教师提供了广阔的学习平台和成长空间。

在体育学院资源的助力下，乡村学校体育教师的教育理念得到了更新。传统的体育教育往往注重技能和体能的培养，忽视了对学生身心全面发展的关注。而体育学院的专业教师则强调以学生为本的教育理念，注重培养学生的体育兴趣、运动习惯和团队合作精神。通过讲座、研讨会等形式，体育学院将这一理念传递给乡村体育教师，引导他们关注学生的个体差异和兴趣需求，更加注重学生的全面发展。

同时，体育学院还为乡村体育教师提供了系统的专业培训。针对乡村学校体育教师的实际需求和教学特点，体育学院设计了针对性的培训课程，涵盖了体育教学理论、教学方法、运动训练等多个方面。通过参加这些培训，乡村体育教师不仅学习了先进的教学理念和方法，还掌握了更多的教学技能和手段。这些培训不仅提升了乡村体育教师的教学水平，也增强了他们的自信心和职业认同感。

此外，体育学院还积极组织乡村体育教师参与各类教学实践和学术交流活动。通过观摩优秀体育课堂、参与体育教学研讨等方式，乡村体育教师得以亲身感受先进的教学理念和方法，学习优秀教师的教学经验。同时，他们也有机会与同行进行深入的交流和探讨，分享自己的教学心得和体会。这些活动不仅拓宽了乡村体育教师的视野,也激发了他们的教学热情和创新精神。

在体育学院资源的助力下，乡村学校体育教师的师资水平得到了大幅提升。他们不仅掌握了先进的教学理念和方法，还具备了较强的教学能力和专业素养。这些优秀的体育教师为乡村学校体育教育的发展注入了新的活力，推动了乡村学校体育教育的普及和提高。

综上所述，体育学院资源在助力乡村学校体育教师成长方面发挥了重要作用。通过资源共享、专业培训、教学实践和学术交流等多种方式，体育学院为乡村体育教师提供了宝贵的学习机会和成长平台，显著提升了他们的师资水平。未来，我们期待体育学院能够继续发挥专业优势，为乡村体育教育事业贡献更多的力量。同时，我们也希望乡村体育教师能够珍惜这些学习机会，不断提升自己的专业素养和教学水平，为乡村孩子的健康成长和全面发展贡献自己的力量。

三、更新师资队伍显成效：体育学院与姚基金共促乡村教育新风貌

在当今日新月异的时代背景下，教育的发展已不再是单一模式的延伸，而是多元化、创新化的全面进步。其中，师资队伍的更新与提升显得尤为关键。特别是体育学院与姚基金共同推动的乡村教育新风貌，不仅体现了师资水平的大幅提高，更彰显了教育公平与质量的双重提升。

师资队伍的更新，首先意味着教育资源的优化配置。传统的教育模式中，师资力量的分布往往存在不平衡的问题，城市与乡村、发达地区与欠发达地区的师资差距显著。然而，随着体育学院与姚基金的深度合作，乡村地区的体育教育资源得到了有效补充。新的师资带来了新的教学理念和方法，使得乡村教育不再局限于传统的、单一的教学模式，而是向着更加多元化、现代化的方向发展。

师资队伍的更新，也带来了教学质量的显著提升。新的教师往往具备更为先进的教育理念和更为丰富的教学经验，他们能够根据学生的实际情况，制订更为科学、合理的教学计划，使得教学更加贴近学生的实际需求。同时，新的教师也更加注重培养学生的创新精神和实践能力，使得学生在掌握基础知识的同时，也能够具备更强的实践能力和创新精神。

此外，体育学院与姚基金的合作，不局限于师资的更新，更在于教育理念的更新。他们积极推动乡村教育的现代化进程，倡导以学生为中心的教育理念，注重培养学生的综合素质和创新能力。这种新的教育理念，使得乡村教育不再是简单的知识传授，而是更加注重学生的全面发展，为学生的未来成长奠定了坚实的基础。

体育学院与姚基金的合作，还体现在对乡村教师的培训和指导上。他们

通过组织各种形式的培训活动，帮助乡村教师提升教学水平和教育理念，使得他们能够更好地适应新的教学环境，为学生提供更为优质的教育服务。这种对教师的培训和指导，不仅提高了教师的专业素养，也增强了教师的职业归属感，使得他们能够更加积极地投入到教育工作中去。

总的来说，体育学院与姚基金共同推动的乡村教育新风貌，通过更新师资队伍，实现了教育资源的优化配置、教学质量的显著提升以及教育理念的更新。这不仅为乡村地区的孩子们带来了更好的教育机会，也为整个社会的教育公平与质量的提升做出了积极的贡献。

展望未来，我们期待更多的体育学院和基金会能够加入到这一行列中来，共同推动乡村教育的发展。同时，我们也希望乡村地区的教师们能够不断提升自己的专业素养和教育理念，为乡村孩子们的未来成长贡献更多的力量。相信在大家的共同努力下，乡村教育的未来一定会更加美好。

四、协同发力，乡村学校体育教师队伍实现高质量更新

在当今社会，教育的发展已经成为国家进步的重要基石，而体育教育作为教育的重要组成部分，更是关乎青少年身心健康和全面发展的重要保障。然而，长期以来，乡村学校体育教师队伍的质量问题一直是制约乡村体育教育发展的瓶颈。幸运的是，随着社会的不断进步和教育改革的深入，协同发力的局面逐渐形成，乡村学校体育教师队伍实现了高质量更新。

协同发力，是实现乡村学校体育教师队伍高质量更新的重要途径。这一过程中，政府、学校、社会组织和体育教师个人等多方力量共同参与，形成了强大的合力。政府加大投入，出台了一系列支持乡村体育教育发展的政策措施，为乡村学校体育教师队伍的更新提供了有力的保障。学校则积极响应，加强内部管理，优化教师资源配置，为体育教师的成长提供了良好的环境。社会组织也积极参与，通过捐资助学、支教帮扶等方式，为乡村学校体育教师队伍的更新注入了新的活力。而体育教师个人则不断提升自身素质，积极参与培训和交流，努力成为合格的体育教育者。

高质量更新，是乡村学校体育教师队伍发展的核心目标。这一目标的实现，不仅体现在教师队伍数量的增加，更体现在教师队伍素质的提升。新的体育教师队伍中，不仅有一批具备专业知识和技能的教师，还有一批富有创新精神和教育情怀的教育者。他们不仅能够传授基本的体育知识和技能，还能够关注学生的身心健康和全面发展，引导学生树立正确的体育观念和健康意识。同时，新的教师队伍还注重教学方法和手段的创新，积极探索适合乡村学生的体育教学模式，使得体育教育更加贴近学生的实际需求。

乡村学校体育教师队伍的高质量更新，带来了显著的教育效果。一方面，学生的身体素质得到了明显的提升，运动技能和健康意识也得到了增强。另一方面，学生的综合素质也得到了全面的发展，他们更加自信、开朗、团结和协作，为未来的成长奠定了坚实的基础。此外，新的体育教师队伍还积极参与学校的各项活动，为校园文化建设和精神文明建设做出了积极的贡献。

展望未来，协同发力、乡村学校体育教师队伍高质量更新的趋势将继续深化。随着国家对乡村教育投入的不断加大和教育改革的持续推进，乡村学校体育教师队伍的建设将更加完善。同时，随着社会对体育教育认识的不断提高和体育产业的发展壮大，乡村学校体育教育将迎来更加广阔的发展前景。

总之，协同发力、乡村学校体育教师队伍实现高质量更新是教育发展的重要成果之一。这一成果的取得，不仅得益于政府、学校、社会组织和体育教师个人的共同努力，也体现了国家对乡村教育发展的高度重视和大力支持。我们有理由相信，在未来的日子里，乡村学校体育教育将会迎来更加美好的明天。

五、体育学院与姚基金合作深化，乡村体育教师队伍素质大幅提升

体育学院与姚基金合作深化，乡村体育教师队伍素质大幅提升。

近年来，我国体育教育领域取得了显著进步，其中，体育学院与姚基金的合作深化，为乡村体育教师队伍素质的大幅提升注入了新的活力。这一合作不仅优化了教育资源配置，也促进了乡村体育教育的现代化发展，为培养

更多具有健康体魄和体育精神的乡村青少年奠定了坚实的基础。

体育学院与姚基金的合作深化，为乡村体育教师队伍带来了前所未有的发展机遇。姚基金作为我国知名的公益组织，长期致力于推动体育教育事业的发展，而体育学院则拥有丰富的教学资源和优秀的师资力量。两者的合作，使得乡村体育教师可以获得更多的学习和进修机会，不断提升自己的专业素养和教学能力。同时，体育学院还可以为乡村学校提供更为科学、合理的体育教学方案，帮助乡村体育教师更好地适应教学需求，提高教学质量。

合作深化带来了乡村体育教师队伍素质的大幅提升。在体育学院和姚基金的支持下，乡村体育教师有机会接触到最新的教学理念和方法，学习先进的体育教学技术，不断提高自己的教学水平。同时，他们还可以通过参与各种培训和交流活动，拓宽自己的视野，增强自己的创新意识和实践能力。这些变化不仅体现在教师的教学水平上，更体现在他们的教育理念和教育情怀上。乡村体育教师们开始更加注重学生的全面发展，关注学生的身心健康，努力为学生创造一个良好的体育学习环境。

乡村体育教师队伍素质的提升，对于乡村体育教育的发展具有重要意义。一方面，高素质的体育教师队伍能够为学生提供更为优质、专业的体育教学服务，帮助学生掌握更多的体育知识和技能，提高身体素质和健康水平。另一方面，他们还能够通过自身的言传身教，引导学生树立正确的体育观念和健康意识，培养学生的体育精神和团队合作能力。这些都将对乡村青少年的成长产生深远的影响。

此外，体育学院与姚基金的合作深化还为乡村体育教育带来了更多的创新元素。通过引入新的教学理念和方法，乡村体育教育开始注重学生的个体差异和兴趣培养，使得体育教学更加符合学生的实际需求。同时，合作还推动了乡村体育设施的改善和体育课程的丰富，为乡村学生提供了更多的体育学习和锻炼机会。

展望未来，体育学院与姚基金的合作将继续深化，为乡村体育教师队伍的素质提升和乡村体育教育的发展注入更多动力。随着合作的不断推进，我们相信乡村体育教师队伍将会变得更加专业化、现代化，为乡村青少年的健康成长和全面发展提供更加坚实的保障。

总之，体育学院与姚基金的合作深化，乡村体育教师队伍素质的大幅提升，是我国体育教育领域取得的重要成果之一。这一成果的取得，不仅彰显了我国对于乡村体育教育的重视和支持，也展示了我国体育教育事业的蓬勃发展和无限潜力。我们有理由相信，在未来的日子里，乡村体育教育将会迎来更加美好的明天。

本章小结

本章详细阐述了体育学院与姚基金协同助力乡村学校体育的效果，具体从教学、训练、竞赛、教研、师资五个维度进行了深入分析。

在教学方面，体育学院与姚基金紧密合作，依据乡村学校的实际需求进行了一系列教学改革。这些改革不仅优化了教学内容，使之更加贴近乡村学生的实际生活，还创新了教学方法，提高了学生的学习兴趣和积极性。通过这些改革，乡村学校的体育教学质量得到了显著提升，为学生的全面发展奠定了坚实的基础。

在训练方面，体育学院为乡村学校提供了专业的体育训练指导，帮助乡村学校建立了科学、系统的训练体系。同时，姚基金也为乡村学校的体育训练提供了必要的资金支持，使得乡村学生能够享受到更好的训练条件和资源。这些措施有效地提升了乡村学生的体育技能和身体素质，为他们在未来的体育竞赛中取得优异成绩打下了坚实的基础。

在竞赛方面，体育学院与姚基金共同搭建了一个竞赛平台，为乡村学校提供了更多的竞赛机会。通过这个平台，乡村学生可以与其他地区的学生进行交流和切磋，不仅提高了他们的竞技水平，也拓宽了他们的视野。同时，竞赛的举办也激发了乡村学生对体育的热情，推动了乡村学校体育事业的发展。

在教研方面，体育学院、姚基金和乡村小学之间建立了紧密的教研合作关系。通过定期举办教研活动、交流教学经验等方式，各方共同探讨了乡村学校体育教育的发展方向和路径。这种合作模式不仅提升了乡村体育教师的教学水平，也为乡村学校体育教育的长远发展提供了有力支持。

在师资方面，体育学院与姚基金的合作也取得了显著成效。通过加强师资培训、引进优秀体育教师等方式，乡村学校的师资队伍得到了大幅提升。新的体育教师不仅具备丰富的专业知识和教学经验，还带来了先进的教学理念和方法，为乡村学校体育教育的发展注入了新的活力。

综上所述，体育学院与姚基金的协同助力为乡村学校体育的发展带来了显著成效。通过教学改革、训练指导、竞赛平台搭建、教研合作和师资提升等多个方面的努力，乡村学校的体育教育质量得到了全面提升，为学生的全面发展提供了有力保障。展望未来，我们有理由相信，在体育学院与姚基金的持续合作下，乡村学校体育事业将会迎来更加美好的明天。

第六章

校社协同助力乡村学校体育发展模式

一、校社合作模式下乡村学校体育资源优化配置策略

校社合作模式下乡村学校体育资源优化配置策略，是提升乡村学校体育教育水平、促进学生全面发展、推动乡村教育均衡发展的重要途径。通过校社合作，可以充分整合社会资源，优化学校体育资源配置，为乡村学校体育的健康发展提供有力支持。下面从几个方面详细阐述校社合作模式下乡村学校体育资源优化配置策略。

（一）校社合作模式的内涵与价值

校社合作模式是指学校与社区、企业、机构等社会组织建立合作关系，共同开展教育活动的模式。在乡村学校体育教育中，校社合作具有重要的价值。首先，校社合作能够拓宽学校体育教育的资源渠道，引入更多的社会资源和力量，为学校体育教育提供有力支持。其次，校社合作能够促进学校体育教育的创新与发展，推动学校体育教育与社会需求的紧密结合，提高学校体育教育的针对性和实效性。最后，校社合作能够增强学生的社会实践能力，培养学生的社会责任感和团队合作精神，促进学生的全面发展。

（二）乡村学校体育资源现状分析

当前，乡村学校体育资源普遍存在以下问题：一是体育设施匮乏，场地条件有限，无法满足学生多样化的体育需求；二是体育师资力量薄弱，专业教师数量不足，教学质量难以保证；三是体育课程设置单一，缺乏创新性和针对性，难以满足学生个性化发展的需求。这些问题的存在严重制约了乡村学校体育教育的发展，亟待通过校社合作来优化资源配置，提升教育质量。

（三）校社合作模式下体育资源优化配置策略

1. 加强体育设施建设，改善场地条件

校社合作模式下，学校可以积极争取社区、企业等社会组织的支持，共同投入资金建设体育设施，改善场地条件。例如，可以与当地企业合作建设篮球场、足球场等运动场地，为学生提供更多的运动空间。同时，学校还可以利用社区资源，如公园、广场等公共场所开展体育活动，丰富学生的体育生活。

2. 引进优秀体育师资，提升教学质量

针对乡村学校体育师资力量薄弱的问题，校社合作可以发挥重要作用。学校可以与体育院校、专业体育机构等建立合作关系，引进优秀的体育教师和教练，提升学校体育教学的专业水平。同时，学校还可以邀请社会体育人才来校开展讲座、指导训练等活动，为学生提供更广阔的学习视野和实践机会。

3. 创新体育课程设置，满足学生个性化需求

在校社合作模式下，学校可以与社会组织共同研发具有地方特色的体育课程，丰富课程内容，满足学生的个性化需求。例如，可以结合当地的传统文化和民俗活动，开发具有地域特色的体育项目，让学生在参与中感受传统文化的魅力。此外，学校还可以根据学生的兴趣特长和发展需求，设置多样化的选修课程，为学生提供更多的选择空间。

4. 开展体育文化交流活动，促进学生全面发展

校社合作还可以促进学校体育文化的交流与传播。学校可以组织学生参加社区、企业等组织的体育比赛、文化节等活动，让学生在实践中锻炼技能、增强体魄，同时加深对社会的了解和认识。此外，学校还可以邀请社会体育人士来校交流分享经验，为学生提供更多的学习机会和启示。

（四）实施保障与效果评估

为确保校社合作模式下乡村学校体育资源优化配置策略的有效实施，需要建立完善的实施保障机制。首先，要明确合作双方的责任和义务，确保合作的顺利进行；其次，要加强沟通协调，及时解决合作过程中出现的问题；最后，要建立健全的评估体系，对合作成果进行定期评估和总结，以便及时调整优化策略。

对于实施效果的评估，可以从以下几个方面进行：一是体育设施建设的完善程度和使用情况；二是体育师资力量的提升情况和教学质量的改善程度；三是体育课程设置的创新性和学生满意度；四是体育文化交流活动的丰富程度和影响力等。通过对这些方面的评估，可以全面了解校社合作模式下乡村学校体育资源优化配置策略的实施效果，为今后的工作提供有益的参考和借鉴。

校社合作模式下乡村学校体育资源优化配置策略是提升乡村学校体育教育水平的重要途径。通过加强体育设施建设、引进优秀体育师资、创新体育课程设置以及开展体育文化交流活动等措施，可以有效优化乡村学校体育资源配置，促进学生的全面发展。同时，建立完善的实施保障机制和评估体系也是确保策略有效实施的关键。未来，应进一步探索和完善校社合作模式，为乡村学校体育教育的健康发展提供了有力的支持。

二、乡村学校体育发展的校社协同机制创新研究

随着教育改革的不断深入，乡村学校体育教育逐渐受到社会各界的广泛关注。然而，由于资源有限、师资力量薄弱等问题，乡村学校体育教育的发展仍面临诸多挑战。为此，探索乡村学校体育发展的校社协同机制创新成为推动其健康发展的重要途径。本文将从乡村学校体育发展的现状、校社协同的必要性、机制创新的具体举措及实施效果等方面，对乡村学校体育发展的校社协同机制创新进行深入研究。

（一）乡村学校体育发展的现状分析

当前，乡村学校体育教育普遍存在资源不足、师资力量薄弱、课程设置单一等问题。由于地理位置偏远、经济条件有限，许多乡村学校缺乏足够的体育设施和运动场地，无法满足学生的体育需求。同时，乡村学校的体育师资力量也相对薄弱，缺乏专业的体育教师，导致教学质量难以保证。此外，体育课程设置往往缺乏创新性和针对性，无法满足学生个性化发展的需求。

（二）校社协同的必要性分析

针对乡村学校体育发展的现状，校社协同具有重要的必要性。首先，校社协同能够整合社会资源，弥补学校资源的不足。通过与社区、企业等社会组织的合作，可以引入更多的体育设施、器材和资金，为乡村学校体育教育提供有力支持。其次，校社协同能够增强学校体育教育的针对性和实效性。通过与社会的紧密联系，学校可以更好地了解社会的需求和变化，从而调整和优化体育课程设置，提高教学质量。最后，校社协同能够促进学生的全面发展。通过参与社会实践活动、志愿服务等活动，学生可以增强社会责任感和团队合作精神，提升综合素质。

（三）校社协同机制创新的具体举措

1. 建立校社合作平台，促进资源共享

学校可以积极与社区、企业等建立合作关系，搭建校社合作平台。通过该平台，学校可以获取社区和企业的体育资源，如场地、器材等；同时，社区和企业也可以利用学校的师资力量和教学资源，开展体育活动和培训。这种资源共享的模式可以有效缓解乡村学校体育资源不足的问题。

2. 加强师资培训与交流，提升教学质量

学校可以与体育院校、专业体育机构等建立合作关系，邀请专家学者来

校进行师资培训，提升体育教师的专业素养和教学水平。同时，学校还可以组织体育教师参加校际交流、学术研讨会等活动，拓宽视野，学习先进的教学理念和方法。

3. 创新体育课程设置，满足学生需求

学校可以结合乡村学生的实际需求和兴趣特点，创新体育课程设置。例如，可以开设具有地方特色的体育项目，让学生在运动中感受乡土文化的魅力；同时，也可以引入一些新兴的体育项目，激发学生的学习兴趣和积极性。

4. 开展社会实践活动，增强学生社会责任感

学校可以组织学生参与社区体育服务、支教等社会实践活动，让学生在实践中体验社会、服务社会。通过这些活动，学生可以增强社会责任感和团队合作精神，提升综合素质。

（四）实施效果评估与持续改进

为确保校社协同机制创新的有效实施，需要建立科学的评估体系，对实施效果进行定期评估。评估内容可以包括资源共享的程度、师资力量的提升情况、课程设置的创新性、学生参与社会实践活动的积极性等方面。通过评估，可以及时发现问题和不足，为今后的改进提供依据。同时，学校还需要根据评估结果和社会需求的变化，不断调整和优化校社协同机制。例如，可以加强与更多社会组织的合作，拓宽资源渠道；可以进一步优化体育课程设置，提高教学质量；还可以加强对学生参与社会实践活动的引导和激励，提升学生的综合素质。

乡村学校体育发展的校社协同机制创新是推动其健康发展的重要途径。通过建立校社合作平台、加强师资培训与交流、创新体育课程设置、开展社会实践活动等举措，可以有效解决乡村学校体育教育面临的问题和挑战。同时，建立科学的评估体系和持续改进机制也是确保校社协同机制创新有效实施的关键。未来，应进一步探索和完善校社协同机制，为乡村学校体育教

育的长远发展提供有力支持。

三、基于校社合作的乡村学校体育课程教学改革探索

随着新课程改革的深入推进，乡村学校体育课程的教学改革成为教育发展的重要课题。乡村学校体育课程不仅是学生身心发展的基石，也是传承乡村文化、推动乡村振兴的重要途径。校社合作作为一种创新的教育模式，为乡村学校体育课程教学改革提供了新的思路和实践平台。下面探讨基于校社合作的乡村学校体育课程教学改革，以期为乡村教育的发展贡献一份力量。

（一）乡村学校体育课程现状分析

目前，乡村学校体育课程普遍存在以下问题：一是教学资源匮乏，体育设施陈旧，缺乏专业的体育教师和教练；二是教学内容单一，缺乏创新，无法满足学生多样化的需求；三是教学理念落后，缺乏科学的教学方法和评价体系。这些问题严重制约了乡村学校体育课程的发展，影响了学生身心健康的全面发展。

（二）校社合作的内涵与意义

校社合作是指学校与社会各界（包括企事业单位、社区组织、体育俱乐部等）建立紧密的合作关系，共同开展教育教学活动的一种模式。在乡村学校体育课程教学改革中，校社合作具有重要的意义：首先，校社合作可以引入社会资源，弥补学校教学资源的不足；其次，校社合作可以丰富教学内容，创新教学方法，提高教学效果；最后，校社合作可以增强学生的社会实践能力，培养学生的社会责任感和团队合作精神。

（三）基于校社合作的乡村学校体育课程教学改革策略

1. 优化教学资源配置

通过校社合作，学校可以积极争取社会资源的支持，改善体育设施条件，提高体育器材的配备水平。同时，学校可以邀请专业的体育教师和教练来校指导教学，提升教师的专业素养和教学能力。此外，学校还可以利用社区资源，开展形式多样的体育活动和比赛，为学生提供更多的锻炼机会。

2. 创新教学内容与方法

校社合作可以为乡村学校体育课程注入新的活力。学校可以与社会体育组织合作，共同开发具有乡村特色的体育课程内容，如民族传统体育项目、乡村体育文化等。同时，学校可以引入现代化的教学手段和方法，如多媒体教学、网络教学等，提高学生的学习兴趣和参与度。此外，学校还可以开展体育俱乐部或兴趣小组活动，让学生在轻松愉快的氛围中学习体育知识和技能。

3. 构建科学的评价体系

传统的体育课程评价体系往往过于注重学生的运动成绩和体能水平，忽视了学生的个体差异和全面发展。基于校社合作的体育课程教学改革需要构建科学的评价体系，既要关注学生的运动技能和体能水平，又要注重学生的学习态度、合作精神、创新能力等方面的评价。学校可以与社会体育组织合作，共同制定评价标准和方法，确保评价结果的客观性和公正性。

（四）实施效果与展望

通过基于校社合作的乡村学校体育课程教学改革，我们取得了显著的成效。学生的体育兴趣和参与度明显提高，体能水平和运动技能得到了有效提升；教师的教学水平和专业素养得到了提高，教学质量和效果得到了改善；学校的体育文化氛围日益浓厚，形成了良好的体育传统和风尚。

展望未来，我们将继续深化校社合作的体育课程教学改革。一方面，我们将进一步拓展合作领域和范围，积极争取更多的社会资源和支持；另一方面，我们将不断探索和创新教学内容和方法，以适应学生多样化的需求和时代的发展变化。同时，我们还将加强与其他学校的交流与合作，共同推动乡村学校体育课程的发展与进步。

基于校社合作的乡村学校体育课程教学改革是提升乡村教育质量、促进学生全面发展的重要途径。通过优化教学资源配置、创新教学内容与方法、构建科学的评价体系等措施，我们可以有效改善乡村学校体育课程的教学状况，提高学生的身心素质和综合能力。展望未来，我们有理由相信，在校社合作的推动下，乡村学校体育课程将迎来更加广阔的发展前景和更加美好的未来。

四、校社联动提升乡村学校体育师资力量的有效途径

乡村学校体育教育的发展，师资力量的强弱是关键因素之一。当前，乡村学校体育师资普遍面临着数量不足、质量不高、结构不合理等问题，严重制约了乡村学校体育教育的健康发展。校社联动作为一种有效的合作模式，可以为乡村学校体育师资力量的提升提供新的途径和思路。本文旨在探讨校社联动提升乡村学校体育师资力量的有效途径，以期为乡村学校体育教育的发展提供有益参考。

（一）校社联动的内涵与价值

校社联动是指学校与社会机构、企事业单位等建立合作关系，共同开展教育教学活动的一种模式。在提升乡村学校体育师资力量方面，校社联动具有独特的价值。首先，校社联动可以引入社会资源，弥补学校师资力量的不足；其次，校社联动可以促进学校与社会之间的交流与互动，增强学校教育的开放性和实践性；最后，校社联动可以为乡村学校体育教师提供学习和交

流的平台，促进他们的专业成长和职业发展。

（二）校社联动提升乡村学校体育师资力量的有效途径

1. 建立师资共享机制

学校可以与当地的体育俱乐部、体育协会等社会机构建立师资共享机制，共同利用双方的师资力量。一方面，学校可以邀请社会机构的专业教练或退役运动员来校指导体育教学和训练，为学生提供更加专业、系统的体育知识和技能学习；另一方面，学校的体育教师也可以参与社会机构的体育活动，通过实践锻炼提升自己的教学水平和能力。这种师资共享机制可以有效缓解乡村学校体育师资不足的问题，提高体育教育的质量。

2. 开展师资培训与交流活动

学校可以与社会机构合作，定期开展师资培训与交流活动。一方面，学校可以邀请体育领域的专家学者或优秀教练来校举办讲座、培训班等活动，为乡村学校体育教师提供前沿的教育理念、教学方法和专业知识；另一方面，学校也可以组织体育教师参加社会机构举办的各类体育比赛、交流活动，让他们在实践中学习、交流和成长。通过这些活动，可以有效提升乡村学校体育教师的专业素养和教学能力，推动乡村学校体育教育的创新与发展。

3. 实施教师挂职锻炼与实习计划

学校可以与当地企事业单位合作，实施教师挂职锻炼与实习计划。通过这一计划，乡村学校体育教师可以到企事业单位的体育部门或相关机构进行挂职锻炼或实习，了解社会体育发展的最新动态和需求，学习先进的体育管理理念和经验。同时，企事业单位也可以为乡村学校体育教师提供实践机会和平台，让他们在实践中提升教学水平和能力。这种合作方式不仅有助于增强乡村学校体育教师的实践能力和职业素养，还能够促进学校与社会之间的紧密联系和合作。

4. 共同研发体育课程资源

学校与社会机构可以共同研发体育课程资源，结合乡村学校的实际情况和学生的特点，开发具有地方特色和实践性的体育课程。这不仅可以丰富乡村学校体育课程的内容，提高学生的学习兴趣和参与度，还能够促进学校体育与社会体育的融合发展。在研发过程中，学校和社会机构可以充分发挥各自的优势和特长，形成优势互补、合作共赢的局面。

（三）实施校社联动提升师资力量的保障措施

1. 政策保障

政府应出台相关政策，鼓励和支持学校与社会机构开展合作，为校社联动提供政策保障。同时，加大对乡村学校体育教育的投入力度，提高体育教师的待遇和地位，吸引更多优秀人才投身乡村体育教育事业。

2. 资金保障

学校和社会机构应共同筹集资金，为校社联动提供必要的经费支持。可以通过政府拨款、企业赞助、社会捐赠等多种渠道筹集资金，确保校社联动项目的顺利实施。

3. 组织保障

学校和社会机构应建立专门的校社联动工作小组或委员会，负责协调和管理校社联动项目的实施。同时，加强双方之间的沟通与协作，确保合作项目的顺利进行。

校社联动是提升乡村学校体育师资力量的有效途径之一。通过建立师资共享机制、开展师资培训与交流活动、实施教师挂职锻炼与实习计划以及共同研发体育课程资源等措施，可以有效提升乡村学校体育教师的专业素养和教学能力，推动乡村学校体育教育的健康发展。同时，需要政府、学校和社会机构等多方面的支持和保障，共同推动校社联动的深入实施和发展。

五、乡村学校体育设施改善中的校社合作实践与成效

乡村学校体育设施的完善程度直接关系到学生体育活动的质量以及学校体育教育的发展。然而，由于历史、经济等多方面的原因，乡村学校体育设施普遍较为落后，难以满足现代教育的需求。校社合作作为一种有效的资源整合模式，为乡村学校体育设施的改善提供了新的路径。本文旨在探讨乡村学校体育设施改善中的校社合作实践与成效，以期为乡村学校体育教育的发展提供借鉴。

（一）校社合作在乡村学校体育设施改善中的实践

1. 合作模式的确立

在乡村学校体育设施改善的过程中，学校与社会各界建立了紧密的合作关系。合作模式主要包括以下几种：一是政府主导型，即政府通过政策引导和资金支持，推动学校与社会机构的合作；二是学校主动型，即学校根据自身需求，积极寻求与社会机构的合作；三是社会机构自发型，即社会机构出于公益目的，主动与学校合作改善体育设施。

2. 合作内容的确定

校社合作的内容涵盖了体育设施的规划、建设、维护等多个方面。首先，学校与社会机构共同制订体育设施的规划方案，确保设施的布局合理、功能齐全；其次，社会机构通过捐赠、赞助等方式提供资金支持，帮助学校建设或改善体育设施；最后，学校与社会机构共同负责设施的维护和管理，确保设施的正常使用。

3. 合作机制的建立

为了保障校社合作的顺利进行，双方建立了完善的合作机制。首先，双方签订了合作协议，明确了合作的目标、内容和责任；其次，建立了定期沟通机制，及时解决合作过程中出现的问题；最后，建立了评估反馈机制，对合作成果进行定期评估和总结，以便不断优化合作模式。

（二）校社合作在乡村学校体育设施改善中的成效

1. 体育设施条件的显著改善

通过校社合作，乡村学校的体育设施条件得到了显著改善。一方面，社会机构的资金支持和物资捐赠使学校能够建设或改善体育场馆、运动场等基础设施；另一方面，学校与社会机构的共同规划和管理使得设施的使用效率得到了提高，满足了学生多样化的体育需求。

2. 体育教育质量的提升

体育设施的改善直接促进了乡村学校体育教育质量的提升。首先，良好的体育设施为学生提供了更加安全、舒适的锻炼环境，激发了学生的运动兴趣；其次，多样化的体育设施使得学校能够开展更加丰富多彩的体育活动和课程，满足了学生个性化的发展需求；最后，体育设施的改善也促进了学校体育文化的建设和发展，营造了积极向上的校园氛围。

3. 学生身心健康的全面发展

校社合作改善乡村学校体育设施的最终目的是促进学生的身心健康全面发展。通过参与体育活动和锻炼，学生的身体素质得到了提高，运动技能和体育素养得到了培养。同时，体育活动也促进了学生的心理健康发展，增强了他们的团队协作能力和社会适应能力。

（三）校社合作实践的启示与展望

1. 启示

校社合作在乡村学校体育设施改善中的实践表明，合作是推动乡村教育发展的重要途径。通过合作，学校可以引入社会资源、拓宽教育渠道、提升教育质量；同时，社会机构也可以通过合作履行社会责任、发挥自身优势、实现公益目标。因此，在未来的乡村教育发展中，应进一步加强校社合作，探索更多的合作模式和内容。

2. 展望

展望未来，校社合作在乡村学校体育设施改善中仍有很大的发展空间。一方面，可以进一步拓展合作领域和范围，引入更多的社会资源和力量参与乡村学校体育设施的建设和改善；另一方面，可以探索更加深入的合作方式和机制，如建立长期的合作关系、共同研发体育设施等，以推动乡村学校体育教育的持续发展和进步。

综上所述，校社合作在乡村学校体育设施改善中发挥了重要作用，取得了显著成效。通过合作，乡村学校的体育设施条件得到了改善，体育教育质量得到了提升，学生的身心健康得到了全面发展。未来，应进一步加强校社合作，推动乡村学校体育教育的持续发展和进步。

六、校社协同推动乡村学校体育文化建设的路径分析

乡村学校体育文化建设是提升乡村学生体育素养、促进学生全面发展的重要途径。然而，当前乡村学校体育文化建设普遍面临着资源匮乏、理念落后、活动单一等问题。校社协同作为一种创新的合作模式，能够有效整合学校与社会资源，推动乡村学校体育文化建设的深入发展。本文旨在分析校社协同推动乡村学校体育文化建设的路径，以期为相关实践提供有益参考。

（一）校社协同的内涵与价值

校社协同是指学校与社会各界在平等、互利的基础上，通过资源共享、优势互补等方式，共同推动教育事业的发展。在乡村学校体育文化建设中，校社协同具有独特的价值。一方面，学校可以借助社会机构的专业知识和资源，丰富体育课程内容，提升体育教学水平；另一方面，社会机构可以通过参与学校体育文化建设，履行社会责任，促进乡村社会的和谐发展。

（二）校社协同推动乡村学校体育文化建设的路径

1. 资源共享，丰富体育文化内涵

学校与社会机构应建立资源共享机制，共同为乡村学校体育文化建设提供丰富的资源支持。学校可以邀请社会体育指导员、退役运动员等专业人员进校指导，提升体育教学的专业性和实效性；同时，学校也可以利用社会机构的场地设施、器材设备等资源，为学生提供更加多样化的体育锻炼机会。此外，学校还可以通过与社会机构合作举办体育赛事、文化交流等活动，让学生接触和学习更多的体育文化知识，丰富体育文化内涵。

2. 理念更新，引领体育文化发展

学校与社会机构应共同推动乡村学校体育理念的更新和升级。一方面，学校应加强对体育教育重要性的认识，将体育文化建设纳入学校整体发展规划，确保体育教育的地位和作用得到充分发挥；另一方面，社会机构也应积极传播先进的体育理念和文化，引导乡村学生和家长重视体育锻炼，形成良好的体育氛围。通过校社协同，共同引领乡村学校体育文化的发展方向，推动其健康、快速发展。

3. 活动创新，增强体育文化活力

学校与社会机构应共同创新体育文化活动形式和内容，增强体育文化的

活力和吸引力。学校可以结合自身特点和学生需求，开展形式多样的体育活动和比赛，如趣味运动会、校园篮球赛等，让学生在参与中体验运动的乐趣；同时，学校还可以与社会机构合作开展体育文化交流活动，如邀请体育明星进校园、举办体育知识讲座等，让学生近距离感受体育文化的魅力。通过活动创新，丰富乡村学生的体育文化生活，提升他们的体育文化素养。

4. 师资培训，提升体育文化建设能力

学校与社会机构应加强对体育教师的培训和教育，提升他们的体育文化素养和教学能力。学校可以邀请社会机构的体育专家、教练等人员进校开展师资培训活动，传授先进的体育教学理念和方法；同时，学校也可以组织体育教师参加社会机构举办的体育赛事、研讨会等活动，拓宽他们的视野和知识面。通过师资培训，提升体育教师的专业素养和教学水平，为乡村学校体育文化建设提供有力的人才保障。

（三）校社协同推动乡村学校体育文化建设的保障措施

1. 政策保障

政府应出台相关政策，鼓励和支持学校与社会机构开展合作，共同推动乡村学校体育文化建设。政策可以包括资金扶持、税收优惠、场地设施共享等方面，为校社协同提供有力的政策保障。

2. 组织保障

学校和社会机构应建立专门的合作机构或工作小组，负责协调和管理合作事宜。该机构或小组应制订详细的合作计划和实施方案，明确双方的责任和义务，确保合作项目的顺利进行。

3. 资金保障

资金是校社协同推动乡村学校体育文化建设的重要保障。学校和社会机构应共同筹集资金，包括政府拨款、企业赞助、社会捐赠等多种渠道。同时，双方也应注重资金使用的效益和可持续性，确保资金能够真正用于推动乡村学校体育文化的发展。

校社协同是推动乡村学校体育文化建设的重要途径。通过资源共享、理念更新、活动创新和师资培训等方式，可以有效提升乡村学校体育文化建设的水平和质量。同时，政府、学校和社会机构等多方面也应加强合作和支持，共同为乡村学生提供更加优质的体育教育服务。

七、乡村学校体育竞赛活动的校社合作模式研究

乡村学校体育竞赛活动作为推动学校体育工作、检验体育教学和运动训练效果的重要手段，在普及与提高体育水平、加强校际交流以及实施素质教育等方面发挥着不可替代的作用。然而，受限于资源、师资以及观念等因素，乡村学校体育竞赛活动往往难以达到理想的效果。因此，探索乡村学校体育竞赛活动的校社合作模式，对于提升乡村学校体育教育的质量、增强学生的综合素质具有重要的现实意义。

（一）校社合作模式的理论基础与现实意义

校社合作模式是指学校与社区、企事业单位等社会机构之间，通过资源共享、优势互补的方式，共同开展体育竞赛活动的一种合作模式。这种模式的理论基础主要来源于教育社会学、社区教育学以及体育教育学等多个学科领域。在教育社会学视角下，学校与社区是社会教育系统的两个重要组成部分，它们之间的合作是实现教育公平、提升教育质量的重要途径。而社区教育学则强调社区在教育中的作用，认为社区是学校教育的延伸和补充。体育教育学则关注如何通过体育竞赛活动来促进学生的身心发展。

校社合作模式在乡村学校体育竞赛活动中的现实意义主要体现在以下几个方面：首先，通过校社合作，可以充分利用社区资源，弥补学校资源的不足，为体育竞赛活动提供更好的条件；其次，校社合作可以促进学校体育与社会

体育的融合，使学校体育更加贴近社会、贴近生活；最后，校社合作可以增强学生的社会实践能力，培养他们的团队协作精神和竞争意识。

（二）乡村学校体育竞赛活动校社合作模式的实施路径

1. 资源共享与互补

资源共享是校社合作模式的核心内容之一。在乡村学校体育竞赛活动中，学校可以与社区、企事业单位等共享场地设施、器材装备等资源。例如，学校可以利用社区的体育场馆、公园等场地举办大型体育竞赛活动；同时，企事业单位也可以提供资金支持、技术指导等方面的帮助。通过这种方式，可以实现资源的最大化利用，提升体育竞赛活动的规模和水平。

2. 活动组织与策划

在活动组织与策划方面，学校可以联合社区、企事业单位等共同制定体育竞赛活动的方案、规则以及赛程等。通过共同策划和组织，可以确保活动的顺利进行，并达到预期的效果。同时，校社合作还可以引入更多的社会力量和资源，为体育竞赛活动注入更多的活力和创意。

3. 人员配备与培训

人员配备和培训是保障体育竞赛活动顺利进行的关键环节。学校可以与社区、企事业单位等合作，共同组建专业的裁判队伍、教练队伍以及志愿者队伍等。同时，还可以邀请专业的体育教练和裁判员对活动参与者进行培训和指导，提高他们的竞技水平和比赛能力。

（三）乡村学校体育竞赛活动校社合作模式的优势与挑战

1. 优势分析

校社合作模式在乡村学校体育竞赛活动中具有显著的优势。首先，通过校社合作，可以打破学校与社区之间的壁垒，促进学校教育与社区教育的融合发展；其次，校社合作可以引入更多的社会资源和力量，为体育竞赛活动提供更好的支持和保障；最后，校社合作还可以增强学生的社会实践能力，培养他们的团队协作精神和竞争意识。

2. 挑战与对策

然而，在实施校社合作模式的过程中，也面临着一些挑战和困难。例如，如何协调学校与社区、企事业单位之间的利益关系、如何确保活动的公平性和公正性、如何保障学生的安全等问题都需要认真思考和解决。针对这些挑战，可以采取以下对策：一是建立健全的合作机制和管理制度，明确各方的职责和权益；二是加强沟通和协调，确保活动的顺利进行；三是注重安全教育和防范工作，确保学生的身体健康和生命安全。

综上所述，乡村学校体育竞赛活动的校社合作模式是一种有效提升体育教育质量和促进学生全面发展的方式。通过资源共享、活动组织、人员配备与培训等方面的合作，可以实现学校体育与社会体育的融合发展，提高学生的综合素质和社会适应能力。同时，也需要关注并解决合作过程中可能出现的问题和挑战，以确保合作模式的顺利运行和取得实效。

八、校社合作在乡村学校体育安全教育中的作用与影响

乡村学校体育教育是培养学生身心发展的重要环节，而安全教育则是体育教育中不可或缺的一部分。在乡村学校体育安全教育中，校社合作模式发挥着重要的作用，其深远影响不仅体现在提升学生的安全意识，还表现在增强学校的安全教育能力，促进社区与学校的深度融合等多个方面。

（一）校社合作在乡村学校体育安全教育中的作用

1. 强化安全教育的实效性

传统的乡村学校体育安全教育往往局限于课堂教学，缺乏实践性和针对性。而校社合作模式的引入，使得学校能够与社区、企事业单位等建立紧密的合作关系，共同开展体育安全教育活动。这些活动不仅包括安全知识的讲解，还包括实践操作、模拟演练等形式，使学生能够在真实的场景中学习和掌握安全知识和技能，从而增强安全教育的实效性。

2. 拓展安全教育的资源与渠道

乡村学校由于地理位置、经济条件等限制，往往面临着教育资源匮乏的问题。而社区、企事业单位等社会机构则拥有丰富的安全教育资源和渠道。通过校社合作，学校可以充分利用这些资源，如邀请消防、交警等专业人员来校进行安全知识讲座，或者组织学生参观社区的安全教育基地等，从而丰富安全教育的内容和形式，提高学生的安全意识和自我保护能力。

3. 促进学校与社区的深度融合

校社合作不仅有助于提升乡村学校体育安全教育的质量，还能够促进学校与社区的深度融合。通过共同开展安全教育活动，学校与社区之间建立了更加紧密的联系和互动，增进了相互之间的了解和信任。这种深度融合有助于形成学校、社区、家庭三位一体的教育合力，共同为学生的健康成长创造良好的环境。

（二）校社合作对乡村学校体育安全教育的影响

1. 提升学生的安全意识和自我保护能力

校社合作模式下的体育安全教育注重实践性和针对性，使学生能够在真实的场景中学习和掌握安全知识和技能。通过参与各种安全教育活动，学生能够更加深刻地认识到安全的重要性，提高自我保护的意识和能力。这对于预防体育伤害事故的发生、保障学生的生命安全具有重要意义。

2. 增强学校的安全教育能力和管理水平

通过校社合作，学校可以引入社会机构的先进理念和方法，提升安全教育的专业性和实效性。同时，学校还可以借鉴社会机构的管理经验，完善自身的安全管理制度和措施，提高安全管理水平。这有助于营造一个安全、和谐、有序的校园环境，为学生的健康成长提供有力保障。

3. 促进乡村学校体育教育的整体发展

校社合作模式的推广和应用，不仅有助于提升体育安全教育的质量，还能够推动乡村学校体育教育的整体发展。通过与社会机构的合作，学校可以引入更多的体育资源和项目，丰富体育教育的内容和形式；同时，学校还可以借鉴社会机构的先进经验和方法，改进体育教学和训练的方式和手段，提高体育教育的质量和效果。

（三）面临的挑战与对策

尽管校社合作在乡村学校体育安全教育中发挥了重要作用，但在实际操作过程中也面临着一些挑战。例如，合作双方之间的沟通和协调可能存在障碍，导致合作效果不佳；此外，部分学校和社区对安全教育的重视程度不够，导致合作难以深入推进。

为了克服这些挑战，可以采取以下对策：首先，加强合作双方之间的沟通和协调，建立有效的沟通机制和合作平台，确保合作的顺利进行；其次，提高学校和社区对安全教育的重视程度，加强安全教育的宣传和推广，形成全社会共同关注安全教育的良好氛围；最后，建立完善的合作评估和反馈机制，对合作效果进行定期评估和反馈，及时发现问题并采取相应措施加以改进。

校社合作在乡村学校体育安全教育中发挥着重要的作用，其影响深远而广泛。通过强化安全教育的实效性、拓展安全教育的资源与渠道以及促进学校与社区的深度融合等方式，校社合作不仅能够提升学生的安全意识和自我保护能力，还能够增强学校的安全教育能力和管理水平，推动乡村学校体育教育的整体发展。因此，应积极探索和推广校社合作模式，为乡村学校体育安全教育的发展注入新的活力和动力。

九、基于校社协同的乡村学校体育特色项目发展研究

在乡村教育中，体育一直被视为提升学生体质、培养学生团队协作精神和增强社会适应能力的重要途径。然而，由于资源有限、观念落后等因素，乡村学校体育教育往往难以达到理想的效果。近年来，校社协同的理念逐渐在教育领域得到推广，通过学校与社会资源的有效整合，为乡村学校体育特色项目的发展提供了新的可能。下面基于校社协同的视角，探讨乡村学校体育特色项目的发展策略与路径。

（一）乡村学校体育特色项目发展的现状分析

在乡村学校中，体育教育往往面临着诸多挑战。首先，教育资源相对匮乏，场地设施、器材设备不足，使得体育教学和活动的开展受到限制。其次，师资力量薄弱，专业体育教师缺乏，教学质量难以保证。此外，传统的教学观念和模式也制约了乡村学校体育特色项目的发展。

尽管面临诸多困难，但一些乡村学校仍然积极探索具有地方特色的体育项目，如民间传统体育、地方特色运动等。这些项目不仅有助于提升学生的身体素质，还能传承和弘扬乡村文化，增强学生的文化认同感。然而，由于缺乏系统的规划和有效的推广，这些特色项目往往难以形成规模和影响力。

（二）校社协同在乡村学校体育特色项目发展中的作用

校社协同是指学校与社会各界在资源共享、优势互补的基础上，共同推动教育事业的发展。在乡村学校体育特色项目的发展中，校社协同具有重要

的作用。

首先，校社协同有助于解决教育资源不足的问题。通过与社会机构、企业等合作，乡村学校可以获得更多的场地设施、器材设备等资源支持，为体育特色项目的发展提供物质基础。其次，校社协同可以提升教学质量和效果。社会机构和企业往往拥有更丰富的教育资源和经验，可以为乡村学校提供专业的师资培训、课程设计和教学指导等服务，帮助学校提升体育教学水平。此外，校社协同还可以促进乡村学校体育特色项目的推广和普及。通过与社会媒体、文化机构等合作，可以扩大特色项目的影响力和知名度，吸引更多的学生和家长关注和参与。

（三）基于校社协同的乡村学校体育特色项目发展策略

1. 加强与社会资源的对接与合作

乡村学校应主动与地方政府、社会机构、企业等建立联系，争取更多的资源支持。可以与当地的文化馆、体育协会等合作，共同开展特色体育项目的教学和训练；与企业合作，争取资金支持和器材捐赠；与高校合作，引入专业的体育师资力量和教学资源。

2. 创新教学模式和方法

针对乡村学校体育教学的特点和需求，可以引入新的教学模式和方法。如采用“请进来、走出去”的方式，邀请社会体育专家进校指导，同时组织学生参加社会体育赛事和活动；利用现代信息技术手段，开展远程教学和在线辅导等。

3. 打造特色品牌项目

结合地方文化和传统特色，打造具有独特魅力的体育品牌项目。如开发具有乡村特色的体育课程和教材，举办乡村体育文化节、运动会等活动，形成具有一定影响力的体育品牌。

4. 加强师资培训和队伍建设

重视体育教师的专业发展，加强师资培训和队伍建设。可以定期组织体育教师参加专业培训和学习交流活动，提升他们的教学水平和专业素养；同时，鼓励和支持体育教师参与特色项目的研发和实施工作，发挥他们的创造性和积极性。

基于校社协同的乡村学校体育特色项目发展是一项具有深远意义的工作。通过与社会资源的有效整合和优势互补，可以推动乡村学校体育教育的改革和创新，提升教学质量和效果，培养学生的全面素质和社会适应能力。同时，这也是传承和弘扬乡村文化、推动乡村振兴的重要途径。未来，我们应继续深化校社协同的理念和实践，为乡村学校体育特色项目的发展注入更多的活力和动力。

十、校社合作背景下乡村学校体育教育创新发展的思考

在乡村振兴战略的实施过程中，乡村学校体育教育扮演着举足轻重的角色。它不仅关系到学生的身心健康，更是培养学生综合素质、推动乡村社会文明进步的重要途径。然而，传统的乡村学校体育教育模式往往受限于资源匮乏、观念滞后等问题，难以适应新时代的发展需求。校社合作作为一种新兴的教育模式，为乡村学校体育教育的创新发展提供了新的思路和可能。本文将结合校社合作的背景，对乡村学校体育教育的创新发展进行深入思考。

（一）校社合作对乡村学校体育教育的重要意义

校社合作是指学校与社会各界在平等、互利、共赢的原则下，通过资源共享、优势互补，共同推动教育事业发展的合作模式。在乡村学校体育教育中，校社合作的意义主要体现在以下几个方面：

首先，校社合作有助于解决乡村学校体育教育资源不足的问题。通过与社会机构、企业等合作，学校可以获得更多的场地设施、器材设备、专业师

资等资源支持，从而改善体育教育条件，提升教学质量。其次，校社合作能够促进乡村学校体育教育的创新发展。社会机构和企业往往拥有更丰富的教育资源和先进的教育理念，能够为学校提供新的教学思路和方法，推动体育教育的改革和创新。最后，校社合作有助于提升乡村学校体育教育的社会影响力。通过与社会媒体、文化机构等合作，学校可以扩大体育教育的宣传和推广力度，吸引更多的社会关注和支持，为乡村学校体育教育的发展营造良好的社会氛围。

（二）乡村学校体育教育创新发展的策略

1. 创新教学模式，实现个性化教育

传统的乡村学校体育教学模式往往注重技能的传授和训练，忽视了学生个体差异和兴趣爱好的培养。在校社合作的背景下，学校可以引入更多的体育项目和活动形式，如拓展训练、户外运动等，以满足学生的多样化需求。同时，学校还可以利用现代信息技术手段，开展远程教学和在线辅导，打破时间和空间的限制，实现个性化教育。

2. 加强师资培训，提升教师素质

教师是乡村学校体育教育的关键力量。在校社合作的背景下，学校可以与社会机构、高校等合作，加强体育教师的专业培训和学习交流，提升他们的教学水平和专业素养。同时，学校还可以邀请社会体育专家、优秀教练等进校指导，为教师提供更多的学习机会和实践平台。

3. 强化课程研发，打造特色品牌

课程是乡村学校体育教育创新发展的核心。学校可以结合地方文化和传统特色，研发具有独特魅力的体育课程和活动。如开发具有乡村特色的民间体育项目、地方特色运动等，形成具有地方特色的体育品牌。同时，学校还可以根据学生的年龄特点和兴趣爱好，设计多样化的体育课程和活动，满足

不同学生的需求。

4. 深化校社合作，拓展教育资源

校社合作是乡村学校体育教育创新发展的重要途径。学校可以积极寻求与政府、企业、社区等合作的机会，争取更多的资源支持。如与企业合作建立实习基地、开展校企合作项目等；与社区合作开展体育文化活动、共享体育设施等。通过深化校社合作，学校可以拓展教育资源，为体育教育的创新发展提供有力保障。

（三）乡村学校体育教育创新发展的保障措施

1. 加强政策支持，营造良好环境

政府应加大对乡村学校体育教育的支持力度，制定相关政策措施，为学校的创新发展提供有力保障。如加大资金投入、优化资源配置、完善体育设施等。同时，政府还应加强对乡村学校体育教育的监督和评估，确保其健康有序发展。

2. 加强宣传推广，提高社会认知度

学校和社会各界应加强对乡村学校体育教育的宣传推广力度，提高社会对其的认知度和重视程度。可以通过举办体育文化活动、开展体育比赛等形式，展示乡村学校体育教育的成果和特色；同时利用媒体和网络平台等渠道进行广泛宣传，吸引更多的社会关注和支持。

校社合作背景下乡村学校体育教育的创新发展是一项系统工程，需要政府、学校、社会等各方面的共同努力。通过创新教学模式、加强师资培训、强化课程研发、深化校社合作等措施的实施，可以推动乡村学校体育教育的改革和创新，提升学生的身心素质和综合素质，为乡村振兴和社会文明进步做出积极贡献。未来，我们应继续加强研究和探索，不断完善和创新乡村学校体育教育的理念和实践，为培养更多优秀的人才奠定了坚实的基础。

第七章 展望

在深入研究校社协同助力乡村学校体育发展模式后，我们清晰地看到了这一模式在推动乡村体育教育创新与发展中的巨大潜力和价值。然而，这仅仅是一个开始，未来的路还很长，需要我们不断探索、完善和创新。

首先，随着教育理念的更新和社会的进步，乡村学校对体育教育的需求也在不断变化。校社协同模式需要不断适应这些变化，与时俱进，以满足新时代对乡村学校体育教育的新要求。例如，随着信息技术的快速发展，我们可以利用互联网、大数据等技术手段，打破时空限制，实现更广泛、更深入的校社合作。

其次，校社协同模式的实施需要各方面的共同努力和配合。政府、学校、社会机构、企业等各方应形成合力，共同推动乡村学校体育教育的发展。政府应加大对乡村学校体育教育的投入，提供政策支持和资源保障；学校应主动寻求与社会机构的合作，积极引入优质教育资源；社会机构和企业应积极参与乡村学校体育教育的公益事业，为乡村孩子提供更多的体育学习和锻炼机会。

此外，我们还应注重乡村学校体育教育的特色发展。每个乡村都有其独特的文化和传统，我们可以结合这些特点，开发具有地方特色的体育课程和活动，形成具有独特魅力的体育品牌。这样不仅能提升乡村学校体育教育的吸引力和影响力，还能传承和弘扬乡村文化，增强乡村学生的文化自信心和归属感。

同时，我们还要关注乡村学校体育教师队伍的建设。教师是教育的灵魂，是推动乡村学校体育教育发展的关键力量。我们应加强对乡村体育教师的培训和教育，提升他们的专业素养和教学能力；同时，积极引进优秀的体育教师和教练，为乡村学校体育教育注入新的活力和动力。

最后，我们要加强乡村学校体育教育的评价和反馈机制建设。通过定期的评价和反馈，我们可以了解乡村学校体育教育的发展状况，及时发现问题和不足，为改进和优化提供科学依据。同时，我们还可以借鉴其他地区和国家的成功经验，结合本地实际，探索出更加适合乡村学校体育教育发展的新模式和新路径。

展望未来，校社协同助力乡村学校体育发展模式将成为推动乡村体育教育创新发展的重要力量。我们期待在各方共同努力下，乡村学校体育教育能够迎来更加美好的明天，为培养更多健康、快乐、全面发展的乡村孩子贡献力量。

在这个过程中，我们还需要注意保持开放和包容的心态，积极吸收和借鉴国内外的先进经验和做法，不断推动校社协同模式的创新和完善。同时，我们也要关注乡村学校体育教育的长远发展，制定科学合理的规划和目标，确保每一步都走得扎实而有力。

总之，校社协同助力乡村学校体育发展模式是一个充满希望和潜力的领域。我们相信，在大家的共同努力下，乡村学校体育教育一定能够迎来更加繁荣和美好的未来。

参考文献

期刊：

1．庄园，刘宇翔，谢泽辉．“姚基金希望小学篮球季”助推学校体育发展的机制、维度与展望[J].体育科技文献通报，2023,31(12):174-177.

2．柳鸣毅，王志强，王瑞，等．体育支教志愿服务的驱动因素、行动过程与内在机制——以“体教融合走基层”为例[J].武汉体育学院学报，2023,57(12):85-92.

3．韩双淼，李敏辉．新型高等教育机构与创新型城市的资源依赖和协同互动研究[J].高校教育管理，2023,17(4): 38-47.

4．何忠，许志琳．乡村振兴背景下地方高校体育专业服务乡村体育事业研究[J].湖北文理学院学报，2021,42(12): 80-84.

5．吴亚娟．姚基金体育慈善模式分析[J].西安体育学院学报，2012,29(4): 457-459.

6．陈筱霖．社会力量助力乡村学校体育发展的路径研究——以“姚基金希望小学篮球季”项目为例[J].体育视野，2023(1): 14-16

7．马迎贤．资源依赖理论的发展和贡献评析[J].甘肃社会科学，2005(1): 116-119, 130.

8．周红坊，陆维康，林成华．资源依赖理论下国家实验室与大学联合培养研究生的实践经验与启示[J].实验室研究与探索，2024,43(3):128-134.

9．张华．校社协同在乡村学校体育发展中的作用研究[J].体育科学，2022,32(5): 12-18.

10．李明，王晓．乡村学校体育发展的现状与对策研究[J].教育理论与实践，2021,41(16): 65-68.

11. 陈红，刘志．校社合作对乡村学校体育资源优化的影响研究[J]. 中国学校体育（高等教育），2020，7(11)：1-6.
12. 赵刚，李丽．乡村振兴战略下乡村学校体育发展策略研究[J]. 北京体育大学学报，2022，45(2)：101-108.
13. 王晓燕．社会力量参与乡村学校体育教育的路径研究[D]. 上海：华东师范大学，2021.
14. 张涛，李明．社区体育资源与乡村学校体育融合发展的路径探索[J]. 当代体育科技，2020，10(23)：196-198.
15. 刘阳，陈伟．乡村学校体育发展的政策支持与实践困境[J]. 体育文化导刊，2022(3)：102-106.
16. 孙伟，李娜．乡村学校体育课程改革的社区参与模式研究[J]. 教育评论，2021(4)：139-143.
17. 王强．乡村学校体育与社区体育互动发展的研究[J]. 成都体育学院学报，2020，46(2)：118-122.
18. 陈丽，赵云．乡村学校体育发展中的社会资本运用研究[J]. 中国体育科技，2022，58(2)：35-41.
19. 张丽，李明．乡村学校体育教育与社会体育服务的融合发展研究[J]. 体育与科学，2021，42(5)：98-104.
20. 赵刚，张华．乡村学校体育与社区文化融合发展的实践研究[J]. 体育学刊，2022，29(1)：123-128.
21. 刘伟，陈红．乡村学校体育发展的社区支持体系研究[J]. 河北体育学院学报，2020，34(6)：67-71.
22. 王艳，李明．乡村学校体育与社区体育设施共享研究[J]. 首都体育学院学报，2021，33(6)：521-526.
23. 陈丽红．乡村学校体育教育中的社会志愿者参与研究[J]. 体育世界（学术版），2022(1)：142-143.
24. 赵阳．基于校社协同的乡村学校体育课程创新与实践[J]. 青少年体育，2021(1)：56-59.

25. 刘慧．乡村学校体育与社区体育融合发展的意义及途径 [J]. 当代体育科技，2018(2)：132-134.

26. 马超．校社协同对提升乡村学校体育教育水平的影响 [J]. 教育现代化，2020(5)：178-181.

27. 高丽．乡村学校体育发展中社区体育文化的促进作用研究 [J]. 体育风尚，2019(10)：19-21.

28. 王晓燕．乡村学校体育与社区文化融合发展的路径研究 [J]. 体育文化导刊，2021(2)：48-52.

29. 张华，王琳．校社协同模式在乡村学校体育发展中的实践与探索 [J]. 中国学校体育，2022(5)：34-37.

30. 李明，刘洋．乡村学校体育与社区体育资源协同发展的策略研究 [J]. 体育科技文献通报，2021，29(8)：56-58.

31. 王刚，赵伟．校社合作对提升乡村学校体育教育水平的影响分析 [J]. 教育理论与实践，2020，40(30)：60-62.

32. 陈红，张晓明．基于校社协同的乡村学校体育教学模式创新与实践 [J]. 体育研究与教育，2021，36(4)：78-82.

33. 郭晓伟，李勇．乡村学校体育与社区体育资源整合的路径与实践 [J]. 当代体育科技，2022，12(15)：123-125.

34. 韩梅，张丽．乡村学校体育发展中社区体育文化的促进作用研究 [J]. 体育文化导刊，2020(2)：76-79.

35. 刘强，马超．校社协同助力乡村学校体育发展的长效机制研究 [J]. 青少年体育，2021(6)：87-89.

36. 孙娜，王璐．乡村学校体育与社区体育融合发展的现状与对策研究 [J]. 运动，2019(10)：109-111.

37. 赵阳，陈伟．基于校社协同的乡村学校体育课程创新与实践研究 [J]. 体育世界（学术版），2022(2)：98-100.

38. 王进进，李丽．乡村中小学体育教师与社区体育指导员协同发展的策略研究 [J]. 教育与教学研究，2021，35(6)：70-74.

39. 高丽，张静．社区体育资源对乡村学校体育发展的支持作用分析[J]. 体育风尚，2020(8): 45-47.

40. 李强，周军．乡土体育资源在校社协同模式下的开发与利用[J]. 天津教育，2022(5): 30-33.

41. 张福蝶，董雪琛．贵州省乡村学校体育与社区体育协同发展的实证研究[J]. 当代体育科技，2022，12(20): 167-169.

42. 王彦丁，闫松．乡村学校体育在校社协同模式下的创新发展路径研究[J]. 冰雪体育创新研究，2022(3): 88-90.

43. 陈伟，李强．基于校社协同的乡村学校体育教学质量提升策略研究[J]. 体育时空，2021(12): 14-16.

44. 马超，张华．乡村学校体育与社区体育设施共享模式研究[J]. 体育科技，2021，42(2): 120-122.

45. 赵伟，王刚．乡村学校体育发展中校社合作的模式与机制研究[J]. 教育评论，2021(4): 133-136.

46. 刘慧，李明．乡村学校体育与社区体育文化互动发展的策略研究[J]. 当代体育科技，2021，11(18): 178-180.

47. 高丽，韩梅．社区体育指导员在乡村学校体育发展中的作用研究[J]. 体育风尚，2021(1): 234-236.

48. 张福蝶，王进进．乡村学校体育与社区体育在校社协同模式下的融合路径研究[J]. 教育与教学研究，2023，37(1): 105-109.

报纸:

[1] 卢羡婷，陈一帆．从乡村篮球到北体大：被篮球改变的少年[N]. 新华每日电讯，2023-02-13(008).

[2] 宋蝶．创新探索志愿服务新模式[N]. 玉溪日报，2022-12-08(005).

[3] 顾磊．让体育的阳光温暖每个孩子[N]. 人民政协报，2018-03-10(009).

[4] 任小昌．做一个感恩的人让爱心代代相传[N]. 广元日报，2010-11-24(A01).

专著：

[1] 周洁红，李凯．共生共赢[M]．杭州：浙江大学出版社，2020:345.

[2] 徐世勇．组织管理十大经典理论[M]．北京：中国人民大学出版社，2020:152.

[3] 洪大用，刘少杰．社会学与中国社会研究[M]．北京：中国人民大学出版社，2020:294.

[4] 拉格曼．一门捉摸不定的科学：困扰不断的教育研究的历史[M]．花海燕，译．北京：教育科学出版社，2006.

[5] 李鸣华．教师专业发展新思路：大学与中小学信息化合作模式研究[M]．杭州：浙江工商大学出版社，2017.

[6] 卓晴君，李仲汉．中小学教育史[M]．海口：海南出版社，2000.

论文：

[1] 赵益丽．"姚基金希望小学篮球季"项目在贵州省的实施状况研究[D]．贵阳：贵州师范大学，2024.

[2] 杜晓兰．四川珙县"篮球之乡"建设历程与青少年篮球运动发展的研究[D]．成都：四川师范大学，2023.

[3] 吕镇州．布迪厄社会实践理论指导下的2021姚基金希望小学篮球季口译实践报告[D]．昆明：云南师范大学，2023.

[4] 刘晓东．姚基金篮球季对农村小学生体育素养的影响研究[D]．武汉：武汉体育学院，2023.

[5] 杨勃．"姚基金希望小学篮球季"项目在甘肃省发展的动力机制研究[D]．兰州：西北师范大学，2022.

[6] 田淑萍．西北民族大学姚基金支教活动开展情况的调查研究[D]．兰州：西北民族大学，2022.

[7] 张学聪．甘肃省小篮球运动的发展路径及保障机制研究[D]. 兰州：西北师范大学，2022.

[8] 庄园．"姚基金篮球季"促进学校体育发展研究[D]. 兰州：西北民族大学，2022.

[9] 陈志强．"姚基金希望小学篮球季"对校园篮球的推广和发展的实证研究[D]. 武汉：武汉体育学院，2022.

[10] 李温涛．新闻话语视角下《中国体育报》对姚明转型后的认同状况研究[D]. 北京：北京体育大学，2021.

[11] 张晓冬．"姚基金篮球季"活动对促进云南省乡村学校体育发展的研究[D]. 昆明：云南师范大学，2020.

[12] 张映开．云南省与四川省"姚基金希望小学篮球季"开展状况的比较研究[D]. 昆明：云南师范大学，2020.

[13] 戴悦．中国体育明星品牌传播研究[D]. 乌鲁木齐：新疆大学，2020.

[14] 韩璐．社会资本视域下姚基金运行研究[D]. 北京：北京体育大学，2018.

[15] 王明嬰.2016 姚基金希望小学篮球季慈善活动研究[D]. 武汉：华中师范大学，2017.

[16] 刘军华．姚基金希望小学慈善篮球活动开展形式研究[D]. 西安：西安体育学院，2017.

[17] 张济琛．姚基金希望小学篮球季项目管理研究[D]. 北京：北京体育大学，2016.

[18] 温彦博．姚基金慈善赛公共关系研究[D]. 北京：北京体育大学，2015.